Landliebe, Filz und Betrug

C(

Die Stuttgarter Südmilch-Molkerei – bekannt für ihre Milch- und Joghurtmarke Landliebe – durchlief ein Vergleichsverfahren, ihr ehemaliger Vorstandsvorsitzender Wolfgang Weber sitzt in Paraguay und fürchtet seine Abschiebung. Ein ganz normaler Firmenabsturz? Mitnichten. Dieser Wirtschaftskrimi beschreibt den Niedergang der Südmilch als Folge hanebüchenen Mißmanagements und der hemmungslosen Neigung Webers, seine privaten mit den geschäftlichen Interessen zu verquicken. Und es geht dabei nicht um eine x-beliebige Firma: Vielmehr ist dem bäuerlichen Genossenschaftswesen mit der Südmilch ein vergleichbarer Schaden entstanden wie den Gewerkschaften mit der Neuen Heimat.

Weber hat in Paraguay eine riesige Ranch – deren Finanzierung führte zu einer staatsanwaltlichen Ermittlung wegen des Verdachts auf Steuerhinterziehung. Weber baute die Sachsenmilch in Dresden auf und machte sie zur ersten ostdeutschen Aktiengesellschaft, bevor sie dann ganz schnell Pleite ging – die Staatsanwaltschaft ermittelt wegen Subventionsbetrugs. 1993 drohte der Südmilch-Konkurs – da setzte sich Weber auf seine Ranch ab. Nun stehen Prozesse bevor. Ein schwacher Trost für die geprellten Gläubiger und Bauern.

Martin Born konnte sich bei seiner Recherche exklusiv auf die Aufzeichnungen des langjährigen Aufsichtsratsvorsitzenden der Südmilch stützen. So gelingen ihm erstaunliche Querverweise auf den Heidelberger Bauunternehmer Roland Ernst, auf die Marmeladenfirma Zentis und etliche andere. Und er hat herausbekommen, daß Weber auch in Kanada einen Milchkonzern aufziehen wollte: um Verluste abzuschreiben.

Martin Born ist Programmleiter im Südwestfunk Landesstudio Tübingen. Der gestürzte Lothar Späth ließ ihn einen »erbarmungslosen Verfolger« nennen. Ihm widmete Born sein letztes Buch, *Die Maultaschen-Connection* (Göttingen 1992).

Martin Born

Landliebe, Filz und Betrug

Die Südmilchpleite

Campus Verlag
Frankfurt/New York

Redaktion: Margret Neuefeind, Wedel

Die Deutsche Bibliothek – CIP-Einheitsaufnahme

Born, Martin:
Landliebe, Filz und Betrug : die Südmilchpleite / Martin Born.
– Frankfurt/Main; New York: Campus Verlag, 1996
ISBN 3-593-35484-5

Umschlaggestaltung: Walter Hagenow, Frankfurt
Satz: Satzstudio Renate Rolfs, Hillesheim
Druck und Bindung: Friedrich Pustet, Regensburg
Gedruckt auf säurefreiem und chlorfrei gebleichtem Papier.
Printed in Germany

Inhalt

IV. Die Tragik des Südmilch-Vergleiches

V. Der Südmilch-Prozeß

Vorwort

Als Schuljunge hatte ich in den 50er Jahren des öfteren, morgens um 7 Uhr, die Milchkannen an die Hofeinfahrt zu stellen. Die Milch stammte von unseren acht Kühen, und der Milchkutscher kam mit zwei Pferden und brachte die Milch in den Nachbarort Rot am See, in die Molkereigenossenschaft. Dort war mein Vater Mitglied. Die Genossenschaft stellte Butter, Quark und Käse her und verkaufte Trinkmilch. Alle kannten den Molkereimeister und den Vorsitzenden der Genossenschaft. Alles war unter sozialer Kontrolle.

Damals waren Einzugs- und Absatzgebiete der Molkereien streng geregelt, sogar die Beschriftung auf der Butterverpackung war vorgeschrieben. Mit Marktwirtschaft hatte das Ganze nichts zu tun. Die meisten Bauern waren damit zufrieden. Nur mein Vater bemängelte stets lautstark, daß der Milchkutscher nur zwei Pferde vorgespannt hatte und nicht vier, wie in seiner ostpreußischen Heimat üblich.

In den 60er Jahren arbeitete ich auf einer Milchfarm im amerikanischen Mittelwesten. Im Stall des Familienbetriebes standen an die 80 Kühe, der Milchtankwagen kam nur alle zwei Tage und holte die gekühlte Milch. Die Molkerei war ein industrieller Großbetrieb, verarbeitete und verkaufte nach den modernen Gesetzen des Marktes.

Als sich die deutsche Landwirtschaft immer mehr dem europäischen Markt öffnete, vollzogen sich dramatische Veränderungen. Nichts blieb, wie es war. Die Betriebseinheiten wurden größer. Produktion, Verarbeitung und Absatz veränderten sich geradezu revolutionär. Amerikanische Verhältnisse sind längst eingezogen: In Rot am See gibt es keine Molkerei mehr, keinen Milchkutscher mit zwei Pferden und so gut wie keine Bauern mit acht Kühen. Milchtanklastwagen holen die gekühlte Milch von den Bauernhöfen und fahren sie in eine weit entfernte Molkerei. Die Milchprodukte, die dort hergestellt werden, stehen europaweit im Wettbewerb.

Bei all diesen zum Teil zwangsläufigen Veränderungen standen der deutschen Milchwirtschaft hervorragende Führungskräfte mit Weitsicht und Pioniergeist zur Verfügung. Es gab aber auch verdeckte Hochstapler mit wenig Gemeinsinn, die nur mit List und Tücke überlebten. Sie genossen dennoch viel offizielle Unterstützung. Solch ein Fall wird hier vorgestellt. Er ist in seiner Größenordnung in Deutschland einzigartig. Bisher wurde in der deutschen Genossenschaftsbewegung nicht zur Kenntnis genommen, daß die Südmilchaffäre nur vergleichbar ist mit der Entwicklung bei der Neuen Heimat, die zur Pleite führte.

Dies ist eine journalistische Geschichte, die mich seit 25 Jahren begleitet. Zunächst als Landfunkredakteur in Stuttgart, dann als Programmleiter in Tübingen. Im Landfunk wollte ich immer herausbekommen, warum die Südmilch keine höheren Milchpreise für die Bauern zahlen konnte, als »Baden-Württemberg-Aktuell«-Reporter, was sich hinter den juristischen Problemen des Südmilchchefs Wolfgang Weber verbarg. Ich habe in diesen 25 Jahren viele Bauernversammlungen besucht, Hauptversammlungen, Pressekonferenzen, Prozesse – und so manchen vertraulichen Informationstreff. Was mich überraschte: Noch 1995 gab es viele neue Erkenntnisse. Die Recherchen zum Vergleichsverfahren fügten sich leider nahtlos in die Südmilchgeschichte.

Die Ergebnisse der journalistischen Sammelarbeit sind hier dargestellt.

Kapitel I

Der Südmilchchef, Paraguay und die Justiz

1. Wolfgang Webers erste Verhaftung

Freitagmorgen, kurz nach 8 Uhr, klingelte es in der Mozartstr. 61 im baden-württembergischen Künzelsau. Als der Hausbesitzer Wolfgang Weber über das Gartentor blickte, sah er einige Polizisten und Zivilbeamte. Einer eröffnete ihm, man müsse ihn verhaften, es liege ein Haftbefehl des Heilbronner Amtsgerichts wegen Fluchtgefahr vor. Es war der 1. Juli 1988.

Der 53jährige Wolfgang Weber stand da wie immer, wenn er in großen Schwierigkeiten war: Aufrecht mit seinen 1,91 m, sein kahler »Yul Brynner-Kopf« sah über seine Gegner hinweg, völlig ruhig und gelassen, unverändert tiefe Stimmlage, nur seine Unterlippe zitterte ab und zu. Wolfgang Weber, Vorstandsvorsitzender eines der größten Milchkonzerne Europas, der Südmilch AG, fuhr mit der Polizei von Künzelsau in einer guten halben Stunde nach Heilbronn. Dort wurde er dem Haftrichter vorgeführt. Weber wußte natürlich, worum es ging: Steuerhinterziehung. Seit Jahren stritten seine Anwälte mit den Finanzbehörden um die Abschreibungen und die Abschreibungsfirmen, die mit seiner Ranch in Paraguay zu tun hatten. Es hatte bereits Hausdurchsuchungen gegeben. Aber nun gab sich Weber überrascht, daß ihm plötzlich unterstellt wurde, er wolle sich nach Paraguay absetzen. Zwar hatte er ein Flugticket nach Paraguay für den Freitag nächster Woche, aber das war nicht außergewöhnlich.

Schließlich war Weber mehrmals im Jahr auf seiner Ranch in

sehr geehrter herr weber,

damit es diesmal keine missverstaendnisse mit frageformulierungen und moeglichen sendungen gibt, moechte ich eine frage auf diesem weg stellen – wenn sie die fragen bitte fernschriftlich beantworten. ihre antwort ist fuer eine swf-sendung vorgesehen, deren sendedatum noch nicht feststeht. das haengt auch von ihrer antwort ab. ich wuerde aber selbstverstaendlich das sendedatum durchgeben. dies ist aber keine recherche fuer eine 30-minutensendung, sondern nur fuer eine nachrichtensendung. ich habe einen stichhaltigen und belegbaren suedmilch-internen hinweis erhalten, wonach die suedmilch mit ihrer kaution von acht millionen mark zu tun hatte, bzw. noch hat.

*

sehr geehrter herr born,

ich beziehe mich auf ihr fernschreiben vom heutigen tage an herrn weber. herr weber befindet sich in einer sitzung und sagt zu, morgen ihre frage zu beantworten.

*

sehr geehrter herr weber,

die frage zur kaution will ich insoweit noch einmal praezisieren, als es nicht darum geht, dass die suedmilch die 8-millionen kaution uebernommen hat. nach den suedmilch-internen hinweisen ist die suedmilch bei der buergschaft mit eingesprungen.

*

sehr geehrter herr weber,

dass sie gestern aus zeitgruenden meine frage nicht beantworten konnten, kann ich zum teil verstehen. unverstaendlich waere es, wenn sie meine schlichte frage auch heute nicht beantworten. ich moechte meine nachrichtenmeldung nicht ohne ihre stellungnahme veroeffentlichen.

*

sehr geehrter herr born,

herr weber ist heute vormittag bei der jubilaeumsveranstaltung der zeag in heilbronn und erst heute nachmittag im buero.
die beantwortung ihres telexes ist fuer heute nachmittag vorgesehen.

*

sehr geehrter herr weber,

mit diesem fernschreiben will ich nur noch einmal festhalten, dass wir heute nachmittag eine stellungnahme von ihnen erwarten. damit nicht der eindruck entsteht, ich wuerde hier »privatrecherchen« betreiben, lege ich wert auf die feststellung, dass meine fernschreiben mit dem hoerfunkdirektor des suedwestfunks in baden-baden, herrn dr. locher, abgestimmt sind.

*

sehr geehrter herr born,

ich beziehe mich auf ihre fernschreiben. es ist richtig, dass die suedmilch am 1.7.1988 mit meiner kaution zu tun hatte, und zwar insoweit, als diese durch die vermittlung der suedmilch zustande kam.
ich versichere ihnen, dass hieraus der suedmilch keinerlei kosten oder sonstiger schaden entstanden sind bzw. entstehen werden.

Dokument 1 (nachgesetzt): Beispiel für eine zähe Recherche bei Wolfgang Weber im Zusammenhang mit der Weber-Kaution. Der Fernschreib-Wechsel fand vom 8.12.88 bis zum 9.12.88 statt.

Paraguay. Daß er einen ausgedienten Firmen-Mercedes dorthin bringen lassen wollte und daß sein Ranchgebäude jetzt endgültig fertiggestellt war, konnte aus Webers Sicht kein Grund für eine Fluchtgefahr sein.

Wenige Jahre später allerdings nutzte er die Chance, sich nach Paraguay abzusetzen, um nicht im Knast zu landen.

Doch mit dem Haftrichter in Heilbronn war an jenem Freitagvormittag nicht zu spaßen. Für ihn gab es nur Knast oder Kaution. Schließlich war die ermittelnde Staatsanwaltschaft Stuttgart bei der Verhaftung mit von der Partie. So konnte der Haftrichter aufgrund von Webers Vermögensverhältnissen gleich die Höhe der Kaution angeben: 8 Millionen. Das war für schwäbische Verhältnisse eine Rekordmarke. Weber wurde in die Strafanstalt in der Heilbronner Steinstraße gebracht. Er bekam schon mal Bettwäsche zugeteilt, durfte aber noch telefonieren. Unter Aufsicht versuchte er im Büro des Gefängnispsychologen, seine Kaution zu organisieren. Für einen normalen Schwaben wäre dies an solch einem Freitagmittag schwierig gewesen. An diesem Tag hatten Banker im Land mit der Vorbereitung von mehreren Hauptversammlungen zu tun. Doch Weber mußte eigentlich nur mit seinem Anwalt Sigwart Hübner und seinem treuen Südmilch-Finanzchef Rudolf Hoffmann telefonieren. Die Südmilch sollte für die 8-Millionen-Kaution ihres Vorstandsvorsitzenden geradestehen.

Später erweckte Weber den Eindruck, daß der Südmilchkonzern mit seiner Kaution nichts zu tun habe. Erst hartnäckige Reporterfragen mit Hinweisen auf interne Südmilchinformationen brachten die Stellungnahme Webers: »Es ist richtig, daß die Südmilch mit meiner Kaution zu tun hatte, und zwar insoweit, als diese durch die Vermittlung der Südmilch zustandekam. Ich versichere Ihnen, daß hieraus der Südmilch keinerlei Kosten oder sonstiger Schaden entstanden sind bzw. entstehen werden.« Welche Rolle die Südmilch bei der Kaution gespielt hatte, wollte Weber dann nicht mehr sagen. Immerhin war damit klargestellt, daß das Verfahren Weber nicht nur eine Webersche Privatangelegenheit war.

Der nächste Vorstandsvorsitzende, der in Baden-Württemberg verhaftet wurde, hieß Helmut Lohr. Seine Firma SEL stellte ohne Diskussion die Kaution. Dieses Verfahren hatte aber weitreichende politische Folgen: Im Zusammenhang mit Ermittlungen und Informationen aus dem Lohr-Prozeß stürzte der baden-württembergische Ministerpräsident Lothar Späth.

An jenem Freitag in Heilbronn konnte Weber gegen 17 Uhr

das Gefängnis wieder verlassen, weil die Kautionszusagen in Höhe von 8 Millionen Mark standen. Für den Südmilchkonzern war es sicher kein Problem, bei einem Umsatz von jährlich 800 Millionen DM, auf die Schnelle eine Sicherheit von 8 Millionen DM zu hinterlegen. So kam Weber zunächst um das Vergnügen, einmal im Knast schlafen zu dürfen. Diese Erfahrung holte er aber später nach.

Als Finanzchef Hoffmann sich um die Weber-Kaution kümmerte, konnte er nicht ahnen, daß er einige Jahre später noch eine Kaution finanzieren mußte: für sich selbst. Auch Weber-Anwalt Hübner kam in Schwierigkeiten. Eines Freitags klingelte bei ihm eine Staatsanwältin und durchsuchte Büro und Wohnung. Der Grund: Hübners Geschäftsbeziehungen zu Weber. Es tauchte der Verdacht auf, Hübner hätte anwaltliche Leistungen für Weber von der Südmilch bezahlt bekommen.

2. Der Konzern und die Nebentätigkeiten des Vorstandsvorsitzenden

Der Südmilchkonzern war eine komplizierte Konstruktion. Aus heutiger Sicht muß man sagen, daß diese Konstruktion gewählt worden ist, um in schwierigen Situationen zu überleben und um zu vertuschen. So konnten Gewinne und Verluste, außerordentliche Einnahmen und Subventionen hin und her geschoben werden. Die Südmilch war fast immer in schwierigen Situationen.

»Südmilch« war eine bekannte regionale Marke für Molkereiprodukte; sie belieferte den Großraum Stuttgart mit Trinkmilch. In den 60er Jahren begann das Unternehmen zu expandieren und schaffte es, innerhalb von 20 Jahren, ein bundesweit anerkannter Markenname zu werden. Die Konstruktion des Südmilchkonzerns war gleichzeitig auf die Machtbedürfnisse des Vorstandsvorsitzenden Wolfgang Weber zugeschnitten. Im Zentrum des Konzerns stand die Südmilch AG, Stuttgart. Eines der entscheidenden Machtinstrumente für Weber stellte jedoch die Intermilch dar. Dies war, juristisch ausgedrückt, eine Gesellschaft des bürgerlichen Rechts. Sie sollte die wirtschaftliche Zusammenarbeit ihrer Gesellschafter organisieren und koordinieren. Sie selbst hatte keinen Geschäftsbetrieb, kein Vermögen, kein Kapital. Die Intermilch sah sich als reine Leitungsgesellschaft, Weber bezeichnete diesen Verband als Gleichordnungs-Konzern. Die Intermilch hatte eine Satzung, einen Vorstand und einen Aufsichtsrat. Die Partner in der Intermilch wechselten; die Kerntruppe bildeten folgende Gesellschaften: Südmilch AG (Stuttgart), Landgoldmilch GmbH (Künzelsau), Milchzentrale Mannheim AG, Milchwerke Donaualb eG (Riedlingen), Moha GmbH (Hungen/Hessen). Die Leitung der Intermilch lag, laut Satzung, bei dem Vorstandsvorsitzenden der Südmilch AG in Stuttgart, bei Wolfgang Weber. Die Südmilch übernahm den Vertrieb der Intermilchproduktion, es sollte Arbeitsteilung in der Produktion geben und die Rohstoffbasis gesichert werden – die Milch für die Verarbeitung. Im Lauf der Zeit entwickelte sich für die Südmilch noch eine bedeutende Möglichkeit bei den Investitionen – durch die Intermilch: Die Südmilch konnte im Intermilchverbund investieren und die Finanzen der Intermilch-Betriebe anzapfen.

Nicht ein offiziell vorgegebenes Ziel erreichte die Intermilch. Ein gleicher Auszahlungspreis an die Bauern für die Milch ließ sich nicht realisieren. Außerdem erhöhte sich durch die Kooperation nicht die Ertragskraft. Schließlich konnte ein Beobachter mit Insiderwissen erkennen, daß die Intermilch dazu diente, die Ineffizienz der Südmilch-Unternehmenspolitik und die damit verbundenen Betriebsverluste auf andere Unternehmen zu verteilen. Der automatische Ergebnisausgleich bewirkte bei den Intermilchbetrieben, daß es keinen Anreiz gab, kostenoptimal zu arbeiten. Doch der Verbund hielt, weil kleinere Molkereien keinen anderen Weg sahen, zum Beispiel ihren Vertrieb zu organisieren. Für Weber und die Südmilch hatte die Intermilch nur Vorteile. So konnten sogar über den Ergebnisausgleich entstandene

Abbildung 1: Als die Molkereiwelt noch in Ordnung war – Wolfgang Weber in seinem Büro in der Landgold GmbH Künzelsau (*Foto:* Eisenmenger).

Gewinne verschoben werden. Außerordentliche Erträge der einen Gesellschaft konnten auf andere Gesellschaften übertragen werden. Dies war mit den Steuerbehörden und den Wirtschaftsprüfern abgesprochen worden und kein rechtliches Problem, bis Weber zum Schluß sogar Grundstücke bei den Abrechnungen in Milch verwandelte und zwischen den Gesellschaften hin und her schob. Dies war nur möglich, weil Weber den Intermilchverbund so konstruiert hatte, daß er als Person die größte Macht im Verbund innehatte. Den Intermilchpartner Landgoldmilch GmbH, Künzelsau, hatte Weber selbst in der Hand, weil er gleichzeitig Hauptgeschäftsführer dieser Gesellschaft war. Außerdem war

Weber Geschäftsführer der Milcherzeugergenossenschaft Unterland. Diese Genossenschaft besaß über 40 Prozent der GmbH-Anteile der Landgold. Zusammen mit der Südmilch, die ein weiteres Drittel besaß, waren Entscheidungen gegen den Partner Unterland in der Landgoldmilch GmbH nicht möglich. Außerdem gelang es Weber, Abhängigkeiten bei den Führungsleuten in anderen Intermilchbetrieben zu schaffen, so daß er fast unkontrolliert in der Südmilch und der Intermilch arbeiten konnte.

So wie Weber seinen Milchkonzern verschachtelte, so konstruierte er auch seine Nebentätigkeit in Paraguay. Für den Durchschnittsbürger ist die Vorstellung schon schwierig, wie ein Vorstandsvorsitzender in Stuttgart noch nebenbei eine große Ranch in Paraguay betreiben kann. Noch schwieriger wird die Paraguayinvestition, weil Weber diese Ranch mit Steuerabschreibungen finanzierte und ausbaute. Die staatsanwaltlichen Ermittlungen waren nicht zuletzt deshalb so aufwendig, weil Weber die steuerlichen Abschreibungen in einem verschachtelten Konzern versteckte. Grundstücke, Kosten, Erlöse und Abschreibungen wanderten von einer Firma zur anderen. Anfang der 70er Jahre hatten die Finanzbehörden mit drei Firmen zu tun: der Beef Vieh- und Fleisch GmbH und Co. KG, der Interbeef del Paraguay Sociedad en Comandita und der Chaco Beef Sociedad en Comandita. Schon bei diesen Firmen gab es Überschneidungen. In der Chaco Beef war wiederum eine Beef Vieh- und Fleisch Geschäftsführungs GmbH, in der Interbeef tauchten ebenfalls die Geschäftsführungs GmbH sowie die Beef Vieh- und Fleisch GmbH und Co. KG auf.

Wer sich an einer Kommanditgesellschaft bei Weber beteiligte, zahlte Anteile, meist zwischen 30 000 und 100 000 DM. Diese Anteile konnten dann wieder aus Steuerersparnissen finanziert werden. Die Gesellschaften arbeiteten mit Verlustzuweisungen um die 185 Prozent, zunächst völlig legal. Das heißt, die Gesellschafter Webers konnten nicht nur ihre eingesetzten Anteile über die Steuer zurückerhalten, sie hatten anhaltende Steuerersparnisse.

Webers Firmen für Paraguay waren nicht nur dazu da, seine eigene Farm zu finanzieren und auszubauen, sondern, wie sich später herausstellte, betätigten sich auch in anderen Farmgesellschaften und waren zudem als Immobilien- und Finanzierungsfirmen in Paraguay bekannt. Die genannten Gesellschaften waren wiederum eng verflochten mit weiteren Firmen in Paraguay, in Panama und der Schweiz. Dazu gehörten Firmen, die als Betreiberfirmen für Farmen tätig waren. Einige Beispiele von Weber-Partnerfirmen beziehungsweise Beteiligungsfirmen: Bator Consulting S.A., Remonia del Paraguay S.A., Compania Paraguay de Producción Agraria S.A., Godoy-Penner und Asociados, Cooperative Colonizadore Fernheim. Die Steuerfahnder brauchten Jahre, um zu erkennen, wie durch dieses Firmengeflecht Gewinne verdeckt, Verluste gesammelt und Steuern versteckt wurden.

3. Noch eine Woche bis zur Hauptversammlung

Der Vorstandsvorsitzende eines Konzerns kann sich bestimmt nicht vorstellen, wie er vor seine Aktionäre auf der Hauptversammlung treten soll, wenn er kurz vorher verhaftet worden ist. Wahrscheinlich hätten nur wenige Kollegen Webers die Nerven gehabt, so angeschlagen vor die Öffentlichkeit zu treten. Doch Weber war zu diesem Zeitpunkt – im Juli 1988 – schon krisenerfahren und wußte die Woche vor der Hauptversammlung zu nutzen. Zunächst hatte er allerdings gehofft, daß seine Verhaftung nicht bekannt würde. Dies spricht für eine fast arrogante Naivität. Weber ließ sich von Staatsanwaltschaft und Steuerfahndung Diskretion zusichern. Entsprechend erregte er sich, daß seine Verhaftung durch einen SPD-Gemeinderat in Heilbronn stadtbekannt wurde. Der Gemeinderat war zu dieser Zeit im Hauptberuf Staatsanwalt. Aber als die Verhaftung nun einmal bekannt war, versuchte Weber mit allen Mitteln, die Sache herunterzuspielen, und gab gegenüber Journalisten Erklärungen ab. Er hatte dabei den Vorteil, daß die Staatsanwaltschaft wegen des Steuergeheimnisses keine Auskünfte gab. Schließlich war das Ermittlungsverfahren noch nicht abgeschlossen, und es gab keine Anklage. So erklärte Weber in Telefonaten mit mehreren Journalisten am 6. Juli 1988, die Verhaftung habe ihn »wie ein Blitz aus heiterem Himmel« getroffen und sei »unerklärlich«. Er wies alle Beschuldigungen zurück.

Bei dieser Verteidigung kam aber auch stückchenweise das Geflecht der Weberschen Privatfirmen zum Vorschein. Weber erzählte, ihm werde als Geschäftsführer und Mehrheitskommanditisten einer 1974 gegründeten Abschreibungsgesellschaft namens Beef Vieh- und Fleisch GmbH und Co. KG der Vorwurf gemacht, Mitte der 70er Jahre rund fünf Millionen Mark an Verlustzuweisungen ungerechtfertigt geltend gemacht zu haben. Erst habe das Finanzamt Heilbronn die Unterlagen der Abschreibungsfirma anerkannt. Seit 1981 habe es jedoch Bedenken gegeben. 1985 seien von der Steuerfahndung Unterlagen bei Hausdurchsuchungen beschlagnahmt worden. Feststellungsbescheide der Jahre 1974 und 1975 seien aufgehoben worden. Weber behauptete, das Finanzamt verdächtige ihn, er beherrsche die Firma Bator Consulting. Dabei habe er nur Land von dieser panamaischen Grundbesitzerfirma in Paraguay gepachtet. Außerdem sei er erst 1977 als Geschäftsführer in Paraguay eingestiegen, wo sein Vater mit Farmaktivitäten begonnen hatte. Weber gab sich ahnungslos, wer hinter Bator Consulting stecken könne. Er bestritt den Verdacht, er habe durch einen »Pachtkreislauf« künstlich Verluste geschaffen, die den Kommanditisten große Steuervorteile gebracht hätten.

Immerhin stellte sich heraus, daß Weber im nördlichen Paraguay rund 100 000 Hektar bewirtschaftete, auf denen an die 15 000 Rinder weideten und an die 100 – meist indianische – Landarbeiter tätig waren. 100 000 Hektar sind ungefähr doppelt so viel Fläche wie der allerdings nicht gerade große Landkreis Tübingen. Immer wieder dementierte Weber, er habe etwas mit der Firma Remonia S.A. in der paraguayischen Hauptstadt Asunción zu tun.

Abbildung 2: Weber auf der Hauptversammlung 1988: »Ich wurde in dieser Woche verhaftet!« (*Foto:* Factum).

Die Remonia sei zwar Eigentümerin eines Flächenanteils seiner Ranch, er aber sei an der Remonia nicht beteiligt.

Wenige Jahre später zeigte sich, daß Weber, wie ein Angeklagter, ständig von seinem »Lügerecht« Gebrauch gemacht hatte. Die Remonia war in Wirklichkeit so etwas wie eine Weber-Dachgesellschaft, zu der auch eine von ihm gegründete neue Handelsgesellschaft, Agro Latina, gehörte. Webers Hotel Schwarzwaldhof in Freudenstadt wurde auch an die Remonia verkauft. Als Weber 1995 auf seiner Ranch in Paraguay verhaftet wurde, ging ein Bild durch die Zeitungen, auf dem Weber mit einem großen Cowboyhut zu sehen war. Auf dem Hut war deutlich zu lesen: »Remonia«. Aus den vielen Erklärungen Webers nach seiner Verhaftung war wenigstens andeutungsweise zu erkennen: Es muß um drei unterschiedliche Vorwürfe gegangen sein – um die Gesetzeslage bei Abschreibungen und um die Firmenkonstruktion für die Abschreibungen.

Weber hatte offenbar Schwierigkeiten mit einer veränderten Gesetzgebung in Sachen Abschreibung aus dem Jahr 1982. Da war Weber nicht der einzige, der gedacht hatte, die goldenen Abschreibungszeiten wie vor 1982 könnten weitergehen. Das traf nicht nur Paraguayfarmer aus Deutschland, das traf auch Abschreiber im Filmgeschäft und im Schiffsbau. So mancher Abschreiber kam durch die Gesetzesänderung in Probleme und versuchte – durch Tricks – die guten alten Zeiten zu verlängern.

Abbildung 3: Der Vorstandsvorsitzende und sein ergebener Freund und Finanzchef Rudolf Hoffmann (*Foto:* Factum).

Ähnlich ging es dem berühmten Film- und Musical-Veranstalter und Abschreiber Rolf Deyhle in Stuttgart. Auch er mußte eine alte Filmgeschichte vor Gericht verhandeln lassen. Mit 800 000 DM Bußgeld kam er – ohne vorbestraft zu sein – aus der Geschichte heraus. Dafür bekam er gleich danach wieder eine Landesbürgschaft für seine Musicalaktivitäten mit »Miss Saigon«. Deyhle hatte offensichtlich eine kurze, erfolgreiche Resozialisierung in Gesprächen mit der Landesregierung genossen. In diesem »Steuerabschreibungsverfahren« wurde übrigens auch der Steuerberater und Freund des Ministerpräsidenten Lothar Späth verurteilt.

Bei Weber spielte in Paraguay noch die Höhe der Abschreibungen eine Rolle. Offenbar war das Finanzamt der Meinung, Weber schreibe wirtschaftliche Güter ab, die in dieser Höhe nicht gerechtfertigt waren. Außerdem gab es Unklarheiten mit den verschiedenen Firmen in Heilbronn, Panama, Paraguay und in der Schweiz.

Weber verstand es, in den wenigen Tagen vor der Hauptversammlung noch mehrfach darauf hinzuweisen, daß seine Paraguaygeschäfte und die Verhaftung überhaupt nichts mit der Südmilch zu tun hätten. Auch die Stuttgarter Staatsanwaltschaft tat Weber diesen Gefallen, ebenso der Aufsichtsratsvorsitzende der Südmilch AG, der Bauer Fritz Josenhans. Ein Südmilch-Sprecher kündigte eine Vertrauenserklärung des Aufsichtsratsvorsitzenden für Weber an. Doch am Tag der Hauptversammlung wurde es noch einmal kritisch. In Presseberichten tauchten Hinweise auf, Vorstandsmitglieder der Südmilch seien bei den Abschreibungsfirmen in Paraguay beteiligt. Gegen diese Vorstandsmitglieder ermittle die Staatsanwaltschaft. Außerdem gebe es einen Haftbefehl gegen den früheren Steuerberater Webers, Albert Sluka. Sluka sei auch in die Paraguaygeschäfte verwickelt und ihm werde Beihilfe zur Steuerhinterziehung vorgeworfen. Allerdings könne Sluka nicht verhaftet werden, weil er sich in der Schweiz aufhalte.

In einem Kommentar meinte die *Stuttgarter Zeitung* am 6. Juli 1988, zwei Tage vor der Hauptversammlung, die Südmilch brauche einen handlungsfähigen Vorstand. Uneingeschränkt handlungsfähig sei Weber »zweifellos nicht mehr«. Viele Beobachter erwarteten auf der Hauptversammlung einen Eklat und möglicherweise ein unkalkulierbares Risiko für den Vorstandsvorsitzenden Wolfgang Weber.

4. Der Rancher und die Kleinbauern

Bauern und Journalisten versprachen sich auf der Südmilch-Hauptversammlung am 8.7.1988 spannende Unterhaltung. Alle stellten sich die Frage: Wie würde sich der Südmilchchef aus der Affäre ziehen – gerade mal eine Woche nach seiner Verhaftung? Schon lange hatte man nicht mehr so viele Besucher auf einer Hauptversammlung gesehen. Die Halle in Leinfelden-Echterdingen vor den Toren Stuttgarts war überfüllt.

Weber kam nicht durch die Hintertür auf das Podium. Mutig und aufrecht ging er durch die Halle hindurch, begrüßte am Pressetisch jeden Journalisten mit Handschlag und ging locker die zehn Stufen zum Podium hinauf. Er setzte sich hinter sein Namensschild und schaute in den Saal, mit einem interessierten, geschäftsmäßigen Blick, als ginge es nur um die Höhe der auszuzahlenden Dividende. Zum Ritual einer solchen Vollversammlung gehören die Grußworte von Bauernverband und Landwirtschaftsministerium. Offenbar hatte sich Weber abgesprochen. Die beiden Redner taten so, als ginge es nur um den Milchmarkt in Europa und nicht um die Paraguaygeschäfte des Vorstandsvorsitzenden. Die Erklärung des Aufsichtsratsvorsitzenden Fritz Josenhans bereitete dann das Feld für den Vorsitzenden. Josenhans wörtlich: »Der Aufsichtsrat hat sich in einer außerordentlichen Sitzung am Montag dieser Woche mit den Vorgängen befaßt. Er hat dabei einen ausführlichen Bericht von Herrn Weber entgegengenommen und daraus sich ergebende Fragen mit Herrn Weber erörtert. Leider konnte dabei nicht auf schriftliche Unterlagen zurückgegriffen werden, da die Staatsanwaltschaft bis heute eine Einsicht in die beschlagnahmten Unterlagen verweigert. Der Aufsichtsrat hat dennoch einwandfrei feststellen können, daß die dem Verfahren zugrundeliegende Tätigkeit von Herrn Weber ausschließlich seinem und seiner Familie Privatbereich zuzuordnen ist und insbesondere kein Zusammenhang mit der Südmilch AG und der Aufgabenstellung von Herrn Weber als Vorstandsvorsitzendem besteht.«

Dann kam Weber selbst an die Reihe. Er erklärte mit fester Stimme, daß er heute mit Rücksicht auf das schwebende Verfahren nicht ganz frei sprechen könne und teilweise Texte ablesen müsse. Dann ging Weber in die Offensive: »Wie Sie wissen, bin ich am vergangenen Freitag verhaftet worden.« Er versuchte, den Bauern und Journalisten noch einmal zu erklären, was es mit seinem Paraguay-Engagement auf sich habe, und versicherte, daß alles mit rechten Dingen zugegangen sei.

Seit vielen Jahren wußte Weber, wie man mit den Bauern reden muß. Nicht nur bei Bauern sind in puncto Rhetorik nicht Informationen gefragt, sondern Emotionen. Aber bei Bauern besonders. Wenn ein Bauer über seinen Betrieb spricht, redet er nie zuerst über finanztechnische Daten. Er spricht über die Erde, das Land, die Vegetation und natürlich über das Wetter, über Regen und Trockenheit. Das muß nichts Negatives sein, aber wenn man die bäuerliche Rhetorik kennt, kann man damit auch Informationen verschleiern. Das tat Weber auf der Hauptversammlung seines Konzerns. Weber stellte seine Ranch nicht etwa als Abschreibungsobjekt oder Nebenverdienst dar, sondern als bäuerlichen Musterbetrieb, der mit viel Schweiß aufgebaut worden sei. Dieser Betrieb sei auch ein Entwicklungshilfeprojekt. Originalton Weber auf der Hauptversammlung: »Die Farm auf dem gerodeten Buschland entwickelte sich zu Paraguays Zuchtbetrieb Nummer eins. Hier verdienen 120 Beschäftigte ihren Lebensunterhalt, davon leben mehrere hundert Familienangehörige!« Er spielte sogar ein bißchen Karl May, indem er beiläufig erzählte, unter seinen Mitarbeitern auf der Ranch in Paraguay seien »eine ganze Menge Indianer«. Geschickt verkaufte Weber seinen Großgrundbesitz als harte Arbeit und Ablenkung von seinem mühevollen Südmilchalltag: »Ich stehe morgens auf und verbringe meine Zeit mit den Rindern und der Natur. Ich arbeite dort im Schweiße meines Angesichts bei 40 Grad im Schatten. Dieses Erlebnis hat mich in Krisenzeiten der Südmilch immer wieder aufgebaut. Wer weiß, ob ich sonst alles durchgestanden hätte.« Je mehr Weber vom heißen Tiefland des Gran Chaco im nördlichen Paraguay und dem schwierigen Aufbau einer Farm dort erzählte, vom »Dunst der Rinder« und »der Arbeit mit den Pferden« und von »der Zeit mit den Kälbern und der Natur«, um so mehr machte sich bei den schwäbischen Bauern in Leinfelden-Echterdingen Bewunderung breit.

Es war schon immer eine besondere Kunst von Großgrundbesitzern, die Solidarität mit Kleinbauern herzustellen. So brachte es Wolfgang Weber fertig, daß Bauern mit 15 Hektar und 15 Kühen einen neureichen Rancher mit 100 000 Hektar und 15 000 Rindern – wahrscheinlich zusammengerafft mit Finanzbetrügereien – als einen der ihren betrachteten.

Zum Schluß griff Weber tief in die rhetorische Trickkiste: Er scheute sich nicht, den platten Versuch zu unternehmen, sich selbst in Frage zu stellen. Mit gläubigem Augenaufschlag verkündigte er, er wolle »der Südmilch nicht zur Last fallen«. Er sei »der Letzte, der der Südmilch zu irgendeinem Zeitpunkt schaden würde«. Weber hatte es wieder einmal geschafft. Der Aufsichtsrat schlug geschlossen die Entlastung vor, die Bauern folgten nach sozialistischem Vorbild in fast hundertprozentiger Einheit. Nur einzelne Bauern erhoben ihre Stimme und kritisierten Webers Nebentätigkeit. Einer meinte, er hätte sich gewünscht, daß Weber in Krisenzeiten der Südmilch im Schweiße seines Angesichts alle Kraft für das Molkereiunternehmen eingesetzt hätte. Die Bauern versuchten aber nicht, herauszubekommen, wie weit verzweigt die Weber-Affäre in die Südmilch war.

Ein Reporter der *Stuttgarter Zeitung* fragte am Rande der Hauptversammlung den Südmilch-Finanzchef Rudolf Hoffmann, ob er bei einer Weberschen Abschreibungsfirma beteiligt sei. Hoffmann anwortete:»Ich bin nicht beteiligt.« Als der Reporter nachhakte, ob er denn früher beteiligt gewesen sei, drehte Hoffmann erbost ab. Als der Südwestfunk ein halbes Jahr später die Liste der Beteiligten veröffentlichte, war Hoffmann, ebenso wie der gesamte Vorstand, darunter. Die Herren haben später Steuern und Strafen bezahlt, immerhin zwischen 100 000 und 400 000 DM.

Für Weber fiel bei dieser Hauptversammlung günstig in die Waagschale, daß der Südmilchkonzern gerade wieder einmal ganz gut dastand – zumindest von außen gesehen. Der Umsatz war auf 775 Millionen Mark gestiegen, die Qualitätsmarke Landliebe war im Kommen. Für Landliebe wurde geschickt geworben:»Damals nämlich, als die Welt noch sauber und das Essen noch unverfälscht war…« Als Kurt Ott, der Aufsichtsratsvorsitzende der Pforzheimer Milcherzeugergenossenschaft, Weber Dank und Anerkennung für 20jährige Arbeit aussprach, gab es brausenden Beifall.

So, wie er gekommen war, so ging Wolfgang Weber wieder: aufrecht und siegessicher.

5. Die württembergischen Genossenschaftskönige und ihre Thronfolger

Wolfgang Webers Selbstbewußtsein, seine unerschütterliche Standhaftigkeit, auch wenn ihn die Kritiker zu überrennen scheinen, ist keine Zufälligkeit oder eine Laune der schwäbischen Natur. Herkunft, Erziehung, Umwelt und Beobachtung haben ihn sicherlich zu der Erkenntnis geführt, daß er ausersehen war, Großes zu leisten.

Karl Weber, der Vater Wolfgangs, gehörte zum Establishment in Heilbronn und Umgebung. Vater Weber war Chef der Molkerei, und das war früher eine wichtige Position. In der Meinung der Bevölkerung war dieser Direktor dafür verantwortlich, daß es jeden Tag frische und gesunde Milch für die Kinder gab und, falls man es sich leisten konnte, Butter auf das Brot. Die Molkerei war kein industrieller Betrieb, sondern eine »Verwertungsgenossenschaft«. Sie sollte keine großen Gewinne erwirtschaften, sondern die Milch der anliefernden Bauern »verwerten« und die Versorgung der Bevölkerung sicherstellen. Solch eine Molkerei wurde mit militärischer Strenge geleitet; schließlich bedurfte es strenger Disziplin, Ordnung und Sauberkeit, um eine gesunde Milch zu gewährleisten. Wenn in einer Molkerei geschlampt wurde, konnte das für die Gesundheit einer Stadtbevölkerung katastrophale Folgen haben. Heilbronner, die Karl Weber noch kannten, schildern ihn deshalb als einen verantwortungsbewußten, aufrechten und selbstbewußten Mann.

Karl Weber hatte Landwirtschaft studiert und war Diplomlandwirt. Deshalb war es für ihn sicher eine große Enttäuschung, daß sein Sohn Wolfgang das Abitur nicht schaffte und nicht studierte. Immerhin machte Wolfgang dann den Molkereimeister und konnte so seinem Vater nachfolgen. Einige Weggefährten von Wolfgang Weber berichten, obwohl Vater Weber seinen Sohn immer gefördert habe, habe Wolfgang unter seinem strengen Vater noch Jahrzehnte gelitten. Vielleicht ist es so zu erklären, daß Wolfgang Weber ihn in seinem Prozeß wegen Steuerhinterziehung im Dezember 1991 unvermittelt und überraschend belastete, indem er erklärte, er habe die umstrittenen Vorgänge von seinem Vater geerbt. Prozeßbeobachter fanden diesen Hinweis geschmacklos angesichts Webers eigener Aktivitäten in Paraguay.

Bauern sind meist etwas konservativer als andere Berufsgruppen. Das hängt sicherlich damit zusammen, daß Bauern viel mit der Natur zu tun haben – und die Natur ist nun einmal konservativ. Das betrifft auch Menschen, die keinen Bauernhof besitzen, sondern nur eine landwirtschaftliche Ausbildung genossen haben. Diese konservative Haltung spielt natürlich auch bei der politischen Orientierung eine Rolle. Von einem Molkereidirektor in Heilbronn kann man kaum erwarten, daß er während der NS-Zeit zu den Widerständlern gehörte. Aber der frühere Kulturbürgermeister von Heilbronn berichtet, Vater Weber habe sich in den letzten Kriegstagen widersetzt, als der Kreisleiter befahl, die Molkerei zu sprengen, damit sie nicht in die Hände des Feindes fiele. Vater Weber mußte kurzfristig untertauchen.

Dieser frühere Heilbronner Kulturbürgermeister erzählt aber auch, wie enttäuscht er gewesen sei, daß Sohn Wolfgang Weber nie etwas für das Heilbronner Theater übrig gehabt habe, dafür aber den damaligen Heilbronner Oberbürgermeister und den damaligen Chefredakteur der Regionalzeitung *Heilbronner Stimme* auf seine Ranch nach Paraguay eingeladen habe.

Ein Heilbronner Molkereidirektor war zu seiner Zeit aber nicht nur eine bedeutende Person in seiner Stadt, sondern in der gesamten landwirtschaftlichen Szene. Der spätere Bauernverbandspräsident Carl Dobler war in den 50er Jahren landwirtschaftlicher Lehrling auf einem Hof in der Nähe von Heilbronn. Sein Lehrherr war der bekannte Landwirt und Pflanzenzüchter Hege-Hohebuch. Pflanzenzüchter stehen in der landwirtschaftlichen Hierarchie ganz oben. Wenn sie erfolgreich sind, können sie entscheidend zum Erfolg der bäuerlichen Betriebe beitragen. Hege war geradezu berühmt für seine Weizenzüchtungen. Er und Molkereidirektor Weber kannten sich gut. Der landwirtschaftliche Lehrling Dobler mußte einmal für seinen Lehrherrn einen Botengang nach Heilbronn übernehmen. Als Dobler im Büro des Molkereidirektors Weber stand, führte der ihm sein Waschbecken in einem Schrank vor. Ein Waschbecken in einem Schrank! So etwas hatte der junge Dobler noch nie gesehen. Viele Jahre später, 1969, als Dobler Bauernverbandspräsident werden wollte, trafen er und der alte Karl Weber sich zufällig wieder. Weber war verärgert, denn er wollte einen anderen als Bauernverbandspräsidenten sehen, und er glaubte das Recht zu haben, einen Präsidenten zu bestimmen. Vater Weber sagte zu Dobler: »Ihr Vater war immer ein zweiter Mann! Sie sind ein zweiter Mann! Warum wollen Sie eigentlich Bauernverbandspräsident werden?«

Als Sohn Wolfgang für einige Wochen in der Molkereifachschule in Wangen im Allgäu im Internat war, pflegte Vater Weber mit seinem Mercedes zu Besuch zu kommen. Er fuhr dann demonstrativ vor das Schulgebäude, wo Wolfgang zu lernen hatte, um Molkereigehilfe zu werden. Wenn der Wagen von Direktor Weber vorfuhr, unterbrach der Direktor der Wangener Schule seinen Unterricht, um Vater Weber zu begrüßen. Der Direktor der Schule bat des öfteren den angehenden Molkereigehilfen Wolfgang zum nachmittäglichen Kaffee in die Privatwohnung.

Kein Wunder, daß Wolfgang den Eindruck hatte, er sei etwas ganz Besonderes, und sich als kleiner Direktor im Internat aufspielte. So etwas geht in keinem Internat gut. Schon gar nicht dort, wo solch rauhe Burschen wie »Allgäuer Rundkäser« ausgebildet werden. Diese Rundkäser zeichneten sich durch eine besonders ausgeprägte Oberarmmuskulatur aus, denn sie konnten einen schweren Käselaib mit ausgestreckten Armen umdrehen. Solch ein Rundkäser forderte Wolfgang Weber zu einem Zweikampf heraus, weil ihn das Chefgetue von Wolfgang ärgerte. Bei der Schlägerei verlor Wolfgang die oberen Schneidezähne und der Rundkäser seinen Ausbildungsplatz.

Dieses Ereignis war für Wolfgang Weber sicherlich ein dramatischer Hinweis, wie wichtig es ist, Situationen richtig einzuschätzen. Es könnte sein, daß er von diesem Tag an viel genauer beobachtete, wie sich Stimmungslagen entwickeln und wie man sich in solche Entwicklungen hineindenken muß. Er machte dann seinen Molkereimeister und bekam in Hamburg eine betriebswirtschaftliche Fortbildung. Diese Fortbildung wurde in späteren Jahren in Zeitungsporträts überinterpretiert, indem Weber als »Molkereimeister und Betriebswirt« vorgestellt wurde. Vater Weber schaffte es, den Sohn Wolfgang als Hauptgeschäftsführer im nahen Dauermilchwerk Künzelsau unterzubringen. Dies war nur möglich mit der Hilfe eines zweiten württembergischen Genossenschaftskönigs namens Friedrich Brixner. Brixner war Molkereidirektor bei der Milchverwertung Stuttgart gewesen, der Vorläuferin der Südmilch. Brixner und Vater Weber waren befreundet, Sohn Wolfgang nannte ihn »Onkel«. Brixner machte dann eine große genossenschaftliche Karriere und wurde Präsident des württembergischen Genossenschaftsverbandes. Er hatte Großes vor mit den Genossenschaften, wollte sie modernisieren und lieferte in vielen Grundsatzreden das theoretische Fundament dafür. Aus den Genossenschaften sollten Aktiengesellschaften werden, der genossenschaftliche Gedanke aber erhalten bleiben.

Schon vor 1945 versuchte Brixner, von Stuttgart aus, einen größeren Milchverbund zu schaffen. Mit Vater Weber war er sich einig. Dazwischen, zwischen Stuttgart und Heilbronn, lag aber eine widerspenstige Molkerei in Ludwigsburg. In dieser Molkerei war wiederum der Vater des späteren Bauernverbandspräsidenten Dobler engagiert, den Vater Weber als Präsident verhindern wollte. Der alte Dobler sprach jahrelang kein Wort mit dem alten Weber, der junge Dobler kämpfte jahrelang gegen den jungen Weber. Zuerst verlor der junge Dobler, weil seine Ludwigsburger Molkerei pleite ging, der Geschäftsführer Selbstmord beging und das Milchgebiet zur Südmilch kam. Jetzt ist der junge Weber flüchtig. Als es noch keine Genossenschaften gab und solche verfeindeten Bauernfamilien in den frühen Vereinigten Staaten siedelten, entstanden so die Geschichten für Western.

Es gibt Hinweise, daß ein großer württembergischer Molkereiverbund das Lebensziel des Stuttgarter Molkereidirektors Brixner war. Doch er konnte dieses Ziel nicht erreichen. Brixner muß in Wolfgang Weber den gesehen haben, der es schaffen konnte. Darum förderte er Wolfgang Weber vehement. Dabei konnte ihm auch der Aufsichtsratsvorsitzende Fritz von der Südmilch in Stuttgart helfen. Brixner und Fritz kannten sich gut aus der Zeit des Reichsnährstandes (nicht einmal junge Leute mit Hochschulabschluß wissen, was das ist), der nationalsozialistischen, landwirtschaftlichen Berufsorganisation. Fritz zog dann als Bauer für die CDU in den Bundestag ein. Weber, Brixner und Fritz beschlossen, den jungen Weber bei der Südmilch in Stuttgart als Vorstandsvorsitzenden zu installieren. Sie arrangierten ein Vorstellungsgespräch für Wolfgang Weber bei dem damaligen stellvertretenden Aufsichtsratsvorsitzenden der Südmilch, dem bekannten und beliebten Stuttgarter Oberbürgermeister Arnulf Klett. Offenbar war Klett der ehrgeizige Wolfgang Weber nicht ganz geheuer. Er gab dem jungen Weber den Rat: »Junger Mann, Sie haben noch Zeit.« Weber wurde zwar Mitglied des Südmilchvorstandes, aber nicht Vorstandsvorsitzender. Vorsitzender wurde der ältere Heinz Wirth. Wirth legte ein Reformpaket vor und machte im Jahr danach ein Minus von 3 Millionen. Das benutzten Brixner, Vater Weber und Aufsichtsratsvorsitzender Fritz, um Wirth zu stürzen. Weber wurde 1970 mit 35 Jahren Vorstandsvorsitzender. Mit Weber schrieb die Südmilch gleich wieder rot. Aber rote Zahlen lassen sich immer auf verschiedene Weise interpretieren: Entweder werden sie für Intrigen benutzt oder für normale Geschäftspolitik, mit der Aussicht auf Besserung.

Der Bauernverbandspräsident Carl Dobler erinnert sich noch gut, wie er erfuhr, daß Weber Vorstandsvorsitzender der Südmilch werde. Er war gerade in Bonn bei einem Gespräch mit dem Raiffeisenpräsidenten Sonnemann. Beiläufig erwähnte Sonnemann, daß Weber junior an die Spitze der Südmilch komme. Da entfuhr es dem entsetzten Dobler: »An dem ist kein bäuerliches Haar!« Als Dobler wieder in Stuttgart war, wurde er zum Rapport bei Brixner bestellt. Brixner fauchte ihn an, wie er dazu komme, in Bonn so etwas zu sagen. Dobler solle sich gefälligst entschuldigen – Weber sitze schon im Nebenzimmer, um seine Entschuldigung entgegenzunehmen. Dazu muß man wissen, daß der Ausdruck »kein bäuerliches Haar« wirklich eine Beleidigung ist, die früher im Wilden Westen mit dem Colt ausgetragen worden wäre. Denn es bedeutet nichts anderes, als daß an dem Mann grundsätzlich kein gutes Haar ist. Präsident Dobler brachte soviel Mut auf, sich nicht zu entschuldigen.

Wobei die Landwirtschaft in jenen Tagen auch das Problem hatte, Manager ohne landwirtschaftlichen Hintergrund abzulehnen. Bei Führungskräften wurde immer auf die »bäuerlichen Haare« geachtet. Nur so ist es zu verstehen, daß die landwirtschaftlichen Genossenschaften die Modernisierungen und Reformen nicht richtig schafften, weil sie zu landwirtschaftlich dachten. Hinzu kam mit der Zeit der genossenschaftliche Filz. So sollte der Sohn des Genossenschaftspräsidenten Brixner die genossenschaftliche Konservenfabrik Unterland AG, in der Nähe von Heilbronn, aufbauen. Er scheiterte. Die Konservenfabrik mußte verkauft werden. Dafür wurde Brixner Junior, wie früher sein Vater, Chef der württembergischen landwirtschaftlichen Zentralgenossenschaft. Diese verfügte über ein wichtiges Bindeglied zwischen Landwirtschaft, Verbrauchern und Industrie: eine gut funktionierende Ladenkette von sogenannten »Haus- und Gartenmärkten«. Hier gab es alles, vom Kälberstrick bis zum Sack Zement, vom Hammer bis zum Radieschensamen. Die Läden waren etwas verstaubt, aber wer daraus etwas gemacht hätte, der hätte OBI und andere verhindert. Doch Brixner und andere verschliefen auch diese Chance.

Der Brixner-Sohn machte jedoch weiter Karriere. Er ist heute deutscher Raiffeisenpräsident. So einfach ist die Genossenschaftswelt. Der Sohn des größten Weber-Förderers ist heute oberster Genossenschaftler. Die größte Krise der deutschen Genossenschaften ist eigentlich nur eine Familienkrise. Die Südmilchpleite ist eine Pleite der deutschen Genossenschaften. Am Beispiel Weber wurde die Gemeinnützigkeit des genossenschaftlichen Mottos »Einer für alle, alle für einen« in das Gegenteil verkehrt. Als die Südmilch im Sumpf stecken blieb, konnten sich die Genossenschaften nicht einmal aufraffen, eine richtige Rettungsaktion zu starten. Das überließen sie den holländischen Molkereigenossenschaften.

Der Niedergang der Südmilch ist nur zu vergleichen mit der Pleite der Neuen Heimat bei den deutschen Gewerkschaften. Hier wie dort ging es um schnelle Wachstumsraten einer Selbsthilfeorganisation, denaturiert durch Filz, Eigeninteresse und kriminelle Energie.

Als Wolfgang Weber Vorstandsvorsitzender der Südmilch AG werden sollte, gab es noch einen heiklen Punkt zu überwinden: In Webers Vertrag war vorgesehen, daß er sich Zeit nehmen dürfe, sich um die Vermögensverwaltung des väterlichen Erbes zu kümmern. Wörtlich heißt es in dem Vertrag: »Dem Geschäftsführer oder Vorstand sind Beteiligungen und Tätigkeiten im Zusammenhang mit der Verwaltung seines eigenen Vermögens und des Familienvermögens uneingeschränkt gestattet. Dies gilt auch für seine Funktionen in Gesellschaften im In- und Ausland, die von ihm oder anderen Mitgliedern seiner Familie oder gemeinsam kontrolliert werden.« Solch einen Vertrag hatte der Vater dem Sohn schon bei seinem Job in Künzelsau gebastelt. Die Klausel sagte nichts anderes, als daß Weber wochenlang in Paraguay auf der väterlichen Ranch nach dem Rechten sehen durfte. Eine solche Klausel war und ist einmalig. Ein Konzern von der Größe der Südmilch verlangt den Einsatz eines ganzen Managers. Statt dessen wurde bei den Vertragsverhandlungen festgelegt, daß dieser Manager auf jeden Fall Zeit für die Verwaltung eines riesigen Nebenbetriebes haben dürfe, der zudem noch Tausende von Kilometern entfernt lag. Diese Klausel wurde trotz aller Fragezeichen formuliert. Vater Weber wollte sie, und schließlich saß er bei seinem Sohn im Aufsichtsrat, denn rechtzeitig hatte Karl Weber die Molkereien von Heilbronn und Stuttgart zusammengebracht. Der große Genossenschaftler Brixner hatte sowieso sein Jawort gegeben. Damals saß im Aufsichtsrat der Südmilch noch ein junger FDP-Politiker und Bauer: Georg Gallus, später Staatssekretär im Bundesernährungsministerium. Gallus kann sich noch gut an die Beratung um die Weber-Klausel erinnern: »Es war ganz einfach. Der Weber hat gesagt, ich mache den Job nur mit der Klausel, und wir waren der Meinung, diese Aufgabe bei der Südmilch kann nur der junge Weber lösen! Dann haben wir zugestimmt.«

Für den Schwaben Gallus war die Südmilch immer ein Vorzeigebetrieb, auf den er stolz war. Er konnte es nie glauben, was Weber angehängt wurde, und er kann es heute noch nicht richtig glauben. Wenn man dem früheren Staatssekretär versucht nahezubringen, welche unglaublichen Dinge unter Weber geschehen sind, knurrt er seinen Besucher an: »I wills gar net wisse!«

Zur Ehrenrettung der Landwirtschaft muß man aber festhalten, daß solch merkwürdige Geschichten nicht nur im bäuerlichen Bereich geschehen. Bei den vielen Facetten des Mißmanagements gibt es neuerdings auch den Fall des »gefilzten Nebenbetriebes« im industriellen Bereich. Beim Mannesmann-Konzern haben Journalisten, Staatsanwälte und konzernbeauftragte Sonderprüfer höchst ungewöhnliche Vorgänge zu Tage gebracht. Wie Weber hatte der inzwischen abgetretene Mannesmann-Vorstandsvorsitzende Werner H. Dieter noch einen eigenen »Familienbetrieb«. Dieses Unternehmen, die Hydac im saarländischen Sulzbach, profitierte von den besonderen Beziehungen zum Mannesmannkonzern. Mannesmann kaufte bei Hydac teuer ein, und was Hydac seinerseits bei Mannesmann einkaufte, gab's billiger. In dem Papier der Sonderprüfer geht es um eine Milliarde DM. Der 123-seitige Bericht stellt fest, Aufsichtsräte hätten trotz Kenntnis der dubiosen Geschäfte des Vorstandschefs Dieter keinen Anlaß gesehen, einzuschreiten.

In den Genossenschaftsfamilien Brixner und Weber wurde immer stark an die eigenen Söhne gedacht. Kenner der Familie Weber berichten, daß Wolfgang Weber davon geträumt hat, einen seiner Söhne zum Nachfolger in der Südmilch zu bestimmen. Bei Festen im Kasino des Dauermilchwerkes in Künzelsau hätten sich die beiden schon so aufgeführt, als seien sie die künftigen Chefs. Das Kasino in Künzelsau war in gehobenen bäuerlichen Kreisen berühmt für seine gute Küche. Die Einrichtung wurde zwar von Besuchern leicht verächtlich als »schwäbisches Neo-

Barock« bezeichnet, aber am Koch gab es nichts zu mäkeln. Küchenchef Schittenhelm hatte engen Familienanschluß. Wolfgang Weber und Ehefrau Erne (eigentlich gut-schwäbisch: Erna) betrachteten das Kasino immer als ihre verlängerte private Küche. Erne Weber sprach den Speisezettel ab, mittags speiste man bei Schittenhelm. Als die asiatische Küche modern wurde, wurde Schittenhelm ins Asiatische geschickt, um auf dem Laufenden zu bleiben. Wolfgang Weber sprach mit Peter Schittenhelm auch schon mal über die Vorzüge der »paraguayischen Abschreibung«, und Schittenhelm wurde Gesellschafter der Chaco-Beef. Das Finanzamt Stuttgart führte Schittenhelm in der Gesellschafterliste von Chaco-Beef vor Dr. Karl Schneider, dem damaligen Chef der Südzucker AG. So gesehen war die Steuerabschreibung bei Weber eine klassenlose Gesellschaft.

Kapitel II

Kriminelle Landliebe

1. Los Paraguayos

Mit herzzerreißender Romantik besingt Luis Alberto del Paraná los Paraguayos seine südamerikanische Heimat zwischen Argentinien und Brasilien: »Meine Gitarre und meine Stimme sind alles, was ich habe, um die Welt wissen zu lassen, daß die Schönheit meines Heimatlandes und die Freundlichkeit seiner Bewohner letzten Endes nicht zu beschreiben sind.«

Sicher ist, daß nicht dieses Lied Vater Weber bewogen hat, Land in Paraguay zu kaufen. Vater Weber war über einen guten Bekannten auf Paraguay gekommen: den Pflanzenzüchter Hege-Hohebuch, von dem schon die Rede war. Hans Hege, der mit Vater Weber in der Heilbronner Molkereigenossenschaft zusammenarbeitete, war Mennonit und hatte Verbindung zu streng mennonitischen Familien in Rußland.

Mennoniten sind Protestanten, die sich bald nach der lutherischen Reformation abspalteten, weil sie unter anderem die Kindstaufe und die Staatskirche ablehnten, den Dienst an der Waffe verweigerten und ihre Gemeinschaft unabhängig vom Staat organisieren wollten. So entstand die religiöse Bewegung der sogenannten Wiedertäufer in der Schweiz, in Holland und in Friesland. Einer ihrer führenden Priester hieß Menno. Sie wurden verfolgt, flüchteten und suchten sich immer wieder Länder, wo sie nach ihren Bräuchen leben konnten. Sie wanderten nach Amerika und Rußland aus, andere paßten sich in Deutschland an, viele wollten nur unter ihresgleichen sein. Die »amish people«, die heute noch in den Vereinigten Staaten abgeschottet in einer Kolonie leben und Reißverschlüsse und Autos ablehnen, sind fundamentalistische Mennoniten.

Im vergangenen Jahrhundert waren deutsche Mennoniten in Rußland erfolgreiche und fortschrittliche Pioniere, Landwirte und Handwerker. Sie hatten viel Einfluß beim Zaren, der ihre Unabhängigkeit gewährleistete. Nach dem Ersten Weltkrieg kamen die deutschen Mennoniten in Rußland in immer größere Schwierigkeiten. Die Religionsfreiheit war bedroht. Die Mennoniten wollten auswandern, um ihre Glaubensgemeinschaft in unveränderter Form beizubehalten. Professor Benjamin Unruh, ein Onkel des Landwirts Hege, organisierte die Flucht der deutschen Mennoniten von Rußland nach Paraguay, wo ihnen die freie Ausübung ihrer Religion garantiert worden war. 1930 kamen die Mennoniten aus Rußland in Paraguay an – fast gleichzeitig übrigens mit ihren deutschstämmigen Glaubensbrüdern aus Kanada, die dort ebenfalls ihre kulturelle Eigenständigkeit bedroht sahen. Auf sie warteten unvorstellbare Strapazen: 500 Kilometer mit dem Ochsenkarren in den Norden Paraguays in das Siedlungsgebiet im Chaco, dem paraguayischen Buschland. Die Mennoniten erlebten Hitze und Sturm, Sümpfe und Ungeziefer, Hunger und Durst, Überschwemmung und Krieg, Indianer und Räuber, Krankheit und Tod. Der Treck war nur vergleichbar mit denen der Siedler des vergangenen Jahrhunderts im amerikanischen Westen, vielleicht aber noch fürchterlicher. Doch die Mennoniten hielten durch. Mit ihrem unerschütterlichen Glauben bauten sie die Siedlung »Fernheim« im Chaco auf, später kamen andere Siedlungen dazu.

Die Mennonitensiedlungen waren in Paraguay immer gut angesehen. Auch der deutschstämmige Diktator General Stroessner stellte in den 50er und 60er Jahren die Mennoniten immer als Vorbild hin, denn in die Siedlungen zog im Lauf der Jahre so etwas wie ein bescheidener Wohlstand ein. Doch bis dahin war es ein weiter und schwerer Weg.

In der Chacoebene herrscht ein windiges, tropisches Trocken-klima. Die Bodenqualität ist manchmal minderwertig, das Grund-wasser oft schlecht, gutes Wasser knapp. Das Gebiet war selbst für Indianer früher so menschenfeindlich, daß sie nicht mehr als zwei Kinder aufzogen, weil die Ernährungsgrundlage für eine steigende Bevölkerung nicht ausreichte. Weitere Kinder wurden nach der Geburt umgebracht – ebenso alte Stammesangehörige, wenn sie nicht mehr aus eigener Kraft weiterziehen konnten. Die Missionare der Jesuiten und später der Mennoniten brachten den Chacoindianern westliche Begriffe von Menschlichkeit bei. Die missionierten Indianer sammeln sich seit Jahren immer mehr in der Nähe der Mennonitensiedlungen. Mennoniten in Deutsch-land haben in den vergangenen Jahrzehnten immer versucht, ihren Glaubensbrüdern in Paraguay zu helfen, auch beim soge-nannten »Indianerproblem«.

Die Verbindung zwischen Mennoniten in Deutschland und den Siedlern in Paraguay ist nie abgebrochen. Als Vater Weber durch den Pflanzenzüchter Hege von den Mennoniten in Para-guay hörte, war er gerade auf der Suche nach Land. Karl Weber stammt aus dem Städtchen Kirchheim, südöstlich von Stuttgart. Er konnte dort im ersten Bauboom der Nachkriegszeit geerbte Grundstücke verkaufen. Kenner der Familie behaupten, Weber habe zum Teil von dem Geld noch Trümmergrundstücke in der Stadtmitte Heilbronns gekauft und die dann wieder mit gutem Gewinn veräußert. Er wollte offenbar von diesem Gewinn keine Aktien erwerben, sondern Land. Vater Weber wird als ein Mann beschrieben, der geradezu darunter gelitten hat, keinen größeren Bauernhof zu haben. Dieses Phänomen gab es früher bei land-wirtschaftlichen Führungskräften häufig. Ein Molkereidirektor wie Weber sah sich als Angehöriger der Eliteklasse innerhalb der Landwirtschaft. Jeder kleine Bauer konnte jedoch auf seine eige-ne Scholle verweisen, er nicht. Es gibt Zeitzeugen, die berichten, Vater Weber habe lieber Land in Baden-Württemberg kaufen wollen, habe aber Schwierigkeiten gehabt. Dies muß eine Legende

sein. Denn Vater Weber hatte landwirtschaftliche Flächen verkauft, die Bauland wurden. Er hätte also wieder Flächen für einen Bauernhof kaufen können. Es spricht mehr für die These,
daß Weber hinaus in die weite Welt wollte, wo die Flächen groß

Abbildung 4: Rancher Weber im südamerikanischen Wohnzimmer.

und die Preise niedrig waren. Schon als junger Mann war er in
Amerika gewesen, was damals nicht gerade alltäglich war. Weber
nutzte lieber die Verbindung zu den Mennoniten in Paraguay und
die Möglichkeiten der Steuergesetze, die Anfang der 60er Jahre
viele faszinierten.

Nach Paraguay gingen in diesen Jahren viele, um Land zu
kaufen und Steuern zu sparen. Nicht nur solche wie Weber, die
auch einen Draht zu Mennoniten hatten. Doch Weber hatte richtig erkannt, daß die Verbindung zu den Mennonitensiedlungen
wichtig sein könnte. Dort konnte man verläßliche Verwalter und

Arbeitskräfte finden, die Erfahrung mit dem Land hatten. Man konnte ihre Infrastruktur nutzen, außerdem konnten die Mennoniten mit den indianischen Landarbeitern umgehen. Zudem gab es zu den deutschstämmigen Mennoniten keine großen sprachlichen und kulturellen Barrieren. Doch die Nähe von den steuerabschreibenden Großranchern zu den Mennonitensiedlungen ist nicht unproblematisch. Der Tübinger Professor Kohlhepp hat darüber vor einigen Jahren eine wissenschaftliche Arbeit geschrieben. Er kam zu dem Schluß, daß diese Entwicklung zu schwerwiegenden Interessenkonflikten führe: Die Interessen der Mennoniten werden mit den Interessen der spekulativen Landverkäufer und der spekulativen Estanziagründer gekoppelt. Außerdem behindern die Landkäufe von Deutschen die Expansionsmöglichkeiten von Mennoniten und Indianern im Chaco.

Der Familie Weber unterstellt niemand eine Nähe zu mennonitischen Einstellungen. Neben Vater Weber war zunächst Sohn Gerhard mit der Verwaltung der Ranch in Paraguay beschäftigt. Dann wanderte Gerhard nach Südafrika aus, Vater Weber sorgte auch dort für Land. Wolfgang Weber übernahm die Paraguaygeschäfte 1977 von seinem Bruder. Schon 1974 gab es die Abschreibungsgesellschaft Beef Vieh- und Fleisch GmbH und Co. KG. Von dieser Abschreibungsgesellschaft sollte später in der Berichterstattung über den Fall Weber immer wieder die Rede sein. Es existierten noch mehrere solcher Gesellschaften, zum Beispiel die Chaco Beef. Die Staatsanwaltschaft hatte Schwierigkeiten, durch die ganzen Gesellschaften hindurchzufinden und klarzustellen, welche Gesellschaft von wem Land in Paraguay gepachtet hatte, wer Verwalter oder Besitzer war. Später stellte sich heraus, daß Weber außerdem noch ein großer Immobilienmakler in Paraguay war.

Wer in den 60er Jahren nach Paraguay ging, der mußte, gelinde gesagt, politisch liberal bis zur Schmerzgrenze sein. Wer in Paraguay investierte, wollte vielleicht seine Geldgeschäfte über alles stellen und akzeptierte, daß er sich in einer Diktatur bewegte, über die sich Amnesty International ständig weltweit wegen der Verletzung der Menschenrechte beklagte. Diktator Stroessner beherbergte Naziflüchtlinge und verlieh dem KZ-Arzt Mengele die Staatsanangehörigkeit. Wer aber größere Geschäfte in Paraguay tätigen wollte, der benötigte das Wohlwollen des Diktators, wenn nicht seine Zuneigung. Es spricht viel dafür, daß Wolfgang Weber letzteres hatte.

Paraguaybesucher berichten, daß Wolfgang Weber schon in den 70er Jahren in der Regierung Paraguays gut bekannt und beliebt war. Im Notfall habe das Militär für Transportmittel oder Ernteeinsätze gesorgt. Weber agierte in Paraguay nicht im politisch luftleeren Raum. Die deutsche Heimat war immer präsent. Baden-Württemberg engagierte sich in Paraguay mit Entwicklungshilfen.

In Baden-Württemberg war es nicht nur die Familie Weber, die gute Beziehungen zu Paraguay pflegte. Anfang der 80er Jahre entstand in Stuttgart ein »deutsch-paraguayisches Institut für Wirtschafts- und Kulturförderung«. Das Institut gibt es nicht mehr, der damalige geschäftsführende Gesellschafter war Heinz Aigner. Aigner, Sohn eines CSU-Bundestagsabgeordneten, war persönlicher Referent des früheren Ministerpräsidenten Hans Karl Filbinger gewesen und hatte sogar eine ganz persönliche Beziehung zu Paraguay – er heiratete die Tochter des obersten Richters in Asunción.

Ministerpräsident Filbinger besuchte natürlich auch Paraguay. In Aigners Broschüre zu dem Institut war ein Grußwort des damaligen Ministerpräsidenten, Lothar Späth, zu lesen. Ebenso vertreten: der damalige Botschafter von Paraguay in Bonn, Victor Godoy. Godoy kam zu jener Zeit auch schon mal in das idyllische Künzelsau, um Wolfgang Weber zu besuchen. Zufällig war der Herr Botschafter dabei, als Wolfgang Weber im Oktober 1990 zum zweiten Mal in Künzelsau verhaftet wurde. Godoys Nachfolger befand sich im Frühjahr 1995, auf Einladung des früheren CDU-Landtagsabgeordneten Helmut Wirth aus Bretten, in Baden-Württemberg. Der Bauingenieur Wirth ist in Paraguay wirtschaftlich engagiert und war nicht sonderlich erbaut, daß Journalisten von dem Botschafter nur wissen wollten, ob Wolfgang Weber aus Paraguay noch ausgeliefert werde.

Schon vor Weber hatte in Baden-Württemberg der Rottenburger Oberbürgermeister Regenbrecht Ärger mit Grundstücksgeschäften in Paraguay. Regenbrecht fühlte sich in Paraguay betrogen und im schwäbischen Rottenburg falsch verstanden. Am Ende haben dem Oberbürgermeister die paraguayischen Ländereien nur einen unschönen Abgang in den Ruhestand beschert. In Baden-Württemberg konnte man den Eindruck gewinnen, daß Paraguay nicht glücklich macht.

2. Ein Zahnarzt und die kriminelle Energie

Der 22. Mai 1989 war ein wunderschöner, warmer Frühsommertag. Die Luft im Saal 5 des Stuttgarter Landgerichts war stickig, und der Richter, Martin Krause, schien schlecht gelaunt. Vielleicht hatte er die ganze Nacht noch Akten studiert, oder er war zu lang auf einem Gartenfest gewesen. Als Richter Krause den Angeklagten ansprach, erhob sich der ältere Mann ungelenk. Krause raunzte ihn an: »Seit 1968 steht keiner mehr auf, wenn der Richter was wissen will!« Der Angeklagte setzte sich, reichlich verwirrt. Wahrscheinlich hatte er nie vor 1968 und nie nach 1968 vor einem Richter gestanden oder gesessen. Der 61jährige Zahnarzt Wolfgang Koczik aus Künzelsau, ein Freund Wolfgang Webers, war angeklagt, in den Jahren 1976 bis 1981 über 625 000 DM Steuern hinterzogen zu haben. Die Stuttgarter Staatsanwaltschaft hatte sich den Zahnarzt unter denjenigen herausgesucht, die in Webers Abschreibungsmodell in Paraguay Steuern sparen wollten. Wenn es den Staatsanwälten gelingen sollte, von Koczik ein Geständnis zu bekommen, konnten sie Weber in die Zange nehmen. Die Taktik der geschickten Staatsanwälte schien zu greifen, denn zufällig war für diesen Fall Richter Krause zuständig.

Krause gilt in Stuttgart als originell, unerbittlich und rücksichtslos. Mehr oder weniger prominente Angeklagte behandelt er erfreulich respektlos. Fast genau ein Jahr zuvor hatte Richter Krause den schwäbischen Sauerkrautkönig Hermann Manz wegen Subventionsbetrugs zu fünf Jahren und neun Monaten Freiheitsstrafe verurteilt. Manz war ein Skatfreund des Ministerpräsidenten Lothar Späth. Bei den Ermittlungen gegen Manz war es zu merkwürdigen Verzögerungen gekommen. Das Staatsministerium schaltete sich ein, führende Vertreter aus dem Finanz- und dem Landwirtschaftsministerium diskutierten mit einem leitenden Oberstaatsanwalt. 1991, im sogenannten »Späth-Untersuchungsausschuß« des baden-württembergischen Landtags, beklagte sich Krause ungeniert darüber, daß die Ermittlungen im Fall Manz verschleppt worden seien. Die Ermittlungsakten der Staatsanwaltschaft hätten ein halbes Jahr früher vorliegen können. Manz hatte dadurch Zeit gewonnen. Aber Richter Krause hatte den Subventionsbetrüger und Skatspieler nicht entkommen lassen. Daß der Sauerkrautkönig dann einen modellhaft-liberalen Strafvollzug genießen konnte, der sogar im Stuttgarter Landtag debattiert wurde, ist nur noch eine Fußnote in einer merkwürdigen Geschichte.

Bei dem Verfahren gegen den Zahnarzt wollte der Richter Krause gleich noch Wolfgang Weber mitbehandeln. Immer wieder mußte der Angeklagte erzählen, mit welcher Firma Webers er verhandelt habe, wann er mit Weber gesprochen habe, ob er bei einer Besprechung Webers dabei war oder nicht. Richter Krause zitierte immer wieder aus einer roten Handakte, die Webers Sekretärin in der Hand hatte, als die Fahnder zur Durchsuchung kamen. In dieser Handakte fand die Justiz wertvolle Hinweise auf Webers Abschreibungsfirmen.

Bei der Gerichtsverhandlung stellte sich heraus, wie Webers Grundstücksgeschäfte in Paraguay liefen. Weber hatte ein Grundstück für 36 DM pro Hektar gekauft. Er verkaufte es an seinen Freund, den Zahnarzt, für 75 DM pro Hektar. Gewinn für Weber bei dem Grundstück von 3 750 Hektar: 116 250 DM. Solche Gewinne scheute sich Weber nicht, bei Freunden einzustreichen, er nannte das auch nicht Spekulationsgewinne oder Wertsteigerungen, sondern Bezahlung für »steuerliches know-how«. Der Staatsanwalt las entsprechende Briefe Webers an seinen Bruder in Südafrika vor. Aus einem der Briefe war zu erkennen, daß Weber einer der großen Immobilienhändler in Paraguay war. Bis dahin war man davon ausgegangen, daß Weber nur für seine Firmen Geld und Steuerersparnisse sammelte. Von einem großen Immobilienhändler namens Weber war nie die Rede gewesen. In dem Brief an seinen Bruder stellte Wolfgang Weber auch dar, daß dieser erfolgreiche Immobilienhandel nur mit seinem perfekten »steuerlichen know-how« in Gang gekommen sei. Für den Staatsanwalt war dieses »know-how« hingegen pure Steuerhinterziehung. Denn das Grundstück lief in Deutschland als Pachtgrundstück in Webers Firma Beef Vieh-und Fleisch GmbH und Co. KG. Die Beef-Firma stellte Pachtverträge für den Zahnarzt und die Steuerbehörden aus. Zur Verschleierung, so der Staatsanwalt, wurde das Grundstück in Paraguay von Weber an die Firma Paratorro-AG in der Schweiz verkauft. Die Paratorro verkaufte das Grundstück an eine Firma Badoma in Panama. Die Badoma verkaufte das Grundstück an die Firma Remonia in Asunción in Paraguay. Von der Remonia ging das Grundstück dann über einen Treuhänder der Firma Paratorro an den Zahnarzt in Künzelsau. Die Staatsanwaltschaft ging davon aus, daß Weber an allen Firmen beteiligt war.

Natürlich sagte der Staatsanwalt nichts zu der Ermittlungsarbeit und dazu, wie die Staatsanwaltschaft zu den Vergleichszahlen gekommen war. Webers Pech war, daß ein Finanzbeamter einmal einen größeren landwirtschaftlichen Betrieb in Baden-Württemberg zu prüfen hatte. Der Bauer ist mennonitischen Glaubens und unterstützte mennonitische Bauern in Paraguay. In seiner Steuererklärung konnte er damals entsprechende Abschreibungen für Flüge und landwirtschaftliche Maschinen vornehmen. Der Finanzbeamte erinnerte sich, daß ihm einmal ein Kollege in der Kantine vorgejammert hatte, wie schwer es sei, genaue Zahlen über Pacht- und Bodenpreise in Paraguay zu bekommen. Da konnte der schwäbisch-mennonitische Bauer helfen, und es zeigte sich, daß Weber, wann immer es ihm paßte, Pachtpreise auf dem Papier so in die Höhe trieb, daß man dafür schon Boden hätte kaufen können. Die Pachtpreise für landwirtschaftliche Flächen betrugen damals in Paraguay weit unter 10 Prozent der Kaufpreise. Außerdem waren die angegebenen Rodungskosten völlig überhöht.

Richter Krause kam bei dem Verfahren des Zahnarztes richtig in Fahrt und fing an, über jemanden zu reden und zu urteilen, der gar nicht im Saal war: Wolfgang Weber. Krause nannte Weber einen »Komplizen und Mittäter«. Weber habe ein »Steuerhinterziehungsmodell mit großer krimineller Energie« entworfen. Wäre Richter Krause an das Verfahren Weber gekommen, hätten Webers Anwälte ganz sicher einen Antrag auf Befangenheit gestellt. Aber wahrscheinlich wußte Krause schon, daß er dort nicht richten würde.

Im Verfahren gegen den Zahnarzt Koczik fällte Richter Krause ein Urteil, für das es offensichtlich schon eine Absprache mit Staatsanwaltschaft und Verteidigung gab. Der Zahnarzt legte ein Geständnis ab, sagte zu, die Steuern zurückzuzahlen, und mußte nicht in den Knast: Er wurde zu einer Freiheitsstrafe von anderthalb Jahren auf Bewährung und einer Geldbuße von 30 000 DM verurteilt. Weil Richter Krause offenbar umweltbewußt ist, schimpfte er noch ein bißchen herum, daß auf diesen Grundstücken in Paraguay auch Bäume gefällt worden seien und ein Teil der Geldbuße deshalb an die Umweltorganisation Greenpeace gehe müsse, und schloß die Verhandlung. Am nächsten Tag machten die Worte von Richter Krause über den Vorstandsvorsitzenden der Südmilch die Runde. In allen Zeitungen war von Webers »krimineller Energie« zu lesen. Der Aufsichtsratsvorsitzende der Südmilch, Fritz Josenhans, kam auf seinem

Bauernhof bei Leonberg gar nicht mehr vom Telefon weg. Ein Journalist nach dem anderen rief an und wollte wissen, welche Konsequenzen der Aufsichtsrat ziehe. Bekümmert sagte Josenhans, das Verfahren mit dem Zahnarzt sei unerfreulich, eine Außenwirkung sei nicht zu verkennen, aber nach wie vor sei das Ganze eine Privatsache Webers und für die Südmilch gebe es wichtigere Dinge als Webers Privatsachen. Die Journalisten schrieben kopfschüttelnd ihre Kommentare, daß der Fall Weber auch ein Fall Südmilch sei.

Was damals keiner ahnte und erst jetzt bei den Recherchen zu diesem Buch herauskam: Der Aufsichtsratsvorsitzende Josenhans versuchte in aller Stille, Weber aus dem Verkehr zu ziehen. Josenhans ging nach dem Gerichtsverfahren des Zahnarztes zu dem bekannten Stuttgarter Anwalt Professor Mailänder. Zusammen mit Mailänder entwickelte Josenhans einen Zeitplan über den Ausstieg des Vorstandsvorsitzenden. Zunächst sollte Weber nur seine Tätigkeit ruhen lassen, um sich auf sein Verfahren vorzubereiten. Der Ausstieg sollte dann immer konkreter und bestimmter werden, je nachdem, ob es bei Weber noch eine Anklage gebe oder gar eine Verurteilung. In dem Papier mit dem schönen Titel »Überlegungen zur Anpassung der Beziehungen Südmilch-Wolfgang Weber« waren alle Einzelheiten festgelegt, weil Josenhans wußte, daß Weber jede Lücke zu seinen Gunsten nutzen würde. Es wurde präzise formuliert, wie lange Weber sein Gehalt bekommen solle und wie lange er noch ein Büro der Südmilch benutzen dürfe, wann er das Südmilchbüro in Stuttgart zu räumen habe, wann er Schreibarbeiten in dem Landgoldbüro in Künzelsau erledigen lassen könne, wie lange er noch Dienstwagen und Chauffeur behalten dürfe. Gleichzeitig hätte Weber seine Mandate bei dem Milchverbund Intermilch und bei der Frischdienst Süd ruhen lassen müssen. In dem Papier wurde auch gleich die neue Geschäftsverteilung im Vorstand der Südmilch festgelegt, weil der Konzern eine gewisse Zeit ohne Vorstandsvorsitzenden hätte auskommen müssen. Der Bauer Josenhans und der Professor Mai-

Überlegungen zur Anpassung der Beziehungen SÜDMILCH / Wolfgang Weber

1. **Beurlaubung vom Amt**

   Durch Vereinbarung zwischen AR und WW;

   vorzuziehen gegenüber spektakulärer Abberufung oder auch gegenüber Verabschiedung in den vorzeitigen Ruhestand.

   Beurlaubung kann jederzeit wieder rückgängig gemacht werden; läßt durchgreifende Maßnahmen offen.

2. **Unterlassung der Amtsführung**

   Der beurlaubte Vorstandsvorsitzende muß sich während der Dauer der Beurlaubung jeder Geschäftsführungs- und Vertretungstätigkeit enthalten.

3. **Doppelgrund für Beurlaubung**

   Herauslösung von Südmilch aus der laufenden gedanklichen Verbindung zum Vorwurf eines Steuervergehens.

   Ermöglichung ausreichender Verfahrensvorbereitung für WW.

4. **Fortsetzung des Dienstvertrages**

   Südmilch zahlt Bezüge bis zum Ende der Laufzeit fort.

   Sondervorteile werden nur gewährt, soweit nicht mit der Amtsführung verknüpft.

   Firmenfahrzeug kann weiterbenutzt werden;
   für Chauffeurdienste besteht kein Anlaß.

5. **Sekretariat und Apparat**

   Während der Beurlaubung muß eine echte Abstandnahme vom laufenden Geschäft gewährleistet bleiben.

   Daher wird Sekretariat des Vorstandsvorsitzenden nach Ressort-Neuverteilung umbesetzt.

Dokument 2 (nachgesetzt): »Ausstiegspapier« des Aufsichtsratsvorsitzenden Josenhans für den Vorstandsvorsitzenden Wolfgang Weber (WW) vom Mai 1989 *(Ausschnitt).*

länder hatten außerdem festgelegt, wie zu verfahren sei, wenn das Hauptverfahren nicht eröffnet werde, und wie, wenn Weber in einem möglichen Gerichtsverfahren freigesprochen werde. Während der Beurlaubung sollten die Dienstbezüge an Weber weitergezahlt werden.

Nach wie vor ist Josenhans der Meinung, die damaligen Vorschläge hätten dazu beitragen können, das Schicksal der Südmilch in eine andere Bahn zu lenken: »Das wäre eine Basis gewesen, das wäre eine faire Lösung für Weber gewesen!« Es ist sicherlich ein seltener Vorgang, daß sich ein Aufsichtsratsvorsitzender an einen Anwalt außerhalb des Konzerns wendet, um ein Ausstiegspapier für den Vorstandsvorsitzenden zu formulieren. Josenhans mißtraute dem Südmilchanwalt Schelling, weil der zu eng mit Weber zusammenarbeitete. Dreimal beriet sich Josenhans mit Professor Mailänder. Gleichzeitig ertrug Josenhans sowohl die öffentliche Kritik, er sei untätig, als auch die ständigen Beschwichtigungen Webers, es gebe keinen Grund für irgendwelche Aktivitäten. In dem bewußten Papier hieß es: »Eine Beurlaubung ist einer spektakulären Entlassung vorzuziehen, eine Beurlaubung kann jederzeit rückgängig gemacht werden. Der beurlaubte Vorstandsvorsitzende hat sich während der Dauer der Beurlaubung jeder Geschäftstätigkeit zu enthalten.« Nach Meinung des Aufsichtsratsvorsitzenden wäre damit die »Sache Weber« aus dem Unternehmen herausgelöst und alle Unbill von Südmilch ferngehalten worden. Josenhans stimmte sich mit einer Mehrheit im Aufsichtsrat ab, er informierte Weber, der stimmte überraschenderweise zu, und Josenhans berief eine außerordentliche Aufsichtsratssitzung ein. Bei der Sitzung hatte der Vorsitzende Josenhans plötzlich keine Mehrheit mehr. Der Arbeitnehmerflügel und einige Bauern, die dem Aufsichtsratsvorsitzenden ihre Unterstützung zugesagt hatten, waren zu Weber übergelaufen. Noch heute sagt Josenhans resigniert: »Wahrscheinlich hatte Weber Bonbons verteilt.« Nach der verlorenen Schlacht trat Josenhans nicht zurück, sondern vertrat nach außen die Mehrheitsmeinung.

Man mag darüber lächeln oder diese Einstellung verachten, aber er konnte nicht aus seiner aufrechten, schwäbischen Haut. Josenhans war der Meinung, der Vorstandsvorsitzende müsse suspendiert werden, er hatte sich um eine Lösung bemüht und auch einen anerkannten Anwalt eingeschaltet, aber er hatte keine Mehrheit gefunden. Als Josenhans nach der Niederlage zu Mailänder kam, jammerte er: »Schimpfen Sie nicht, Herr Doktor, ich habe es nicht geschafft!«

Das war jedoch kein Grund für den Aufsichtsratsvorsitzenden, hinzuwerfen und mit großem Getöse zurückzutreten. Er hielt dies zum damaligen Zeitpunkt für unverantwortlich, und eine Intrige mit der Presse zu stricken, war nicht die Art dieses schwäbischen Bauern. Später kam Josenhans zu anderen Schlüssen. Er sagt heute: »Ich hätte spektakulär zurücktreten sollen, den Vorwurf mache ich mir heute!« Doch Josenhans trat nicht zurück und machte still weiter, offensichtlich leidend und gesundheitlich angeschlagen. Er versuchte nach einigen Jahren, Weber noch einmal – aus seiner Sicht fair – zurückzudrängen, und scheiterte erneut. Erst dann trat er zurück, als er befürchtete, er könne es nervlich nicht mehr durchhalten. Daß sein Sohn bei der Südmilch im Vertrieb arbeitete, war für ihn kein Problem. Nach wie vor unerklärlich ist die Tatsache, wie allein der Aufsichtsratsvorsitzende gelassen worden ist. Da gab es einen Genossenschaftsverband, Genossenschaftsbanken, Präsidenten und Beiräte. Jeder wußte um die prekäre Situation dieses genossenschaftlichen Unternehmens Südmilch, mit einem angeschlagenen Vorstandsvorsitzenden. Niemand rührte einen Finger. Die Südmilch hatte viele Millionenkredite bei verschiedenen Banken, kein Banker machte sich Sorgen. Die Südmilch war eine tragende Säule der Landwirtschaft in Baden-Württemberg. Millionensubventionen hatten der Südmilch weitergeholfen. Kein Minister in Stuttgart oder Bonn, kein Bauernverbandspräsident, kein bäuerlicher Abgeordneter erhob die Stimme, daß Weber beurlaubt werden müsse. Auch als Weber noch einmal verhaftet, angeklagt und verurteilt wurde, erhob sich keine Stimme gegen ihn. Nur die Presse nörgelte vor sich hin.

Eine mögliche Erklärung ist, daß Weber nicht nur von seinen persönlichen Beziehungen profitierte, sondern auch vom zögerlichen Umgang der Wirtschafts- und Politikvertreter mit Wirtschaftskriminellen oder der Wirtschaftskriminalität Verdächtigten. Schließlich gehörte Weber sozusagen zur ersten Generation von prominenten Wirtschaftskriminellen. Weber hatte den Bonus, daß er vorverurteilt wurde – und zwar auf Freispruch. Es ist richtig, daß jeder als unschuldig zu gelten hat, gegen den ermittelt wird oder der verhaftet wurde. Doch Weber konnte sich in der Gesellschaft und in seinem Unternehmen bewegen, als sei er schon freigesprochen. Niemand beschäftigte sich in Wirtschaft und Politik damit, daß es mit der Südmilch ein schlimmes Ende nehmen könnte – unter anderem wegen des Strafverfahrens Weber. Da wurde auch nicht darüber nachgedacht, daß einer, der trickreich Steuern hinterzieht, vielleicht auch andere Tricks versucht. So wurde von außen kein Druck auf die Südmilch ausgeübt, nicht einmal als Weber verurteilt wurde. So gesehen schlüpfte Finanzminister Mayer-Vorfelder in die für ihn ungewohnte Rolle als Bewährungshelfer, wenn er mit Weber, dem verurteilten Steuerhinterzieher, ins Neckarstadion ging, um ein Fußballspiel des VfB Stuttgart anzuschauen.

Davon können andere Kriminelle nur träumen. In unserer Justiz ist die soziale Ächtung eines Verurteilten aus gutem Grund nicht mehr gewünscht. Doch wenn jemand klaut oder Sozialhilfe mißbräuchlich bezieht, funktioniert die soziale Ächtung nach wie vor. Bei Wirtschaftskriminalität hingegen ist nie von einer sozialen Ächtung die Rede – so wie es die Justiz vorgesehen hat.

3. Die Anklage

August 1990. Wolfgang Weber erholte sich in seinem Berghaus in den Außenbezirken von Luino am Lago Maggiore. Im Sommer war Weber oft hier, im Winter lieber auf der Ranch in Paraguay. Für Weber war es nicht außergewöhnlich, daß sein Stuttgarter Anwalt Sigwart Hübner in Luino anrief. Doch dieses Mal ging es um es etwas Außergewöhnliches. Hübner hatte die Anklageschrift der Staatsanwaltschaft Stuttgart gegen seinen Mandanten zugestellt bekommen. Gegenüber Journalisten beteuerte der Anwalt, Weber sei »maßlos überrascht« gewesen. Schließlich hatte Weber immer wieder gesagt, es werde keine Anklage geben. Die Anklageschrift beinhaltete alles, was seit der Verhaftung Webers in der Öffentlichkeit diskutiert wurde. Damit bestätigte die Staatsanwaltschaft erstmals in Einzelheiten die journalistischen Recherchen.

In einer Pressemitteilung faxte die Staatsanwaltschaft am 6. August 1990, daß gegen Weber der hinreichende Tatverdacht bestehe, er habe teils zusammen mit Mittätern, teils zugunsten gutgläubiger Dritter in Deutschland ein Steuerhinterziehungsmodell für Farmen in Paraguay entwickelt und durchgeführt. Grundlage des Modells seien fingierte Aufwendungen für die Gründung und den Betrieb von Farmen in Paraguay gewesen. Das Steuerhinterziehungsmodell habe zu weit überhöhten steuerlichen Verlusten bei den Betreibern in Deutschland geführt. Diese Betreiber konnten dann – so die Staatsanwaltschaft – mit den Verlusten ihre sonstigen Einkünfte steuermindernd verrechnen. Der Finanzverwaltung sei vorgespiegelt worden, das Farmland gehöre unbekannten Südamerikanern, die es an die panamaische Firma Bator S.A. verpachtet hätten. Die Firma Bator habe das Land wiederum an die Firma Beef Vieh- und Fleisch GmbH und Co. KG in Heilbronn – Geschäftsführer: Wolfgang Weber – verpachtet. Die Steuerpflichtigen bzw. die Gesellschafter hätten Land von der Firma Beef Vieh- und Fleisch zum Betreiben der Farmen gepachtet. Durch die fingierten Pacht-

50

aufwendungen seien die Kosten für Grund und Boden zu Unrecht steuermindernd als Betriebsausgaben geltend gemacht worden. Weber habe weitere fingierte Aufwendungen verbuchen lassen: Rodungskosten, Vieheinkäufe, Bewirtschaftungskosten. In allen Fällen sei jeweils das erklärte erste Betriebsjahr der Farmen gegenüber der Finanzverwaltung lediglich vorgespiegelt worden. Aufgrund der Mitwirkung des Angeschuldigten seien bei den jeweiligen Inhabern der Farmbetriebe durch die Berücksichtigung der Verluste aus Paraguay die Steuern zu niedrig angesetzt worden. »Die hinterzogenen Steuern betragen nach Auffassung der Staatsanwaltschaft für die Jahre 1975 bis 1982 insgesamt rund 5,3 Millionen DM«, so wörtlich die Behörde in Stuttgart.

Damit hatte die Staatsanwaltschaft sich auf eine Summe konzentriert, die ohne größere Schwierigkeiten nachvollziehbar war. Zeitweise war in dem Ermittlungsverfahren schon von mehr als 10 Millionen DM die Rede gewesen. Die Anklageschrift war für Weber und die Südmilch bitter. Weber hatte gedacht, er käme darum herum, aber alle Verhandlungen, die Sache mit einem Strafbefehl aus der Welt zu schaffen, waren gescheitert. Jetzt berichteten wieder alle Zeitungen bundesweit zwei- und dreispaltig über das Verfahren. Dennoch gab sich Anwalt Hübner gegenüber Journalisten ungebrochen optimistisch. Sein Mandant habe nicht viel zu befürchten. Zwischen seiner Kanzlei und der Staatsanwaltschaft bestünden wesentliche Unterschiede bei der Beurteilung der Rechtsfragen: »Ich bin davon überzeugt, daß wir auf wesentlichen Teilgebieten mit unserer Meinung durchkommen.«

Brav sagte der Aufsichtsratsvorsitzende Josenhans wieder gebetsmühlenartig, die Angelegenheit sei eine Privatsache von Herrn Weber. Der Aufsichtsrat sehe momentan keinen Handlungsbedarf. *Bild* brachte es auf den bildhaften Punkt: »Jetzt ist für Deutschlands mächtigsten Milchmann alles Käse!« Kurz vor der Veröffentlichung der Staatsanwaltschaft gab es noch zusätzlich Aufregung in der Milchszene. Die Staatsanwaltschaft Heilbronn bestätigte Ermittlungen gegen einen leitenden Südmilch-angestellten wegen des Verdachts auf Steuerhinterziehung und Untreue. Es ging um – selbstverständlich – unversteuerte Schmiergelder. Die schmierigen Geschäfte sollen entstanden sein bei afrikanischen Milchgeschäften über eine Hamburger Firma. Die Sache war offenbar bei einer Hausdurchsuchung zum Thema »Paraguay-Abschreibung« als kleiner Nebeneffekt herausgekommen. Ebenso Geschäfte Webers mit einem internationalen Milchhändler in Paris, der sich auch in Paraguay beteiligt hatte. Das Weber-Verfahren hatte inzwischen 19 Beschuldigte. Alles sprach zu diesem Zeitpunkt für einen Riesenprozeß mit langer Dauer. Am Ende war es einer der kürzesten Prozesse überhaupt, wenn man die Anklage berücksichtigt. Aber das hatte andere Gründe.

4. Webers zweite Verhaftung

Wolfgang Weber war mit dem Botschafter von Paraguay im Auto unterwegs. Man fuhr an diesem Samstag, dem 20. Oktober 1990, vom Milchwerk Künzelsau in die Mozartstraße, zu Webers Privathaus. Weber chauffierte seinen hohen Gast durch die kurvenreichen Straßen des Städtchens, hinauf zu dem Wohngebiet am Südhang. Irgendwann müssen die Autofahrer gemerkt haben, daß ihnen ein Polizeiwagen folgte. Als alle in der Mozartstraße ausstiegen, eröffneten die Beamten dem Südmilchchef, daß sein Haftbefehl wieder in Kraft sei, er müsse mitkommen, nach Stuttgart-Stammheim. Weber hatte in den vergangenen Wochen erneut Morgenluft gewittert. Seine Kaution war nach Verhandlungen mit der Staatsanwaltschaft auf 3,6 Millionen DM ermäßigt worden – plus einer Zusatzkaution für den Paß. Seine Reisetätigkeit für die Südmilch hatte sich normalisiert.

Offenbar war die Staatsanwaltschaft zu dem Schluß gekommen, Weber wolle sich trotz der eingespielten Routine absetzen. Die genauen Gründe für die erneute Festsetzung waren schwierig zu durchschauen, Journalisten spekulierten. Weber wollte in der darauffolgenden Woche zu einer Messe nach Paris fliegen und hatte seinen Paß ausgehändigt beikommen. Wollte er die Gelegenheit nutzen? Hatte er eingesehen, daß er nicht mehr unbeschädigt aus einem Gerichtsverfahren herauskommen konnte? Diesmal gab es eine völlig neue Begründung für den Haftbefehl – abgesehen von der Fluchtgefahr: Es bestünde der Verdacht, Weber wolle sich illegal einen Paß beschaffen. Bei der Staatsanwaltschaft hatte sich ein früherer Bediensteter der Botschaft von Paraguay gemeldet – oder dessen Kontaktmann. Weber hatte bis dato nur ein paraguayisches Ausweispapier, das auf eine Aufenthaltsgenehmigung aus dem Jahr 1975 zurückging und 1989 erneuert worden war. Weber konnte froh sein, daß er an diesem Samstag in Künzelsau seinen Gast aus Paraguay betreute und nicht im Stuttgarter Neckarstadion den VfB-Kickern zuschaute, wie sie mit den Südmilchhemdchen hinter dem Ball herliefen. Womöglich hätte die Polizei ihn aus dem Stadion von der Seite des Ministers Mayer-Vorfelder geholt. Was wäre das für eine Kulisse für eine Verhaftung gewesen, noch dazu live im Fernsehen!

Als Weber im März 1995 zum dritten Mal verhaftet wurde – und zwar auf seiner Ranch in Paraguay –, hatte er einen paraguayischen Paß. Später entspann sich eine bürokratische Diskussion zwischen deutschen und paraguayischen Behörden, ob Weber diesen Paß zu Recht habe. Denn er hatte offenbar bei der Beantragung vergessen, seine deutsche Vorstrafe anzugeben.

Im Oktober 1990 saß Weber nach seiner zweiten Verhaftung neun Tage in Stuttgart-Stammheim in der Zelle. Beim Haftprüfungstermin konnten Anwälte die Glaubwürdigkeit des Zeugen in Sachen Paß erschüttern. Doch die Staatsanwaltschaft ließ sich nicht ganz vom Verdacht der Fluchtgefahr abbringen. Weber wurde zwar entlassen, aber die Kaution erneut auf 8 Millionen DM erhöht. Die Südmilch vermittelte, wie gehabt, die Kaution. Beinahe höhnisch erklärte Weber, eine Falschaussage habe ihn und das Unternehmen in die Schlagzeilen gebracht. Wörtlich: »Ich habe nie einen Gedanken auf eine mögliche Flucht nach Paraguay verschwendet!« Am Schluß eines Briefes an die Milcherzeuger der Südmilch heißt es: »Ausdrücklich weise ich darauf hin, daß ich ausschließlich die deutsche Staatsangehörigkeit besitze.« Diese beiden Feststellungen mögen damals noch zutreffend gewesen sein – später stimmte weder die eine noch die andere.

Im Spätherbst 1990, nach Webers zweiter Verhaftung, kam die Staatsanwaltschaft Schritt für Schritt im Paraguay-Komplex weiter. Ein älterer Heilbronner Unternehmer, Mitglied in Webers ehrenwerter Paraguay-Gesellschaft, zahlte anstandslos einen Strafbefehl von rund 400 000 DM wegen Steuerhinterziehung. Für die Staatsanwaltschaft ein zusätzliches Schuldeingeständnis. Der einfache Bürger kann sich meist nicht vorstellen, wie die Justiz taktisch mit Ermittlungsverfahren und Anklagen umgehen kann. Das Verfahren gegen den Unternehmer war eigentlich als weiterer Prozeß geplant, ähnlich wie der gegen den Künzelsauer Zahnarzt. Mit diesem Prozeß wollte die Staatsanwaltschaft weitere Zeugenaussagen gegen Weber sammeln. Doch der Unternehmer wählte den kurzen Weg.

Im August 1991 gab es weitere Neuigkeiten aus der Paraguay-Szene: Webers früherer Steuerberater Albert Sluka, der immer zwischen Baden-Württemberg, der Schweiz und Paraguay pendelte, war wieder in Stuttgart. Genauer, in Stuttgart-Stammheim in Untersuchungshaft. Er war zunächst wegen Steuerhinterziehung gesucht worden und hatte sich in die Schweiz abgesetzt. Dann wurde wegen des Verdachtes auf Betrug ermittelt, und Sluka wurde ausgeliefert. Der Steuerberater hatte bei den Abschreibungsgesellschaften in Paraguay noch eins draufgesetzt und 1,8 Millionen DM einer Mandantin veruntreut. Ein Konkursvergehen kam dazu, und Sluka, ein guter Berater Webers für Abschreibungen und Immobilien in Paraguay, wurde zu fünf Jahren Freiheitsstrafe verurteilt.

Nun fehlte nur noch das Weber-Urteil. In dieser Zeit, vor seinem Prozeß, wurde Weber zunehmend nervös. Im Aufsichtsrat konnte er dramatisch werden, schrie, wenn die Rede auf sein Verfahren kam, wütend-beleidigt: »Mir geschieht Unrecht!« Weber ließ seinen neuen, zusätzlichen Anwalt Wahle einige Male im Aufsichtsrat auftreten, der pflichtschuldigst erklärte, daß Weber sich nichts vorzuwerfen habe – Wahle ist ein vornehmer, erfolgreicher und teurer Anwalt. Er ist ein Künstler im Aushandeln von Deals mit Staatsanwaltschaft und Gericht. So verhalf er zum Beispiel dem bekanntesten Stuttgarter Manager, dem Bosch-Chef Professor Merkle, den man in der Firma auch »Gott Vater« nennt, in einem aufsehenerregenden Parteispenden-Verfahren zu einem Bußgeld und verhinderte so eine Strafe. Als der frühere SEL-Chef Helmut Lohr in seinem Verfahren wegen Steuerhinterziehung und Untreue bemerkte, daß sein Anwalt Wahle vielleicht einen Deal eingehen könnte, wechselte er ihn aus. Lohr wollte einen Freispruch und verlor, er landete im Knast in Stuttgart-Stammheim.

5. Der Prozeß

16. Dezember 1991, großer Auftrieb vor dem Stuttgarter Landgericht, 14. Strafkammer. Journalisten, Fernsehkameras, Fotografen. Strahlend und aufrecht, als ginge es zur Verleihung des Bundesverdienstkreuzes, schritt Wolfgang Weber zum Richter. Zunächst verlief alles normal. Die Anklage wurde verlesen. Staatsanwalt und Richter schienen ziemlich aggressiv, Weber und der Verteidiger versuchten zu besänftigen. Die Vorwürfe der Staatsanwaltschaft und die Argumente der Verteidigung waren bekannt. Es sah nach einem harten Verfahren aus.

Weber wußte inzwischen nicht nur, wie man mit Bauern umgeht, er wußte nun auch, wie man mit Staatsanwälten und Richtern umgeht. Während Weber bei Bauern gern den milden Volkstribun und verantwortungsvollen Patriarchen spielte, gab er vor Gericht die Vorstellung des reuigen, verführten Sünders. Auf den Hinweis, daß die Staatsanwaltschaft zehn Jahre ermittelt habe,

Abbildung 5: Der Vorstandsvorsitzende gut gelaunt auf dem Weg zum Landgericht Stuttgart (*Foto:* dpa).

reagierte Weber gleich besänftigend mit dem Eingeständnis: »Herr Vorsitzender, Sie können sich darauf verlassen, daß ich eine Menge gelernt habe in den letzten zehn Jahren. Und Sie können sich auch darauf verlassen, daß dies nicht mehr vorkommt!«

Dann überraschte Weber mit einer bisher unbekannten Entschuldigung: sein Vater. Vater Weber, von dem jeder wußte, daß er dem Sohn alle Wege geebnet hatte, ohne den Wolfgang wahrscheinlich nie Vorstandsvorsitzender geworden wäre, dieser Vater war plötzlich der Schuldige: »Ich habe diese Probleme von meinem Vater geerbt!«, meinte Wolfgang mit traurigen Augen zum Richter. Erst habe der Vater nicht über seine Geschäfte gespro-

Anlage zur Einspruchsentscheidung für 1979-1982, 1984 und 1985

Inländische Beteiligte an der Fa. Chaco Beef Sociedad en Comandita

1. Herrn Wolfgang Weber, Mozartstr. 61, 74653 Künzelsau

2. Beef Vieh- und Fleisch Geschäftsführungs-GmbH, Hohenrieder Str. 74, 72260 Freudenstadt

3 Anna Grosser (geb. Boes), Carl-Maria von Weber Str. 49, 71640 Ludwigsburg

4. Thomas Eifert, Im Vögelein 8, 74653 Künzelsau

5. Hannelore Eggersdorfer-Munz, Dittmarstr. 102/1, 74074 Heilbronn

6. Oskar Essig, Im Schallenberg 4, 74238 Krautheim-Unterginsbach

7. Dr. Werner Faust, Weinsteige 2, 74653 Künzelsau

8. Gisela Gräsle, Hölderlinweg 5, 74388 Talheim

9. Rudolf Hoffmann, Feuerbacher Weg 43, 70192 Stuttgart

10. Rudolf Kahnt, Landgrafenstraße 92, 63150 Bad Homburg

11. Manfred Klecker, Brühlsteige 47, 74653 Künzelsau-Morsbach

12. Klaus Kölle als Rechtsnachfolger von Hugo Kölle, Jägerhausstr. 88, 74074 Heilbronn

13. Helmut Kohfink, Neckargartacher Str. 116, 74080 Heilbronn

14. Marlene Kortmann, Haidbrook 35, 22880 Wedel/Holstein

15. Heinz Nagel, Beutinger Str. 27, 74076 Heilbronn

16. Margarethe Preuninger als Rechtsnachfolgerin von Ernst Preuninger, Gutenbergstr. 90, 74074 Heilbronn

17. Roland Rohm, Talwiesenweg 6, 73760 Ostfildern

18. Edmund Rothkamm, Klingelwegle 6, 74211 Leingarten

19. Peter Schittenhelm, Würzburger Str. 34, 74653 Künzelsau

20. Dr. Karl Schneider, Werderstr. 42, 68165 Mannheim

21. Ulrich Waggershauser als Rechtsnachfolger von Anton Waggershauser, Stuttgarter Str. 102, 73230 Kirchheim/Teck

22. Ursula Waggershauser, Matthias Waggershauser (Stuttgarter Str. 100, 73230 Kirchheim) und Stefan Waggershauser (Dinkelweg 19, 73230 Kirchheim) als Rechtsnachfolger von Ulrich Waggershauser, Stuttgarter Str. 100, 73230 Kirchheim/Teck

23. Karl-Eberhard Weber, Auf dem Berg 12, 73230 Kirchheim/T.-Ötlingen

24. Ingrid Wömpener, Menzelstr. 59, 70193 Stuttgart

25. Susanne Wagenhuber (geb. Ziegler), Friedrich-Hebbel-Ring 52, 24558 Henstedt-Ulzburg 3

Dokument 3 (nachgesetzt): Die Gesellschafter
der Chaco Beef Sociedad en Comandita.

chen und dann sei er in Finanznöte gekommen. Die Farmen in Südafrika und Paraguay und dann noch das Hotel in Freudenstadt – das Haus in Luino erwähnte er nicht –, das sei zuviel gewesen. Er, der Sohn, habe dann sehen müssen, was zu retten sei. Mit dem Angebot, Steuern zu sparen, habe er Geldgeber gesucht, nicht gutgläubige Anleger, sondern Freunde und Bekannte. Er sei nicht gewerblich tätig gewesen, und man habe ihn falsch beraten.

Spätestens an dieser Stelle hätte der Richter oder der Staatsanwalt den Brief Webers an seinen Bruder aus den frühen Paraguayzeiten vorlesen müssen, als Weber damit geprahlt hatte, wie gut das Steuermodell laufe. In diesem Brief war zu erkennen, daß Weber nicht nur ein großer Steuerhinterzieher, sondern auch ein großer Immobilienhändler in Paraguay war. Dieser Brief hatte bekanntlich in dem Verfahren gegen den Künzelsauer Zahnarzt eine wichtige Rolle gespielt. Jetzt wurde er vor Gericht nicht einmal erwähnt. Richter Holzapfel wollte aus irgendeinem – zunächst nicht erkennbaren – Grund nicht mehr alles erfragen und erforschen. Auch die Auskünfte über die Weber-Firma Beef Vieh- und Fleisch GmbH und Co. KG waren ihm plötzlich zu langatmig: »Sonst sitzen wir noch in einem Jahr hier!«, mahnte er. Damit wurde es für die Prozeßbeobachter klar: Der Richter hatte es eilig wie bei einem schnellen Weihnachtseinkauf.

Es gab im Gerichtssaal Gelächter, als sich herausstellte, daß Weber in einer manipulierten Viehzählung selbst bei seiner Kälberquote gemogelt hatte. Nach den vielen Kälbern in seiner Viehherde zu schließen, hätten selbst die Jungbullen Kälber auf die Welt bringen müssen. Das war so dick aufgetragen, daß selbst die gentechnisch nicht sonderlich vorgebildeten Ermittlungsbeamten daran zweifelten. Weber konnte gerade noch seine Geschichte mit der privaten Entwicklungshilfe in Paraguay unterbringen, und der erste Verhandlungstag war absolviert. Zur allgemeinen Überraschung wurden am zweiten Tag schon die Plädoyers gehalten.

Als Staatsanwalt Rienhardt redete, fragten sich die Beobachter, ob hier der Staatsanwalt oder der Verteidiger spreche. Der Grund wurde später deutlich: Rienhardt wollte erklären, warum er nur auf eine Bewährungsstrafe plädierte. Hätte der Staatsanwalt eine härtere Strafe angesteuert, wäre ihm zur Verteidigung Webers vermutlich weit weniger eingefallen. So aber verteidigte der Staatsanwalt den Angeklagten: Weber habe seinem Vater damals aus einer Notlage helfen wollen, das Steuerhinterziehungsmodell habe er im wesentlichen von seinem Vater übernommen, Weber sei zweimal verhaftet worden, dies sei möglicherweise ein heilsamer Schock gewesen, er habe dann mit den Ermittlungsbehörden zusammengearbeitet, habe durch die Kautionen finanzielle Belastungen gehabt und Erschwernisse bei seiner Arbeit als Vorstandsvorsitzender. Außerdem sei Weber schlecht beraten worden, vor Gericht stehe nicht die Unternehmerpersönlichkeit Weber, sondern die Privatperson. Rienhardt sang ein richtiges Loblied auf Weber und übernahm dessen These von der »Entwicklungshilfepolitik«. Weber sei ein zielstrebiger, fleißiger Unternehmer und habe in Paraguay eine gewisse Entwicklungshilfe geleistet.

In diesem Plädoyer stimmte so gut wie nichts. Der Staatsanwalt hätte genausogut Weber negativ darstellen können, weil er seinen toten Vater belastete. Bisher war nur bekannt geworden, daß Weber mit allen Tricks die Ermittlungsarbeit behindert hatte. Der Beobachter fragte sich, wo der Staatsanwalt die Managerqualitäten von Weber recherchiert hatte. Die Kaution hatte dem Angeklagten wenig Kopfzerbrechen bereitet, denn die Südmilch war immer hilfreich gewesen. Riehnhardt hätte auch zu der Argumentation finden können, daß es zwar verständlich sei, wenn ein Sohn versuche, das Erbe zu retten – aber doch nicht mit jedem Mittel. Der Staatsanwalt hätte sich von der Erkennntnis leiten lassen können, daß Weber doch eine Immobilie hätte verkaufen können, um den Großteil des Erbes zu erhalten. Doch der Mann in der schwarzen Robe übertraf sich im Sammeln von Pluspunkten für Weber. Es schien, er habe geradezu Angst davor, Webers Paraguay-Geschäfte auch nur andeutungsweise in Zusammenhang mit dem Südmilchkonzern zu bringen. Es kann nur so gewesen sein, daß Anwalt Wahle bei der Staatsanwaltschaft gewaltig Druck gemacht hatte, daß der Südmilchchef Weber von dem möglichen Steuerhinterzieher Weber immer streng getrennt werden müsse und der Staatsanwalt dies auch klar betone. Weber beeilte sich zu sagen, daß er mit allem einverstanden sei, und dankte für das faire Verfahren.

Langsam verbreitete sich der Eindruck, das Verfahren sei schon

»ausgedealt«, abgesprochen zwischen Staatsanwalt, Richter und Verteidigung. Das ist zwar bei vielen Wirtschaftsstrafsachen so, weil verhindert werden soll, daß die Verfahren zu lange dauern, verjähren oder unübersehbar werden. Doch im Fall Weber war eigentlich durch die Vorarbeit von Staatsanwälten und Gericht alles ziemlich eindeutig. Es kann nur so sein, daß es der Verteidiger Wahle verstanden hatte, dem Gericht klarzumachen, daß gar nichts klar sei und es eine Absprache geben müsse. Damit hätte Anwalt Wahle ein weiteres Kunststück fertiggebracht. Es ist sicherlich nicht einfach für einen Anwalt, eine sogenannte Verabredung mit Richter und Staatsanwalt zu treffen. Es bedarf großen Verhandlungsgeschickes, Richter und Staatsanwalt mit einem richtigen Angebot für ein Teilgeständnis zu einer akzeptablen Strafe zu locken. Wieviel schwerer muß es dann sein, einen Richter und einen Staatsanwalt davon zu überzeugen, daß der Fall viel zu schwierig sei, um weiter zu verhandeln, es müsse eine Verabredung her. Dies in einer Situation, wo in der Staatsanwaltschaft genügend Kenner der Meinung waren, der Weberprozeß sei bestens vorbereitet. Schließlich gab es zu diesem Komplex schon Geständnisse und akzeptierte Strafen. Über einen Prozeß und seine Vorbereitung dringt manche Information an das Journalistenohr, aber leider nicht alles. So wird es vermutlich ein Geheimnis bleiben, warum das Gericht sich in diesem Fall auf eine Verabredung einließ.

Am Abend vor der Urteilsverkündung entstand das Gerücht über eine Absprache zwischen Weber-Anwalt, Staatsanwalt und Richter. Offenbar war das Gerücht nicht nur bei Journalisten angekommen. Am letzten Verhandlungstag, an dem das Urteil verkündet werden sollte – es war der 23.12.1991 –, stand auf dem Gehweg vor dem Landgericht schon Helmut Palmer. Palmer hatte sich ein Plakat umgehängt und protestierte. Er ist in Baden-Württemberg ein bekanntes Orginal, lautstarker Obsthändler, Kritiker von allem und jedem, permanenter Bürgermeisterkandidat, genannt der »Remstal-Rebell«. Palmer randalierte vor dem Landgericht, das Urteil stehe schon fest: »Ein Skandal!«, schrie er mit hochrotem Kopf. Nicht nur Weber strebte gerade zum Eingang des Gerichtes, auch der Staatsanwalt. Ich stand auf dem Gehweg und beobachtete die Szene. Der Staatsanwalt ging vorsichtshalber hinter meinem Rücken in Deckung. Als Palmer den Südmilchchef sah, wollte er ihm beinahe an den Kragen. Es gab ein Geschubse. Zu meiner Überraschung wurde Palmer an der Gerichtspforte durchgelassen, er mußte nur sein Plakat abgeben. Der Pförtner kannte ihn offenbar und begrüßte ihn gelassen mit Namen. Im Gerichtssaal wütete Palmer wieder und schimpfte auf die Juristen. Das ist eines seiner Lieblingsthemen. Schließlich stand er schon oft genug wegen Beleidigung vor einem Richter. Palmer ließ Haßtiraden gegen Juristen im Dritten Reich und in der DDR ab. Auf den Presseplätzen sagte ein Journalist trocken: »Bis jetzt hat er noch nichts Falsches gesagt!« Dann warf Palmer in seiner Erregung seine Arbeitsjacke nach dem Staatsanwalt, woraufhin er den Saal verlassen mußte. Ohne große Proteste trat Palmer ab. Er hatte seinen Auftritt gehabt.

Beobachter fragten sich, wie es kommen konnte, daß Staatsanwalt und Richter in so kurzer Zeit so milde werden konnten. Wollte der Staatsanwalt seinem Ruf gerecht werden, daß er bei einsichtigen Prominenten gnädig war? Spielte es eine Rolle, daß der Richter vor einem Karrieresprung stand und dies sein letztes Verfahren in diesem Arbeitsbereich war? Wollte der Richter auf jeden Fall ein kurzes Verfahren – unter Umständen aus persönlichen Gründen? Hätte ein längeres Verfahren seine Beförderung verzögert? Dies sind keine abartigen Fragen eines Journalisten, der womöglich zu wenig von Gerichtsverfahren versteht. Dies sind Hinweise aus »Stuttgarter Gerichtskreisen«.

Dennoch, das Urteil war eine klare Sache: Weber war schuldig. Zwei Jahre Freiheitsstrafe auf Bewährung, 300 000 DM Geldstrafe, 2 Millionen DM Bußgeld. Nach dem Urteil stellte Weber im Aufsichtsrat sein Amt zur Verfügung, der Aufsichtsrat lehnte ab. Im Presseecho schnitt Weber gut ab. Die *Stuttgarter Zeitung* verglich die beiden Angeklagten des Jahres 1991, Weber und den SEL-Vorstandsvorsitzenden Helmut Lohr: »Während der einstige SEL-Chef sich den Traum vom Jet-Set zu erfüllen gedachte und im wahrsten Sinne des Wortes abgehoben und jeden Bezug zur Realität verloren hat, grübelt der Südmilch-Chef darüber, ob er künftig in seiner engeren Heimat, rund um Heilbronn und Künzelsau, seinen Landsleuten noch wird in die Augen schauen können.« Da hatten offenbar die eindringlichen Worte des Staatsanwaltes und die geschmeidigen Eingeständnisse des Angeklagten Wirkung hinterlassen. Auch die *Südwestpresse* war beeindruckt, daß der gewiefte Geschäftsmann Weber das Einmaleins der Strafmilderung vor Gericht beherrscht habe. Die Zeitung sagte über Weber und die Südmilch voraus: »Die von ihm wesentlich mit aufgebaute Südmilch ist mit Abschluß des Prozesses von lästigen Schlagzeilen erlöst.« Der Kommentator meinte abschließend: »Alles in Butter!« Jeder Journalist hat sich schon mit Voraussagen vertan. Diese Prognose war aber nur vergleichbar mit der Verwechslung von rechts- und linksdrehender Milchsäure. Wie sich jetzt erst herausgestellt hat, entwickelte Weber nur vier Wochen vor dem Gerichtsverfahren Aktivitäten, die Verluste bei einem dubiosen Kanada-Geschäft abdecken sollten. Die Südmilch sollte für Verluste zahlen, die sie beim Aufbau eines privaten Molkereikonzerns in Kanada gar nicht gemacht hatte. Dabei ging es um Steuerabschreibungen, Anleger, Verquickung von Privat und Geschäft. Die Kanada-Geschäfte haben eine fatale Ähnlichkeit mit den Paraguaygeschäften. Vor Gericht spielte Weber in Sachen Paraguay das reuige Sünderlein, dabei hatte er die nächste dubiose Geschichte schon hinter sich. So gesehen, war Weber ein unverbesserlicher Triebtäter, der das Gericht hereingelegt hatte.

Kapitel III

Webers Mißmanagement

1. Die Bauern und die Südmilch – eine Haßliebe

Bauern neigen zur Haßliebe. Sie lieben die Natur, weil es schön ist, in der Natur und mit der Natur zu arbeiten. Deshalb sind Bauern auch Ökologen, Umwelt- und Tierschützer. Bauern können aber auch das Gegenteil sein, weil sie die Abhängigkeit von der Natur manchmal zu Recht hassen. Während andere Berufsgruppen ihr monatliches Gehalt beziehen, müssen sich Bauern ständig mit Unwägbarkeiten herumschlagen: ob die Heuernte verregnet, ob Krankheiten Tiere und Pflanzen schädigen, ob die Ernte gut oder schlecht ausfällt. Bauern lieben es, ständig betriebswirtschaftliche Überlegungen anzustellen, und sie hassen es. Bauern lieben ihren Beruf dennoch – und stehen oft nicht dazu. Sie versuchen seit vielen Jahrzehnten, durch ständiges Klagen mehr politische Hilfe, höhere Preise und mehr Subventionen zu bekommen. Gleichzeitig hassen sie die Klagerei, weil sie die gute Laune verdirbt.

Ähnlich zwiespältig war die Beziehung der Bauern zum Südmilch-Konzern. Die Bauern liebten ihre Südmilch, weil sie die Milch abnahm und moderne Produkte auf den Markt brachte. Sie liebten die Südmilch, weil sie immer größer wurde und sogar auf dem europäischen Markt eine Rolle spielte. Die Bauern haßten die Südmilch, weil der Milchpreis nie zufriedenstellend war. Denn der Milchpreis ist für einen Bauern eine wichtige, weil monatlich fließende Einnahme. Und ein gutes und ausreichendes Milchgeld beeinflußt den häuslichen Frieden auf dem Bauernhof. Denn meist ist es nach wie vor so, daß die Bäuerin in Süddeutschland für das Melken und die Milch zuständig ist. Zumindest für die Sauberkeit im Melk- und Milchbereich. Außerdem kümmern sich viele Bäuerinnen um Buchführung und Finanzen. Steht es also um die Milchgeldzahlungen schlecht, kann es ehelichen Ärger geben.

Sicherlich sind viele Südmilchentscheidungen, was Milchgeld betrifft, daheim mit der Ehefrau besprochen worden. Wer es auch entschieden hat, die Bauern brachten es nicht fertig, die Südmilch auf eine richtige, gesunde Kapitalbasis zu stellen. Die Südmilch hatte immer Probleme mit dem viel zu geringen Eigenkapital. Es ist jedoch fraglich, ob höheres Eigenkapital unter dem Vorstandsvorsitzenden Weber sinnvoll eingesetzt worden wäre. Aber das Kapitalproblem haben alle genossenschaftlichen Molkereien: Der Bauer will Geld für Arbeit und Milch, die Molkerei sollte Kapital für Investitionen haben. So geschah es immer wieder, daß die Südmilch, aus Sicht der Bauern, einen viel zu geringen Milchpreis auszahlte, für den Konzern war der Preis aber immer noch viel zu hoch. Der Vorstandsvorsitzende Weber mußte ab und zu den Milchpreis heraufsetzen, um seinen Kopf zu retten oder aber um kleinere Molkereien zu ködern oder bei der Stange zu halten.

Hier spielte Webers Milchverbund Intermilch eine fatale Rolle. Das Verbundsystem sollte allen Mitgliedern die Selbständigkeit lassen, andererseits mit der Südmilch und den angeschlossenen Molkereien eng und arbeitsteilig zusammenarbeiten. Doch der Synergieeffekt blieb meist aus – die Molkereien wollten verständlicherweise ihre eigene Kapitalsubstanz nicht aufgeben und erpreßten die Südmilch gleichzeitig mit dem Milchauszahlungspreis und dem sogenannten Intermilch-Ausgleich. Der Mittelbedarf der Südmilch wuchs so immer schneller. Die Molkerei Moha aus dem Rhein-Main-Gebiet kam zur Intermilch dazu und verschluckte jedes Jahr 10 bis 15 Millionen DM aus dem Intermilchtopf. Moha hatte im Rhein-Main-Gebiet eine hervorragende Marktstellung. Weber war der irrigen Auffassung, man brauche die Produkte von Moha nur durch Südmilchprodukte zu ersetzen, um ein großes Geschäft zu machen. Das war ein Fehler; er verlor ein Großteil der Position, übrig blieb ein defizitärer, schlecht geführter Molkereibetrieb. An der Spitze des Aufsichtsrates der Moha stand der bäuerliche CDU-Bundestagsabgeordnete Richard Bayha. Bayha beherrschte die politisch-wirtschaftliche Intrige perfekt. Er verstand es, Weber die Hölle heiß zu machen. Weber mußte befürchten, wenn er die Verluste der Moha nicht deckte, durch die politischen Intrigen dieses Mannes in erhebliche Schwierigkeiten zu kommen. Folglich glich er regelmäßig die hohen Verluste der Moha aus. So flossen von den 32,5 Millionen DM, die Weber über die Landgold für die Südmilch beschaffte, 13 Millionen DM wieder nach Hungen in Hessen, dem Sitz der Moha.

Obwohl Bayha am Niedergang der Südmilch kräftig mitgearbeitet hatte, Weber zwar »erpreßte«, aber auch stützte, war Bayha bei Webers Ende kräftig dabei, gegen Weber zu hetzen. Er munitionierte Journalisten, und als eine Gruppe von Agrarparlamentariern in Paraguay auf Besuch war, hätte er am liebsten Weber mitgenommen. Dem FDP-Bundestagsabgeordneten Georg Gallus war es schon beinahe peinlich, wie undiplomatisch sich Bayha in Asunción über Weber ausließ. Weber rächte sich in seinem Schreiben aus Paraguay am 28.7.1993 mit dem Hinweis, Bayha habe in den Aufsichtsrat von Südmilch und Sachsenmilch gedrängt und habe Kilometergeld abgerechnet, obwohl er als Bundestagsabgeordneter freie Fahrt habe. Später mischte Bayha fröhlich mit, als es darum ging, den Südmilchsanierer und Weber-Nachfolger Frank Staudacher zu stürzen. Einige Zeit später starb Bayha in einer Sexsauna bei Bonn und geriet damit auf die Titelseite der *Bildzeitung*.

Die Südmilch unter Weber wollte eine moderne Marktmolkerei sein und nicht die Perversionen der europäischen Milchmarktpolitik mitmachen. Diese Politik erleichterte es einfallslosen Molkereidirektoren, zu arbeiten wie vor 50 Jahren. Milch wurde »verwertet«, es wurde nicht versucht, sie durch innovative Produkte am Markt zu verkaufen. Die Verwertung sah schlicht so aus, daß Butter für den Butterberg und Magermilchpulver für den Magermilchpulverberg produziert wurde. Das brachte keine Höchstpreise, aber gute Garantiepreise des Staates ohne großen Aufwand und ohne großen Vertriebsapparat. Die Bauern haßten dieses europäische System und liebten die Milchauszahlungspreise der Molkereien, die so einfallslos arbeiteten.

Wolfgang Weber wollte anders arbeiten. Er wollte einen der größten europäischen Molkereikonzerne leiten, die nicht vom Staat abhängig waren. Weber unternahm sofort als neuer Vorstandsvorsitzender entsprechende Versuche mit neuen Produkten. Er begleitete diese Versuche mit lauten Trompetentönen über die »Marktmolkerei Südmilch«, die schon an Hochstapelei grenzten, denn noch viele Jahre kassierte die Südmilch tapfer mit bei garantierten Preisen für Butter und Magermilchpulver. Weber säte damals viel Haß bei seinen Kollegen in anderen Molkereien, die sich deklassiert fühlten. Ein früherer Südmilch-Aufsichtsrat meinte: »Der ist mit denen umgegangen wie die Sau mit dem Stroh!« Das war einer der Gründe, warum sich in Baden-Württemberg keine Molkerei fand, der Südmilch zu helfen, als die Stuttgarter in den Vergleich mußten.

Die Agrarpolitiker, die Marktwirtschaftler und die Wirtschaftsjournalisten liebten Weber. Endlich einer, der wußte, was Marktwirtschaft im Agrarbereich bedeutete. Leider kümmerte sich kaum jemand um die Details, auch nicht um die himmelweiten Distanzen zwischen Anspruch und Wirklichkeit bei der Südmilch. Denn die Südmilch war überfordert und Wolfgang Weber war es auch: Die Firma hatte nicht das Kapital, um solch eine große Idee zu verwirklichen, Weber fehlten die genauen Kenntnisse. Er war weder ein Mann des Vertriebs noch des Marketings noch der Finanzen. Er war der Molkereimeister mit großem Einfühlungsvermögen und einem phänomenalen, charismatischen Auftreten.

Webers Wirkung bei Pressekonferenzen liebten die Bauern, weil sie selbst meist Schwierigkeiten in der Öffentlichkeit haben. Ein Bauer muß eben nicht jeden Tag an der Rampe vor dem Publikum stehen.

Weber inszenierte seine Auftritte. Ob Bauernversammlung oder Konferenz, er verstand den Eindruck zu hinterlassen, daß er besonders wichtig sei, kompetent und überall präsent. Wenn sich in Stuttgart-Hohenheim die Molkereichefs Baden-Württembergs zu einer Konferenz trafen, lag an der Stirnseite des Konferenzraumes eine Ausgabe der *Frankfurter Allgemeinen Zeitung*. Obwohl Weber noch nicht da war, wußte jeder, daß dort Weber sitzen würde. Während der Begrüßung kam er dann – und ging früher. Der Südmilchchef war kein notorischer Vielredner. Was er sagte, war eigentlich nie ganz verkehrt, meist theoretisch richtig und druckreif vorgetragen, auf niedrigem Niveau, aber eindrucksvoll. Seine Aussagen paßten selten zusammen mit der Wirklichkeit bei der Südmilch. Ein Milchmanager erlebte Weber acht Jahre im milchwirtschaftlichen Industrieverband und war acht Jahre von ihm beeindruckt. Weber sagte immer an der richtigen Stelle etwas Richtiges. Wenn es darum ging, eine Delegation zum Bundesernährungsminister zu schicken, war Weber meist dabei. Erst jetzt überlegt dieser Beobachter, ob bei den Aussagen des Vorstandsvorsitzenden aus Stuttgart nicht doch oft nur hohle, Sprüche waren.

Weber holte sich in seinen Konzern selten brillante Mitarbeiter, er zog sich einen nach dem anderen nach. Sie waren meist brav und bieder, wie der Chef selbst. Der Vorstandsvorsitzende konnte gute Ideen seiner Mitarbeiter aufnehmen und dann wieder verfälschen. Im Lauf der Jahre führte dies in der Südmilch zu immer größeren Frustrationen. Weber ließ sich feiern wegen seiner Bekenntnisse zur Marktwirtschaft, konnte aber nicht rational arbeiten, planen und entscheiden. So nutzte er geschickt die Euphorie über die deutsche Einheit, um das größenwahnsinnige Projekt Sachsenmilch mit einem Neubau bei Dresden zu planen.

Es erhob sich keine mahnende rationale Stimme. Politiker in den Gremien der Südmilch waren ebenso begeistert wie die Bauern. Weber korrespondierte mit dem Einheitskanzler in Bonn – wer wollte da noch kleinlich sein. Außerdem ging es der Südmilch gerade mal wieder etwas besser. Keiner erkannte, daß dies nur ein deutsches Einheitsstrohfeuer war. Aber auf solche Strohfeuer fielen auch andere herein – zum Beispiel der ganze Daimlerkonzern, von dem man mehr marktwirtschaftliches Denken hätte erwarten können als von einer Molkerei. Als der Aufsichtsrat der Südmilch dann nach Dresden flog, um sich den Rohbau der Sachsenmilchmolkerei anzusehen, waren die Bauern, die den Plan abgesegnet hatten, entrüstet über die Größe der Molkerei, die aussieht wie eine Produktionsstätte für Großflugzeuge, nicht aber für Joghurt, Käse und Butter.

Für die Planung der Sachsenmilch gab es nicht einmal eine richtige Investitionsrechnung, stellte ein Insider hinterher erschreckt fest, dabei waren Investitionen von über 260 Millionen DM vorgesehen. Es gab nur die Berechnung eines Beraters. Der hatte die Daten notdürftig in der Südmilch gesammelt und einige Vergleichsrechnungen angestellt. Auch in kleinen Investitionsentscheidungen war Weber oft irrational. Dies wurde in den Jahren vor der Südmilchpleite nie beachtet. Das hängt damit zusammen, daß Weber es schaffte, in seinem hauptsächlich bäuerlichen Aufsichtrat ein Klima der Bewunderung für sich zu schaffen. In diesem Klima konnte eine sachliche, distanzierte und kritische Diskussion über Geschäfts- und Konzernpolitik gar nicht entstehen. Papiere mit kritischen Zahlen wurden im Aufsichtsrat schnell wieder eingesammelt, Zuckerbrot und Peitsche regierten dort wie kaum sonstwo.

Ein Beispiel aus dem Jahr 1990: Im Herbst klingelte bei dem Produktionsvorstand der Südmilch das Telefon. Vom Auto aus meldete sich der Vorstandsvorsitzende Weber und wies an, eine Joghurt-Füll- und Abpackanlage für ein Doppelkammerjoghurt zu beschaffen. Dies sei ein Beschluß des Vorstandes. Kosten:

25 Millionen DM. Für den Aufsichtsrat wurde eine abenteuerliche Absatzprojektion aufgeschrieben. Der Aufsichtsrat sah sich die Projektion an und nickte. Später stellte sich heraus, daß die Anlage eine 25-Millionen-Fehlinvestition war. Der Vergleichsverwalter schrieb die Anlage sofort bis auf einen geringen Betrag ab. Als die Anlage montiert wurde, wußte die Marketingabteilung noch nicht, was da eigentlich hergestellt werden sollte. Die Idee war, dem Erfolg des Doppelkammerbechers der Firma Müller einen Südmilch-Doppelkammerbecher entgegenzusetzen. Krampfhaft versuchten die Fachleute ein Produkt für die Anlage zu entwickeln. Es kam aber kein Produkt mit einem positiven Ergebnis heraus.

Solche Beispiele von Mißmanagement gab es viele bei Südmilch-Weber. Eigentlich haben Webers Fehlentscheidungen der Südmilch mehr geschadet als die Manipulationen, die demnächst vor Gericht behandelt werden. Ab und zu entstand der Eindruck, Weber habe auch positive Entscheidungen vorangetrieben, zum Beispiel die Entwicklung der Marke »Landliebe«. Doch wer Webers Rolle in dieser Produktentwicklung genau analysiert, wird dort eher Negatives als Positives entdecken. Leider konnte nicht einmal der Erfolg der Marke Landliebe, den Weber beinahe verhindert hätte, die Südmilch retten.

2. Das Beziehungsgeflecht

1975 lag die Tochter des Bauern Otto Müller in Schwäbisch Gmünd auf der Entbindungsstation der Klinik. Sie hatte eine Tochter bekommen. Bald nach der Entbindung kam ein Bote und brachte der jungen Mutter ein Orchideengebinde. Einen solch schönen Strauß hatte die Bäuerin noch nie gesehen. An den Orchideen steckte ein Absender: Südmilch AG Stuttgart. Es war der jungen Mutter peinlich, denn sie hatte den wertvollsten Strauß in der ganzen Klinik bekommen, und sie wußte auch, warum. Ihr

Vater war damals im Aufsichtsrat der Südmilch und galt als besonders kritisch. Die Bauern Otto Müller, Anton Weber und Albert Bader waren den Fehlern von Weber auf der Spur und versuchten den Ausstieg aus der Südmilch mit ihren Bauern aus dem Gebiet Schwäbisch Gmünd. 1982 haben sie es geschafft.

Davor lernten sie alle Tricks in Webers Beziehungsgeflecht kennen. Zuerst kamen die Orchideen, dann die Drohungen mit Klagen wegen Geschäftsschädigung. Müller gab schnell seinen Hof weiter, so daß sein Besitz nicht in eventuelle Klagen mit einbezogen werden konnte. Als der junge Bauer Anton Weber das erste Mal an einer Sitzung in einem Südmilch-Gremium teilnahm, wunderte er sich, daß gegen Ende der Sitzung ein Südmilch-Angestellter die Autoschlüssel einsammelte. Er weigerte sich, seinen Autoschlüssel herauszugeben und bekam dann Ärger mit seinen Berufskollegen. Den Grund bekam er schnell mit. Die anderen hatten den Kofferraum voll mit Südmilchprodukten, er nicht. Bauern berichten von fortlaufender Korruption auf niedrigem Niveau, die aber Wirkung zeigte. Südmilch-Mitarbeiter hätten immer wichtige Landwirte besonders betreut. Wenn sich bei den Bauern wieder einmal die Stimmung verschlechterte, gab es schon mal einen Scheck für erhöhte Telefonkosten bei einigen wenigen. Günstige Kredite für Einrichtungen bei der Milchkühlung waren ebenso ein beliebter Köder. Offenbar war es bei undurchsichtigen Geschäften möglich, daß der eine oder andere Südmilchmitarbeiter noch etwas in die eigene Tasche fließen lassen konnte. Kein Wunder, daß ein Ermittlungsverfahren wegen des Verdachtes auf Untreue gegen Manfred Jurytko eingeleitet wurde. Jurytko war derjenige, der unterhalb des Vorstandes zuständig war für die Beziehungen Landwirtschaft-Südmilch. Außerdem war er im Vorstand der mächtigen Landgold-Holding. Jurytko wurde – wie so viele Südmilchführungskräfte – von den Fahndern durchsucht.

Um leichteres Spiel mit den Bauern zu haben, wurde bei der Südmilch »differenziert«. Bauern wurden aufgeteilt in wichtige und weniger wichtige. Die wichtigen waren zunächst die, die in

Gremien der Südmilch tätig waren. Denen wurde besondere Beachtung geschenkt – siehe Blumen für die Tochter des Aufsichtsrates. Es gab sogar raffinierte Spiele mit der Milch. So konnten in einigen Gegenden die Bauern Milch für US-Kasernen abliefern und bekamen dafür mehr Geld. Die »US-Milch« wurde getrennt abgeholt und, wie Bauern in konspirativen Verfolgungsfahrten herausfanden, doch wieder zusammengeschüttet. Das Ganze war offenbar nur ein Spiel, um größere Landwirte zu bevorzugen. Als in der Gemeinde Ruppertshofen die Bauern berieten, ob sie aus der Südmilch aussteigen sollten, wurde ihnen abends im Wirtshaus von der Südmilch eine Milchpreiserhöhung von 3 Pfennig je Kilogramm rückwirkend für das ganze Jahr versprochen, wenn sie bei der Südmilch blieben. Die Bauern blieben.

Fast hätte der Südmilch-Aufsichtsrat Otto Müller es geschafft, den Vorstandsvorsitzenden Wolfgang Weber im April 1978 zu stürzen. Die bäuerlichen Rebellen trafen sich im Hotel Schinderbuckel in Bonlanden bei Stuttgart und hatten die Mehrheit. Doch bis zum nächsten Tag hatte Weber die Arbeitnehmerseite und »bäuerliche Verräter« – so Bauer Müller – auf seine Seite gezogen. Weber überstand mindestens noch zwei solcher Rebellionen. Immer hatte er die Arbeitnehmerseite im Aufsichtsrat für sich gewonnen. Das heißt, Weber war wegen seiner persönlichen Absicherung gar nicht in der Lage, einigermaßen frei Pläne zu erarbeiten, die den Arbeitnehmern nicht schmeckten. So wurde einmal der Umzug der Südmilch aus der beengten Lage von Stuttgart verschoben. Das war eine falsche Entscheidung, aber die Arbeitnehmer waren dagegen, und Weber brauchte die Arbeitnehmer.

Daß Webers Vorstände sich mehr oder weniger freiwillig bei seinen privaten Abschreibungsfirmen beteiligten, blockierte rationale Entscheidungen im Vorstand. Auch in Führungsebenen unter dem Vorstand gab es Gesellschafter in den Abschreibungsgesellschaften. In der Südmilch kursierten immer wieder Gerüchte über Schmiergeldaktionen bei Einkäufern und Verkäufern. Aus heutiger Sicht ist das offensichtlich bei einem größeren Unternehmen nichts Außergewöhnliches. Das Haus eines leitenden Südmilch-Angestellten wurde sogar intern »Villa Laval« genannt. Das sollte ein Zeichen sein, wer den Herrn unterstützte: die Firma für Molkereimaschinen Alfa Laval. Es gibt Hinweise, daß sich einige Verdächtige bei der Südmilch besonders ungeniert aufführten und dann auch noch schlecht über den Vorstandsvorsitzenden redeten. Als Weber auf einer Messe von einem Molkereichef darauf angesprochen wurde, antwortete er resigniert: »Ich kann da nichts tun.«

Höchst merkwürdig ist es, daß selbst Webers Sekretariat beim Chef in den Paraguay-Gesellschaften abschrieb. Für Weber waren Geld – Provisionen und Zusatzgeschäfte – und die finanziellen Möglichkeiten in Abschreibungsfirmen immer Teil des Beziehungsgeflechtes. Gleichzeitig konnte so die Ranch in Paraguay erblühen. Einladungen auf die Ranch gehörten zu einem besonderen Zeichen der Anerkennung. Vorstandsmitglieder waren dort, Aufsichtsratsmitglieder, Geschäftsfreunde. Als ich vor zehn Jahren begann, Webers Paraguayverbindungen zu recherchieren, erhielt ich von Weber telefonisch zunächst eine Einladung auf die Ranch im Chaco. Als er erkannte, daß ein für ihn negativer Bericht gesendet werden sollte, drohte er sofort mit einer einstweiligen Verfügung. Der Beitrag war aber dann doch unverändert im Radio zu hören.

Weber versuchte, die Besuche auf seiner Ranch immer als kleine Abstecher einer sowieso stattgefundenen Reise zu erklären. So geschehen bei dem stellvertretenden Aufsichtsratsvorsitzenden Helmut Wacker. Der Aufsichtsratsvorsitzende Fritz Josenhans legt großen Wert darauf, nie auf der Ranch gewesen zu sein. Im Aufsichtsrat gab es eine unsichtbare Mauer zwischen den richtigen Weberfreunden und Paraguayfahrern und den anderen. Gesprochen wurde aber nie darüber. So stellt der Aufsichtsratsvorsitzende Josenhans das seltsame »paraguayische« Klima im Südmilchaufsichtsrat dar.

Weber bezeichnete seine Paraguay-Gesellschafter immer mit

der Formulierung »Freunde und Bekannte«. Doch dies ist eine notdürftige Umschreibung. Immer mischte sich Geschäftliches und Privates. Denn »Freunde und Bekannte« haben auch einen Beruf. Wie der Zufall will, kann sich da manchmal etwas ergänzen. Eine »Bekannte« war zufällig die Frau eines Bankdirektors, mit dessen Bank Weber bei Privatgeschäften zusammenarbeitete.Wenn der Chefeinkäufer einer Lebensmittelkette bei demjenigen in der Abschreibungsgesellschaft verankert ist, dem er Waren abzunehmen hat, dann muß das nicht immer ein Gewinn für den Verkäufer Südmilch sein. War es ein Vorteil, daß der frühere Vorstandssprecher der Südzucker AG, Dr. Karl Schneider, bei Weber abgeschrieben hat? War es ein Zufall, daß Schneider sich als Mitglied des Aufsichtsrates intern dafür ausgesprochen hat, daß die Südzucker bei der Südmilch nach dem Vergleich einsteigen solle? Zumindest berichtet den Vorgang so ein Südzuckermann. Vielleicht ist es aber gut, daß die Südzucker AG sich nicht engagiert hat. Spielte die besondere Beziehung bei den Verhandlungen eine Rolle? Kenner meinen ja. Schließlich war der frühere Südzuckerchef, Dr. Schneider, auch schon Gast bei Weber auf der Ranch. Schneider sieht sein finanzielles Engagement für Weber in Paraguay übrigens als »Darlehen«, dabei war er ganz normales Mitglied in der Chaco Beef, hat Steuern erst abgeschrieben und dann wieder zurückbezahlt, zusätzlich Zinsen und Strafe. Weber versuchte überall, seine Chaco Beef, Interbeef oder Vieh und Fleisch ins Gespräch zu bringen und Gesellschafter zu werben. Als er im feinen milchwirtschaftlichen Industrieverband tätig war, bot er auch dem Geschäftsführer des Verbandes die Abschreibungsmöglichkeit an. Der lehnte ab.

Am deutlichsten ist die Verflechtung zwischen Geschäft und Abschreibung bei einer Eiscremegeschichte zu erkennen. Anfang der 70er Jahre wollte Weber der größte Eiscremehersteller der Bundesrepublik werden. Wenn er es geworden wäre, hätte dies sicherlich positive Auswirkungen auf die Milchpreise der Bauern gehabt, und Weber wäre vielleicht noch heute Vorstandsvorsitzender. Um den Vertrieb zu vergrößern und zu verbessern, wollte Weber zu seiner Südmilch-Eiscreme eine EFA-Eisvertriebsfirma in Bayern kaufen. Hinter der Abkürzung verbarg sich der Kaufmann Ernst Freiberger in Ammang. Bei den Verkaufsverhandlungen kam es zu einer Blockade, weil Weber nicht den geforderten Preis zahlen wollte. Nichts schien sich mehr zu bewegen. Ein Teilnehmer der Verhandlungen kann sich noch gut erinnern, wie Weber sich daraufhin mit Freiberger zu einem Spaziergang nach draußen begab. Als die beiden zurückkamen, hatte Weber einen höheren Preis akzeptiert, als er eigentlich vorhatte. Der mögliche Grund stellte sich erst später heraus: Mit einem Teil des Kaufpreises stieg Freiberger wieder bei Weber in der Paraguayfirma ein. Später war Freiberger zu Recht sauer. Er mußte an das Finanzamt zurückzahlen und fühlte sich aufs Glatteis geführt. Denn Weber hatte ihm gesagt, auf der Ranch in Paraguay entstehe eine große Rindfleischproduktion für den Export nach Europa. Freiberger mußte mit der Zeit einsehen, daß diese Pläne eigentlich unter Webers Hochstapelei fielen. Die Ideen ließen sich nicht verwirklichen und sollten nur dazu beitragen, Teilnehmer für seine Anlagegesellschaften zu finden. Auch Webers Eiscremeträume scheiterten. 1977 mußte er seine Hauptversammlung vier Mal verschieben; er konnte seinen Kopf nur retten, indem er die zukunftsträchtige Südmilcheiscreme an die erfolgreichere Firma Schöller verkaufte.

Zu Webers Beziehungsgeflecht gehörte auch die Verbindung zu Geschäftsführer Johnen von der Firma Zentis. Zentis ist Marmeladenhersteller, liefert aber auch Fruchtzubereitungen an Joghurthersteller. Johnen ist auch ein Paraguayfreund. Die beiden, Johnen und Weber, haben jahrelang das Entwicklungslabor der Südmilch mit einem aberwitzigen Projekt in Atem gehalten. Weber hatte sich in den Kopf gesetzt, mit einer Paraguayfrucht einen Boom wie bei der Kiwifrucht anzufachen. Es sollte ein Früchtejoghurt mit Paraguaygeschmack entstehen. Die Frucht ist die Blütenfrucht einer Malvenart und wurde mit dem Phantasienamen »Parafruja« belegt. Weber baute sie auf seiner Ranch an und lieferte an Zentis. Verzweifelt versuchten die Südmilchleute, dem »Nichtgeschmack« der Parafruja etwas abzugewinnen. Sie wurde gemischt mit anderen Früchten – es ging trotz allen Aufwandes nicht. Aber man bemühte sich. Schließlich war Johnen junior Vorstandsassistent bei Weber. Als der Vergleich kam, konnte Webers Nachfolger, Frank Staudacher, die Einkaufspreise bei Zentis um zweistellige Millionensummen herunterhandeln. Branchenkenner meinen, die gute Verbindung Johnen-Weber habe sich nicht günstig auf die Südmilchfinanzen ausgewirkt. So ist es nicht erstaunlich, daß die Stuttgarter Staatsanwaltschaft die Beziehung Johnen-Weber überprüft. Der Verdacht auf Untreue macht sich breit.

1994 kaufte Johnen bei seinem alten Freund Weber in Paraguay wieder ganz normal Erdbeeren. Er verkaufte die Weber-Erdbeeren weiter an die Südmilch. Das war die Zeit, als der Südmilch-Vorstand zusammen mit dem holländischen Mehrheitsaktionär ständig erklärte, dies sei jetzt die »neue« Südmilch, die mit den Geschäften der alten Südmilch nichts mehr zu tun habe. Zu der peinlichen Weber-Erdbeer-Geschichte wollte die Südmilch keine Stellungnahme abgeben. Offenbar hatten die Herren der »neuen« Südmilch geglaubt, es käme nicht heraus, wenn sie wieder die alten Geschäfte machten.

Obwohl Wolfgang Weber nie in der landespolitischen Szene, bei Empfängen, in Stuttgart auftauchte, hatte er hier doch beste Verbindungen. Ebenso zur Spitze des Bundesernährungsministeriums. Ohne die Ministerien in Stuttgart und Bonn hätte die Südmilch nie so groß werden können. Da gab es immer einen staatlichen Plan für irgendeine Strukturbereinigung. Wo ein Plan ist, da ist auch eine Subvention. Wo eine Subvention ist, da ist auch ein Politiker. Zusätzliche Verbindungen hatte Weber durch das Sponsoring beim VfB zum Präsidenten Mayer-Vorfelder. Gleichzeitig ist Mayer-Vorfelder (CDU) Finanzminister in Baden-Württemberg, und als solcher war er Verwaltungsratsvor-

Abbildung 6: Der Südmilchchef und der gesponserte
Präsident Mayer-Vorfelder, Finanzminister
(*Foto:* Spiegel Nr. 39/95).

sitzender der Landeskreditbank und Vorsitzender des Kreditausschusses. Inzwischen hat er dieses Amt, im Zuge der Großen Ko-
alition, an den SPD-Wirtschaftminister Dieter Spöri abtreten
müssen. Jetzt sieht man Spöri und Mayer-Vorfelder zusammen
beim Fußball im Gottlieb-Daimler-Stadion. Für die Südmilch war
die Landeskreditbank eine wichtige Bank. Ein Kreditbeispiel wird
hier noch zu beschreiben sein. Im Aufsichtsrat der Südmilch hatte Weber außerdem noch den CDU-Bundestagsabgeordneten Richard Bayha aus Hessen, aber der Vorstandsvorsitzende kannte
ohnehin jeden Bonner Agrarpolitiker.

Dann war da noch der Staatssekretär Robert Ruder. Der CDU-
Politiker Ruder war Polizeistaatssekretär im baden-württembergischen Innenministerium und Landtagsabgeordneter. Es gab

Hinweise in der Stuttgarter CDU-Szene, daß Ministerpräsident Lothar Späth seinen Innenstaatssekretär versorgt haben wollte, weil Ruder mit dem Innenminister Schlee Schwierigkeiten hatte. Zufall oder nicht, kurz vor seinem Ausscheiden aus dem Kabinett in Stuttgart – im Juli 1990 – unterschrieb Ruder einen Beratervertrag bei der Südmilch AG. Ab 1991 erhielt Ruder seine mehreren tausend Mark im Monat nicht mehr direkt von der Südmilch, sondern über die politisch-wirtschaftliche Steinbeis-Stiftung, weil der Vertrag auf die Stiftung umgeschrieben wurde.

Man muß davon ausgehen, daß Weber ein besonderes Interesse an einem ehemaligen Polizeistaatssekretär hatte, in einer Zeit, als er mit Haftbefehlen zu tun hatte. Ruder legte Wert auf die Feststellung, daß er nie mit Weber darüber gesprochen habe, bestätigte aber, daß er sich als Staatssekretär nach den Auswirkungen des Haftbefehls für Weber erkundigt habe. Festzustellen ist die hohe Toleranzschwelle in der Politik, wenn es darum geht, einen Beratervertrag zu unterschreiben: Es wird in Baden-Württemberg nicht als Problem angesehen, daß ein Polizeistaatssekretär bei einem schon einmal Verhafteten einen Beratervertrag unterschreibt. Als der Vertrag 1993 bekannt wurde, mußte Ruder mit Schlagzeilen leben wie: »Ex-Staatssekretär Ruder schöpft Südmilch-Rahm ab!« Der eine oder andere Journalist wunderte sich, warum Ruder zusätzlich im Aufsichtsrat der Sachsenmilch-Beteiligungs-AG in Dresden saß, die zum Südmilch-Konzern gehörte.

Auch in Paraguay hatte und hat Weber, wie schon erwähnt, beste Beziehungen. Der schwäbische Rancher gehört eindeutig zu den oberen Zehntausend in Paraguay. Natürlich war er auch bei den großen Banken in Paraguay gut bekannt. So auch beim Repräsentanten der Deutschen Bank in Asunción, Wolf-Dieter von Bothmer. Als Bothmer nach Deutschland zurückkam, schwärmte er in einem Zeitungsinterview von Webers Ranch in Paraguay und zeigte sein Unverständnis für die Ermittlungen der Staatsanwaltschaft in Stuttgart. Das Interview erschien 1991 in der *Heilbronner Stimme* und war in Dresden aufgenommen worden. Denn inzwischen war nicht nur Wolfgang Weber zum Aufbau der Sachsenmilch in Dresden gelandet, sondern auch Herr von Bothmer, der nun dort für Deutsche Bank arbeitete. Man muß sich fragen, ob diese Verbindung nicht auch zu der Fehleinschätzung Webers seitens der Deutschen Bank geführt hat. Die Deutsche Bank erlebte dann in Dresden eine ihrer großen Pleiten.

Schon in früheren Jahren, noch unter der Regierung des Generals Stroessner, staunten deutsche Besucher in Paraguay nicht schlecht, daß Weber in Paraguay viel bekannter war als in Deutschland. Als General Stroessner abdanken mußte, hatte Weber schon wieder gute Beziehungen zum Nachfolger aufgebaut. Bei der feierlichen Amtseinführung des ersten demokratisch gewählten Präsidenten Paraguays, im August 1993, wollte der baden-württembergische CDU-Bundestagsabgeordnete Otto Hauser seinen Augen nicht trauen: Hauser war als Vorsitzender des Südamerikaausschusses im Deutschen Bundestag nach Asunción gekommen, um bei der Feier den Bundespräsidenten zu vertreten. Hauser wurde als Vertreter der Bundesrepublik Deutschland für die Feier ein Ehrenplatz zugewiesen. Da entdeckte der Abgeordnete Hauser einen Deutschen bei den Ehrengästen, der näher beim Präsidenten saß als er: Wolfgang Weber.

3. Warnungen für den Vorstandsvorsitzenden

Die Südmilch hat viele Krisen erlebt, die den Konzern an den Rand des Abgrunds brachten. Alle stellten Warnungen für Weber, für den Konzern, für die Politik, für die Bauern und Banken dar, doch keiner registrierte sie ernsthaft, keiner griff ein. Jedesmal hätte es auf der Hand gelegen, eine andere Konzern- und Geschäftspolitik einzuschlagen: weg von der totalen Expansion, hin zu einer konsolidierenden Geschäftspolitik. Daß es auch Innovation, Kreativität und Erfolg in einer Konsolidierungsphase geben könnte, hatte irgendjemand vergessen, dem Südmilchchef zu sagen. Konsolidieren war nicht Webers Ziel. Er wollte Großes schaffen, dazu mußte man nach vorn, Visionen haben, expandieren.

Webers größte Krise fand 1977/78 statt. Ende Juni 1977 gab der Inter-Südmilchkonzern bekannt, daß die Milchauszahlungspreise für die Bauern um zwei Pfennige zurückgenommen werden müßten. Schuld war – wie immer in der Landwirtschaft – das Wetter. Der Milchkonzern erklärte die Schlappe mit der kühlen Witterung im April und den damit verbundenen schlechten Umsätzen. Auch im Mai seien die Umsätze bei Eiscreme, Sauermilch und Dessertprodukten zurückgegangen, bei Trinkmilch sogar um 10 Prozent. Hinzu komme die nach wie vor schlechte Preissituation bei H-Milch. Die bäuerliche Kapitalbildung für den Milchkonzern, gekoppelt an den Milchpreis, werde ausgesetzt, die Hauptversammlung der Südmilch verschoben, der Milchauszahlungspreis werde wahrscheinlich ab 1. Oktober wieder heraufgesetzt, gab die Südmilch bekannt. Der Süddeutsche Rundfunk meldete, Weber habe sich darum bemüht, daß auch andere Molkereien im Bundesgebiet ihren Auszahlungspreis senkten. Doch die hätten sich wenig solidarisch gezeigt. Offenbar, weil die Südmilch mit ihrer aggressiven, expansiven Marktpolitik den meisten deutschen Molkereien Marktanteile weggenommen hatte.

Kurz darauf tauchten Gerüchte auf, die Südmilch wolle ihre Tochter Eiscreme verkaufen. Dies wäre ein glatter Bruch mit der erklärten und richtigen Markt- und Produktstrategie gewesen. Weber war nicht müde geworden, seinen Bauern einzureden, wie wichtig die Produkte aus Milch in Zukunft seien, vom Milchverkauf werde niemand überleben können. Wo Weber recht hatte, da hatte er recht. Lebensmittelkonzerne, die seit Jahren Eiskreationen anbieten, haben vor Gesundheit strotzende Bilanzen. Um so merkwürdiger war, daß die Südmilch viel Geld ausgab, um für Trinkmilch zu werben. Wahrscheinlich ein kurzfristig angelegtes Zugeständnis an die Bauern. Doch die Bauern wurden immer unzufriedener. In einer ausführlichen Sendung im Landfunk des Süddeutschen Rundfunks sagte im September 1977 der Bauer Weiß aus der Gegend von Schwäbisch Gmünd: »Mit der Zeit verliert man das Vertrauen in die Richtigkeit der Unternehmenspolitik der Südmilch.« In dieser Sendung fragte ich Weber als zuständiger Landfunkredakteur, ob er bei der letzten Südmilch-Krise gesagt habe: »Gebt mir fünf Jahre Zeit!« Weber sagte mit fester Stimme in das Mikrophon: »Ich kann mich nicht erinnern!«

Schon damals wurde kommentiert, Webers Konzernkonzept habe entscheidende Denkfehler. Am meisten umstritten war aber Webers Marktstrategie. 1977, in derselben Landfunksendung, wurden Stellungnahmen von Marktmolkereien wiedergegeben, in denen sie sich bitter über die aggressive Expansionpolitik der Südmilch beschwerten. Die schwäbischen Bauern in ihrem Egoismus hätten das sicherlich ertragen, wenn Weber wenigstens erkennbar und langfristig erfolgreich gewesen wäre. Seine Marktmethoden wurden mit Wildwestverhalten verglichen, und Weber mußte sich in den Medien Sprüche anhören wie: »Django Weber zieht seine Frutti-Pistole schneller als andere ihren Quark!«

Böses Blut bei den Bauern machte Webers inkonsequente Politik der Milchauszahlungspreise. Für die Bauern war und ist der Milchpreis das Maß aller Dinge. Das mag oft kurzsichtig und verkehrt sein, aber die Südmilch agierte nicht mit dem Milchpreis, sondern sie reagierte auf den bäuerlichen Druck. Diese Erkenntnis machte die Bauern noch lüsterner und wilder. Besonders im gefährdeten Südmilch-Grenzgebiet wurde oft ein höherer Preis gezahlt als im Kerngebiet, wo es für die Bauern keine Fluchtmöglichkeit aus dem Südmilch-Staat gab. Kein Milchtanklastwagen fährt aus anderen Gebieten und Molkereien zu einzelnen Bauern ins »feindliche« Gebiet. Meist würde sich das auch nicht lohnen. Wenn, dann wandern nur ganze Gebiete und Molkereigenossenschaften zu einer anderen Molkerei ab. In dieser Zeit hatte Weber einen ganz schweren Stand. Bei den Schwäbisch Gmünder Bauern wollte Weber in einer Versammlung darauf dringen, daß die in der Festhalle aufgehängen Plakate mit Weber-

Karikaturen abgenommen würden. Die Bauern hörten nicht mehr hin. Weber fuhr zornentbrannt davon.

1977 war die Analyse klar, die dann auch noch 1988 galt und 1992. Landfunkkommentar 1977: »Der Intermilchkonzern ist zu schnell und zu zentral gewachsen. Der Verdrängungswettbewerb war zu teuer, man hat sich in Umsatzzahlen gebadet, wollte Marktmacht demonstrieren und blieb doch zu klein.« Schon damals wurden die fehlende Kontrolle und der undurchdringliche Filz in der Südmilch bemängelt. Auch der Hinweis auf Webers merkwürdige Aktivitäten in Paraguay fehlte nicht.

Das Auf und Ab im Jahr 1977 nahm kein Ende. Im Dezember hieß es, die Verhandlungen für den Verkauf der Südmilch-

Dokument 4: Bauernkarikatur über Wolfgang Weber aus dem Jahr 1977.

eiscreme seien gescheitert. Dann kam die Meldung, die Deutsche Genossenschaftsbank in Frankfurt werde die Südmilcheiscreme unterstützen. Es stellte sich heraus, die Bank stützte nicht die Eisproduktion, sondern das Südmilcheiscreme-Kapital, bis es weitergegeben werden konnte an den Schöller-Konkurrenten. Mit dieser Konstruktion konnte die Hauptversammlung stattfinden. Die Bauern am 16. Dezember in Sindelfingen waren höchst erregt. Ihre Wut war zusätzlich angestachelt worden, weil nur ein Geschäftsbericht mit einer Südmilch AG-Bilanz vorlag, keine vollständige Konzernbilanz. Finanzchef Hoffmann hatte es tatsächlich fertiggebracht, einen Gewinn von 14 000 DM zu errechnen. Die nicht vorliegende Konzernbilanz wies einen Verlust von 6,8 Millionen DM aus. Aktionäre forderten Webers Kopf: »Wenn hier keine Konsequenzen gezogen werden, so ist das eine Schande für die ganze Landwirtschaft!« Bäuerlich-drastisch meinte einer mit Blick auf Weber: »Schwanzabhacken tut nur einmal weh!« Doch die Bauern hatten wieder einmal keinen, der Weber ersetzen konnte. Der sprach vom baldigen Ende der Durststrecke und wurde schließlich entlastet. Das Durcheinander mit der Eiscreme blieb. Weber behauptete tatsächlich, er habe die Eiscreme gar nicht verkauft, und die Regelung sei sogar noch besser als vorher. Das mit dem Verkauf war nur theoretisch richtig, das mit der besseren Regelung war falsch. Aus der Niederlage wurde in schwindelerregendem Tempo ein Sieg. Wie immer.

Die Deutsche Genossenschaftsbank hatte die Fäden in der Hand, dies war aber nur noch ein weiteres Schwächezeichen der Südmilch. In der Südmilch wurde tapfer behauptet, man habe nur Anteile bei Schöller eingebracht, der Markenname Südmilcheiscreme werde weiter verwendet, Südmilch werde sogar weiter für Schöller produzieren. Weber brachte das rhetorische Kunststück fertig, sein früher hochgelobtes Standbein Eiscreme schlechtzumachen. Bei Eiscreme würde nur noch subventioniertes Magermilchpulver verbraucht und keine Milch, höhnte er plötzlich, es sei lohnender, sich auf die anderen Südmilchmarken zu konzentrieren. Alles sollte so aussehen, daß der Südmilch gar nichts Besseres hätte einfallen können, als die Eiscreme zu verkaufen. Überflüssig zu sagen, daß die Marke Südmilcheiscreme schnell verschwand. Das künftige Riesengeschäft mit Eiscreme machten andere, nicht die Südmilch.

Weber hatte nicht viel Zeit, sich von der Hauptversammlung in Sindelfingen zu erholen. Der schon erwähnte Aufsichtsrat Bauer Otto Müller aus Beiswang bei Schwäbisch Gmünd wollte Weber im Aufsichtsrat stürzen. Doch Müller wurde verraten und hintergangen, Weber siegte auf der Sitzung des Aufsichtsrates knapp mit drei Stimmen. Kaum war das überstanden, erschien im *Managermagazin* (Ausgabe Juni 1978) ein großer Artikel über Weber und die Südmilch. Der Artikel trug den Titel: »Mit aller Macht in die Malaise«. Die siebenseitige Recherche erschien in der Reihe »Mißmanagement«. Geschrieben hatte den Artikel der frühere Wirtschaftsjournalist der *Stuttgarter Zeitung*, Richard Gaul, heute Leiter der BMW-Pressestelle in München. Mitrecherchiert und geschrieben hatte Gauls Kollege Helmut Raithel. Der Artikel begann mit einem ganzseitigen Photo von Wolfgang Weber und dem Weber-Zitat: »Ich bin der größte Manager im Umkreis von 200 Kilometern.« Die Seite mit dem Bild hing am nächsten Tag am schwarzen Brett in der Südmilchzentrale.

Weber wütete gegen den Artikel. Der Stuttgarter Anwalt Schelling wurde beauftragt, juristische Schritte gegen das *Managermagazin* vorzubereiten. Anwalt Schelling ist in Stuttgart ein bekannter Jurist, der sich im Presserecht auskennt. Noch heute, wenn Finanzminister Mayer-Vorfelder sich über einen Artikel im *Spiegel* ärgert, schreibt Anwalt Schelling die Beschwerde. Doch diese Beschwerden haben selten Erfolg, weil die Redaktionen schon vor der Veröffentlichung juristisch beraten werden. Meist geht es bei den Beschwerden nur um Androhungen, die der Betroffene dann öffentlich benutzen kann. Manchmal ist der gewünschte Nebeneffekt, daß sich andere Redaktionen mit der Berichterstattung zurückhalten.

Das beabsichtigten 1978 auch Schelling und Weber. Der Anwalt versuchte, in verschiedenen Punkten eine Unterlassungserklärung zu erhalten, doch die Manager vom Magazin blieben hart. Schelling mußte nachgeben und Weber schriftlich erklären, warum er keinen Erfolg gehabt hatte. In seinem Brief vom 5.12.1978 an Weber nahm Schelling sogar Bezug auf den Prozeß des damaligen baden-württembergischen Ministerpräsidenten Filbinger, der damals Politiker, Anwälte und Journalisten erregte: »Dennoch bleibt das Risiko, daß es jedem Journalisten freisteht, Werturteile abzugeben, und die Gerichte – wie auch der Filbinger-Prozeß gezeigt hat – in der Entscheidung darüber, ob eine Behauptung eine angreifbare Tatsachenbehauptung oder ein nicht angreifbares Werturteil darstellt, sehr in Richtung Werturteil und damit zu Gunsten der Presse zu votieren pflegen.« Weber hatte offenbar gehofft, einen Prozeß gegen das Magazin zu gewinnen. In dem Brief riet ihm Schelling, die Sache auf sich beruhen zu lassen. Weber war sauer und schickte Finanzchef Hoffmann eine Notiz, daß Schelling für diese Geschichte kein Honorar bekommen solle.

Das *Managermagazin* hatte natürlich nichts Falsches geschrieben, sondern alle Fehler und Filzereien des Vorstandsvorsitzenden dargestellt – und das bundesweit. Das ärgerte Weber. Bei solchen Magazinstories ist es üblich, daß die Journalisten, die an der Geschichte recherchiert haben, ein offizielles Interview mit den Betroffenen führen. Dieses Interview wird dann entweder in autorisierten Zitaten in den eigentlichen Zeitungsbeitrag miteingebaut, ganz fallengelassen oder vollständig abgedruckt. Schade, daß die Magazinjournalisten Gaul und Raithel nicht auch noch ihr Interview mit Weber abdrucken konnten. Aus heutiger Sicht lesen sich die Lügenmärchen aus der Steppe Paraguays besonders nett. Dieses nie veröffentlichte Interview liegt mir vor.

Auszug:

Gaul: »Sie sind 1977 Geschäftsführer der Firma Beef geworden?«
Weber: »Dabei handelt es sich um eine stille Gesellschaft, die keine Geschäfte tätigt, sondern die nur einen Finanzierungszweck hat und ein bestimmtes Vermögen organisieren soll. Sowohl die GmbH als auch die KG haben keine Geschäftätigkeit. Früher war mein Bruder dort Geschäftsführer, nach seinem

Wegzug ins Ausland habe ich dies vorübergehend übernommen.«

Gaul: »Wozu sind diese Gelder?«

Weber: »Mehr möchte ich darüber nicht ausführen. Ich möchte nochmals betonen, daß ich dort nicht aktiv tätig bin. Die Tätigkeiten, die ich ausführe, sind übrigens von meinem Dienstvertrag abgedeckt. Darin steht, daß ich mich um die Verwaltung des Familienvermögens kümmern kann und auch Funktionen in Gesellschaften übernehmen kann.«

Raithel: »Wer sind die Kommanditisten in Paraguay?«

Weber: »Ich habe keine Veranlassung, Dinge zu sagen, die nicht mit anderen abgesprochen sind und die mich nicht betreffen.«

Gaul: »Kommen Sie da nicht in Interessenkonflikte?«

Weber: »Wir betreiben Rinderzucht für Fleisch und nicht für Milch. Das Management macht mein Bruder. Er tut sonst nichts anderes. Mein Vater hat damit schon Ende der fünfziger Jahre angefangen. Ich kann keinen Interessenkonflikt darin sehen, daß ich gelegentlich einmal dort meinen Urlaub verbringe.«

Raithel: »Können Sie mir nicht auch einmal billiges Fleisch besorgen?«

Weber: »Ich bin Ihnen gerne gelegentlich mit einem Rindvieh dienlich.«

Den Artikel im *Managermagazin* überlebte Weber gut. Das Magazin hatte damals nicht die heutige Bedeutung, aber vielleicht schon die gleiche Funktion, nämlich Klatsch, Tratsch und Unterhaltung für Manager zu liefern. Journalist Gaul ging dann zur Wochenzeitschrift *Die Zeit* und rechnete dort im Wirtschaftsteil Weber noch einmal vor, er habe von 1973 bis 1978 eine organisatorische Konzernminderleistung von fast 150 Millionen erbracht, das Unternehmen sei trotz Umsatzzuwachs sanierungsbedürftiger als 1970.

Auch die Warnungen an Weber auf der Hauptversammlung am 24. Oktober 1978 waren ebenso eindeutig wie zwecklos. Geschäftsführer Hempel von der Milchverwertungsgenossenschaft Gaildorf: »Die Südmilch hat jahrelang auf dem Rücken der Milcherzeuger unter dem Mindestpreis kalkuliert, ohne Not die Märkte im ganzen Bundesgebiet gestört und mit dieser Politik der Marktverdrängung das Südmilchunternehmen an den Rand des Ruins geführt. Sie hat außerdem vielen anderen Molkereien Schaden zugefügt. Viele große Marktmolkereien im Bundesgebiet haben den Beweis erbracht, daß man es auch anders machen kann, besser, zugunsten der Milcherzeuger. Nicht die EG-Politik und auch nicht dunkle Mächte sind schuld am Südmilch-Debakel. Die Schuld trifft den Vorstand – aber auch der Aufsichtsrat ist mitschuldig, der die Geschäftspolitik des Vorstandes gedeckt hat.«

Im internen Teil der Hauptversammlung war es weniger sachlich zugegangen. Ein Bauer drohte mit Mord – mit Rindermord: »Herr Weber, wenn Sie nächstes Jahr noch hier sind, schlachte ich meine Kühe ab!« Leider hat niemand bei dem Bauern nachgefragt, wie es seinen Kühen im Jahr 1979 ging; Weber jedenfalls war dank einer neunzigprozentigen Entlastung bei der Hauptversammlung immer noch da. Diejenigen, die sagten: »Endlich sollte Schluß sein, diese Südmilch in der Öffentlichkeit in den Dreck zu ziehen!«, behielten die Oberhand. Zudem hatte es Weber geschafft, seine Kritiker in die Nähe von Kommunisten zu rücken. Vor allem hatte sich der Trick ausgezahlt, eine sogenannte Vorversammlung vor der eigentlichen Hauptversammlung zu veranstalten. Dadurch konnte sich der bäuerliche Zorn ohne Öffentlichkeit austoben. Auf der richtigen Hauptversammlung waren die Helden dann schon etwas müde und durften daran denken, daß sie am Abend wieder ihre Kühe melken mußten und an wen sie am nächsten Tag ihre Milch abliefern sollten.

Der jahrelange agrarpolitische Kommentator der *Frankfurter Allgemeinen Zeitung* wußte auch nicht mehr weiter, als er die Hauptversammlung 1978 kommentierte. Er fand Weber gar nicht so marktwirtschaftlich wie dieser sich selbst und zweifelte an der Zukunft der Südmilch (*FAZ*, 27. Oktober 1978): »Schlimm ist daran, daß der Staat mitgewirkt hat. Stillegungen von Molkereien und Fusionen hat er mit staatlichen Beihilfen prämiert – zur Verbesserung der Molkereistruktur, wie es so schön hieß. Teilweise geschieht dies heute noch. Die Tatsache, daß es solche Gelder gab, hat den Blick für strenge Wirtschaftlichkeit nicht selten verstellt. Weber selbst räumt im Gespräch gewisse Fehler ein. Aber jetzt sei es soweit; die Rationalisierungsinvestitionen begännen sich auszuzahlen. Derartige Versicherungen freilich hören die Bauern nicht zum ersten Mal. Ob es bei der Südmilch nun wirklich endgültig aufwärtsgeht, bleibt eine Sache des Glaubens und Hoffens.« Das war nett gesagt. »Glaube, Liebe, Hoffnung« brachten die Südmilch nicht weiter. Erstaunlich, daß die *FAZ* dem Vorstandsvorsitzenden Weber die Andeutungen über Rationalisierungen beinahe abgenommen hatte. Nach dem Jahr 1978 hatte Weber überhaupt keine Chance mehr für eine harte Rationalisierung. Ohne die Arbeitnehmervertreter im Aufsichtsrat hätte Weber das Jahr gar nicht überstanden. Was blieb ihm also, als weiter in Expansion zu machen? Hätte er konsolidiert, wäre er in noch größere Schwierigkeiten gekommen.

Aber Weber schaffte es, die nächsten zehn Jahre ohne ganz große Turbulenzen zu überleben. Durch den Ausbau der Marke Landliebe festigte er seine Position. Deshalb war es für ihn sicherlich ein harter Schlag, als ihm plötzlich die Justiz Ärger bereitete. Nur eine Gruppe von Bauern, aus dem Gebiet Schwäbisch Gmünd, zog Konsequenzen aus den Hauptversammlungen 1977 und 1978. Sie verließen mit ihrer Genossenschaft die Südmilch und gingen zur Milcherzeugergemeinschaft West. Wenn heute die »Bauernkrieger« der damaligen Zeit, Müller, Bader und Weber, zusammensitzen, können sie sich noch immer freuen. Sie hätten viel Geld verloren, wenn sie bei der Südmilch geblieben wären. Wenn die drei zusammensitzen, holen sie die alten Unterlagen heraus, Redemanuskripte, Leserbriefe, Einladungen für konspirative Sitzungen. Dann hauen sie auf den Tisch und fluchen auf die Südmilch und den Weber. Der über siebzigjährige

Müller hebt dann den Zeigefinger bis fast zur Zimmerdecke: »Nachdem ich in den Aufsichtsrat gewählt worden war, erkannte ich sehr schnell, daß Weber nicht in der Lage ist, das Unternehmen zu führen. Nur mit Hilfe einiger Steigbügelhalter konnte er seine Position sichern!«

4. Der Erfolg der Marke »Landliebe«

Die Südmilch wird mit ihrem Markenartikel »Landliebe« identifiziert. Zu Recht, denn die Südmilch war eine der ersten Molkereien, die versucht hat, einen richtigen Markenartikel zu schaffen. In der Stuttgarter Marketing-, Versuchs- und Vertriebsabteilung war man zu der richtigen Erkenntnis gekommen, daß ein Markenartikel mehr sein müsse als nur ein Etikett mit einem wohlklingenden Namen.

Die Südmilch produzierte, entgegen den Gesetzen des Marktes, Hunderte von Artikeln und entsprechend hohe Kosten. Erst nach Webers Abgang wurde das aufwendige Sortiment zusammengestrichen. Aber es gab auch seit langem gut laufende Markenartikel. Zum Beispiel den Fruchtjoghurt »Frutti«. Dieser Joghurt wurde von der Südmilch kaltaseptisch produziert und mußte deshalb nicht gekühlt werden. »Frutti« lief hervorragend. Er wurde Teil der Weberschen Expansionspolitik, denn »Frutti« konnte weit transportiert werden, ging in den Export und eignete sich als Preisbrecher in den Ladenketten. So konnte die Südmilch in andere Absatzgebiete eindringen. Die Entwicklung von »Frutti« hatte Weber von Anfang an unterstützt. Später engagierte er sogar Steffi Graf, um für »Frutti« Werbung zu machen. Doch »Frutti« war keine Spitzenmarke und konnte keine großen Gewinnspannen bieten.

Als der Marketingmann Ulrich Schill sein Konzept für die Marke »Landliebe« vorstellte, wurde er im Vorstand ausgelacht. Schill wollte auf der beginnenden »Zurück-zur-Natur«-Welle

Anfang der 80er Jahre mitschwimmen. Die Idee war, einen Markenartikel zu schaffen, der das Prädikat »natürlich-naturbelassen-umweltfreundlich« glaubwürdig vertreten konnte. Zu diesem Konzept gehörte nach Ansicht von Schill eine naturbelassene Milch mit einem normalen Fettgehalt und einer Glasverpackung. Höherer Fettgehalt, höherer Preis und Glasflasche – das war damals strikt gegen die Hauptrichtung. Schill hatte das Pech, daß im Südmilchvorstand drei frühere Molkereimeister saßen: Weber, Finanzchef Hoffmann und Produktionschef Klecker. Die drei kannten die Leiden der Molkereiwirtschaft mit der Milchglasflasche aus den 50er Jahren. Glasflasche bedeutete andere Abfüllung, hohe Transportkosten, aufwendige Pfandwirtschaft, schwierige Verhandlungen mit den Abnehmern, Probleme bei der Reinigung. Schills Vorschlag hatte hohen Unterhaltungswert. »Die drei von der Molkerei« bedeuteten dem Marketingmann mitleidig, man wisse ja, daß er nie »in Gummistiefeln gedient habe«. Ein Molkereimeister kam früher kaum aus seinen Gummistiefeln heraus.

Aber Weber war nicht nur gut für diktatorisches und arrogantes Verhalten, er konnte ebenso erstaunlichen Freiraum bieten. Schill durfte weiter experimentieren, Klecker fand in Holland zufällig eine alte, abgeschriebene Abfüllanlage für Milchflaschen, und die Landliebe-Milch wurde ein Renner. Das nennt man »Marketing by accident«. Als dann später der Landliebe-Joghurt entwickelt wurde, war es wieder Weber, der den möglichen Erfolg nicht sehen wollte, das Projekt aber nicht stoppte. Der Joghurt sollte auf dem Milchkonzept aufbauen: naturbelassen, ohne Konservierungsstoffe, höherer Fettgehalt, Pfandglas, höherer Preis. Einen Joghurt in einem 500-Gramm-Glas gab es nirgendwo zu diesem Zeitpunkt. Die Südmilch-Marketingabteilung wollte zudem noch die Glasform als stilisierte Milchkanne verkaufen. Es gab schwierige Verhandlungen mit dem Glashersteller. Dabei stellte sich heraus, daß die staatliche Molkerei der Hochschule Weihenstephan in Bayern ebenfalls ein 500-Gramm-Glas für Joghurt plante. Die beiden, Südmilch und Weihenstephan, einigten sich, daß es aus Kostengründen nur eine Glasform geben sollte. Sie veranstalteten einen groß angelegten Verbrauchertest, um herauszufinden, welches Glas beim Verbraucher besser ankomme. Die Südmilch-Milchkanne siegte, und der Landliebe-Joghurt wurde zum Sieger auf der Joghurtrennbahn. Noch nie wurde in der Marketing-Statistik ein Joghurt mit solch hohen Imagewerten geführt, noch nie hatte ein Hersteller so viele Endverbraucherschreiben zu einem Joghurtprodukt erhalten. Der Joghurt kostete meist über 2,50 DM im Laden, hatte hervorragende Absatzzahlen, brachte der Südmilch im Joghurtbereich Gewinne, und »Landliebe« hatte seit 1992 pro Jahr runde 350 Millionen DM Umsatz. Der deutsche Joghurtverbrauch stieg durch das 500-Gramm-Glas noch einmal an. Zum Entsetzen meiner Familie kann ich auf eine tägliche Dosis von 500 Gramm Landliebe um 10 Uhr 30 nicht verzichten.

Doch der ganze Erfolg der Landliebe konnte die Südmilch nicht retten. Die höchst brisanten Finanzprobleme blieben. So fing Weber an, darüber nachzudenken, wie möglichst einfach Kosten zu senken wären. Inzwischen brachten andere Joghurthersteller wie Ehrmann das 500-Gramm-Glas für unter 2 DM ins Kühlregal. Diese Nachzügler haben zwar nicht die gleiche Geschmacksrichtung wie Landliebe, passen aber gut in die Zeiten, in denen Verbraucher sparen. Weber überlegte, ob er sich den billigeren Marken anpassen sollte. Seine Marketingleute konnten das Schlimmste verhindern. Sie fürchteten, die Marke »Landliebe« könne zerstört werden und damit der Erfolg. Weber gab nach.

Die bereits angesprochene Firma Ehrmann ist ein Beispiel, wie sich eine Molkerei entwickeln kann – ohne Skandale, ohne Genossenschaft. Die Familien-AG ist inzwischen beinahe halb so groß wie die Südmilch – Umsatz 1995 rund 450 Millionen. Die Geschäfte florieren im Gegensatz zur Südmilch im zweistelligen Prozentbereich, die Firma ist rundherum zufrieden. Ehrmann ist inzwischen die Nummer eins auf dem Joghurtmarkt Deutschlands und beim 500 Gramm-Glas die Nummer zwei nach Südmilch.

Gelassen kann die Firma Ehrmann in Oberschönegg im Allgäu die Turbulenzen bei anderen Molkereien betrachten. Es gibt sogar private Molkereien, die ein Beispiel dafür sind, daß Größe kein Überlebenskriterium in diesem Markt ist. Das Milchwerk Bergpracht in Sickenweiler am Bodensee ist ein kleiner Familienbetrieb mit insgesamt 80 Mitarbeitern. Die ganze Familie Gessler arbeitet engagiert im Betrieb, Investitionen werden genau überlegt, auf Kundenwünsche wird flexibel reagiert, der Vertrieb ist klar organisiert, in der Produktion gelten klare Prioritäten: keinen Joghurt, keine Trinkmilch, hauptsächlich Weichkäse. Es gibt genügend Beispiele, wie auf dem Milchmarkt effizient gearbeitet werden kann.

5. Kann man mit einem Grundstück die Konzernpolitik ändern?

Das angestammte Firmengrundstück der Südmilch in der Stuttgarter Rosensteinstraße Nummer 20 ist eine geschichtsträchtige Adresse. Zumindest der Keller. In Stuttgart wird gerätselt, ob die Keller nicht schon zur Zeit des Herzogs Carl Eugen zu einer Molkerei gehörten. Das war im 18. Jahrhundert. Sicher ist, daß im vergangenen Jahrhundert die »Englisch-Garten-Brauerei« an den Kellern gebaut und diese genutzt hat. Die Brauerei war eine Vorläuferin der Stuttgarter Hofbräu AG. In diesen Kellern wurden von unterschiedlichen Nutzern schon 300 000 Liter Sekt gelagert und Weinbrand in Holzfässern. Zum Schluß war nachts in den Kellern der Südmilch die Hölle los. Dort hatte sich eine riesige Disko mit lateinamerikanischem Charme eingenistet. Die Disko »Zapatta« wurde ab 23 Uhr der Szene-Treff von Tausenden Jugendlichen des Großraums Stuttgart. Der grüne und bärtige Bundestagsabgeordnete Rezzo Schlauch ließ sich dort als Ehrengast bewundern, weil er zur vorläufigen Diskogenehmigung beigetragen hatte. Auch die blonde Frau des Finanzministers tauchte in der Disko schon mal auf, um sich im Dialog mit der Jugend zu üben.

Auf diesem Südmilchgelände sollen 40 Millionen Mark versickert sein. Es ist schon ein einmaliger Vorgang, daß die Einnahmen aus einem Grundstücksverkauf so schwierig zu ermitteln sind. Wahrscheinlich ist das nur unter einem Vorstandsvorsitzenden Wolfgang Weber ein Problem. Das Grundstück Rosensteinstraße wurde 1990 von der Südmilch an Roland Ernst verkauft. Das heißt, so einfach sind diese Grundstücksgeschäfte nicht. Ein Teil des Grundstücks gehörte nicht direkt zur Südmilch, sondern zu einer »Englischer Garten, Grundstücksgesellschaft mit beschränkter Haftung«. Die Gesellschaft gehörte aber zur Südmilch und wurde nach dem Grundstücksverkauf der Südmilch einverleibt.

In der Bilanz der Südmilch für das Jahr 1990 tauchten 31,5 Millionen Mark als außerordentliche Erträge auf. Doch 31,5 Millionen Mark für 41 000 Quadratmeter, das konnte nicht sein! Stuttgart ist doch keine Randlage von Künzelsau! Anneliese Hieke von der Schutzgemeinschaft der Kleinaktionäre machte sich auf die Suche nach den Millionen. Sie fand sie nicht im Südmilch-Keller, sondern in Akten. Danach soll der Grundstückspreis 71,2 Millionen Mark betragen haben. Wo sind die rund 40 Millionen Mark geblieben? Bei der Südmilch-Hauptversammlung 1991 sprach Wolfgang Weber plötzlich von einer Option, die einen Nachschlag bedeute, je nach Dichte und Höhe der zukünftigen Bebauung. Frau Hieke stichelte: »Da muß es Nebenleistungen gegeben haben, oder Weber hat einiges umgeleitet!«

Der Verdacht kam auf, die Stadtverwaltung verschweige etwas. Denn das Interesse der Stadt Stuttgart, daß Roland Ernst an das Grundstück komme, war zu spüren. Andere Interessenten hatten das Gefühl, sie würden benachteiligt. Makler meldeten sich mit Kritik zu Wort. Ernsts Vorteil bestand vermutlich in seinen

Plänen, ein »Medienstädtle« zu bauen. Vielleicht hatte die Stadtverwaltung für dieses Vorhaben mehr Sympathie als für jede andere Planung. Welche Stadt will heute nicht Medienstadt sein? Stuttgarts Stadtverwaltung reagierte auf die Kritik der Schutzgemeinschaft der Kleinaktionäre am Grundstückspreis säuerlich. Der Stuttgarter Wirtschaftsförderer aus der Verwaltung, Wolfgang Häfele, sprach von »Käs«. Nach der Stellungnahme der Stadtverwaltung sah alles noch viel verwirrender aus. Es hatte noch einen zusätzlichen Grundstückstausch zwischen Roland Ernst und der Stadt gegeben. Erhellendes zum Grundstückspreis verriet die Stadtverwaltung nicht.

Das Grundstück wird bei dem großen Südmilchprozeß 1996 noch nicht behandelt. Die Ermittlungsbehörden haben den Komplex »Grundstück Rosensteinstraße« abgetrennt und suchen zusätzliche Verträge. Es besteht der Verdacht, es könnte bei dem Grundstücksgeschäft – so wie bei anderen Weber-Vorgängen auch – zwei Verträge geben. Die Justiz wird sich also noch lange mit Südmilch-Themen beschäftigen. Ganz sicher war die Südmilch wieder in finanziellen Sorgen, als das Grundstück verkauft wurde. Deshalb versuchte der Aufsichtsratsvorsitzende Josenhans ein letztes Mal, das Ruder herumzuwerfen.

Josenhans setzte am 4. Oktober 1990 eine Denkschrift auf. Er versuchte, den Grundstücksverkauf mit der Konzernpolitik und der Geschäftspolitik zusammenzubringen. Er wollte an den Verkauf Bedingungen knüpfen, damit der Vorstand, einschließlich Weber, gezwungen wurde, die Südmilch in ein anderes Fahrwasser zu bringen. Zu oft hatte Josenhans erlebt, daß im Südmilchkonzern nur ein Grundstück verkauft wurde, um die nächste Bilanz und die nächste Hauptversammlung zu überleben. Josenhans hatte den Verkauf von Grundstücken in Böblingen und Gmünd beobachtet, den Verkauf der Südmilcheiscreme, den Verkauf von Betriebswohnungen, Verwaltungsgebäuden und Vertriebslagern. Bei dem einträglichsten Filetstück, das die Südmilch noch zu verkaufen hatte, sollte das nicht noch einmal geschehen.

Außerdem mußte Josenhans mitansehen, daß im Intermilch-verbund andere Molkereien immer damit drohten, auszusteigen, wenn sie keinen höheren Milchpreis bekämen. Diese höheren Milchpreise konnten oft nicht am Markt erwirtschaftet, sondern mußten von der Südmilch finanziert werden. Einige dieser fordernden – man kann auch sagen – erpressenden Molkereien konnten ihr Vermögen behalten, während die Südmilch aus Sicht von Josenhans immer mehr Vermögen verlor, nur um die energisch verlangten Milchpreise zu finanzieren.

Josenhans beobachtete mit Mißtrauen, wie Weber die relativ wohlhabende Landgold in Künzelsau immer vor dem Zugriff der Südmilch beschützte, aber sonst keine Hemmungen hatte, Reserven anzugreifen. Insgeheim grübelte der Aufsichtsratsvorsitzende darüber nach, was Weber mit der Landgold vorhatte. Sollte das Webers Trutzburg oder Alterssitz werden? Es spricht einiges dafür, daß Josenhans mit seinen Vermutungen recht hatte. Als sich Weber von der Südmilch zurückziehen mußte, blieb ihm noch die Landgold Künzelsau.

In der Denkschrift schlug Josenhans eine Fusion von Landgold und Südmilch vor und machte davon eine Zustimmung zum Grundstücksverkauf Rosensteinstraße abhängig. Gleichzeitig wollte er eine andere Geschäftspolitik. »Konsolidieren statt expandieren« sei jetzt für die Südmilch lebensnotwendig. Listig schlug Josenhans vor, bei der Zusammenlegung der Firmen seinen Platz als Aufsichtsratsvorsitzender zu räumen. Zwischen den Zeilen ist zu erkennen, daß Josenhans Wolfgang Weber auf diesen Platz hieven wollte, um ihn vom Vorstandsvorsitz wegzulocken. Doch solche Schachzüge zu erkennen und zu verhindern war für Weber eine der kleineren Übungen. Er roch die geplante Abschiebung. Kühl, distanziert und arrogant antwortete er dem Aufsichtsratsvorsitzenden: Josenhans habe eine Reihe von Feststellungen getroffen, die nicht den wirklichen Gegebenheiten entsprächen. Jetzt sei es nötig, zwischen Vorstand und Aufsichtsrat wieder Konsens herzustellen. Anschließend lobte sich Weber seitenlang: »Die Südmilch ist eine Perle in der deutschen Milchwirtschaft.« Zum Grundstücksgeschäft schrieb Weber mitleidig-arrogant: »Gerade dieses Vorhaben würde der Südmilch eine alte Belastung nehmen und gleichzeitig große Chancen für eine weitere wirtschaftliche Verbesserung ermöglichen. Der Aufsichtsrat hat zu dieser Entscheidung das letzte Wort.«

So war es. Josenhans scheiterte wieder und trat zurück. Die Südmilch blieb bei ihrer Konzern- und Geschäftspolitik. Zwei Jahre später kullerte die »Perle der deutschen Milchwirtschaft« in die Krise. Der Vergleichsverwalter erledigte das, was Josenhans immer wollte, die Fusion von Landgold und Südmilch, im Eilverfahren. Heute sagt es der frühere Aufsichtsratsvorsitzende Fritz Josenhans klar, deutlich und ohne Einschränkung: »Weber hat uns einen Scherbenhaufen hinterlassen!«

6. Die südamerikanische Geschäftsverteilung

14 Tage, nachdem der Aufsichtsratsvorsitzende Josenhans seinen vergeblichen Versuch unternommen hatte, die Konzernpolitik zu ändern und Weber in den Aufsichtsrat zu drängen, wurde Weber zum zweiten Mal verhaftet. Kaum zurück aus dem Knast, setzte der Vorstandsvorsitzende Änderungen an der Konzernspitze durch. Er wollte die Geschäfte neu ordnen. Dafür gab es nur einen Grund: Bei seiner Verhaftung hatte er den Paß abgeben müssen. Er setzte sich in den Kopf, den Paß – vielleicht mit einer Zusatzkaution, die dann aus dienstlichen Gründen die Südmilch stellen mußte – zurückzubekommen. Für die Staatsanwaltschaft lag bisher keine Begründung vor, warum der Vorstandsvorsitzende hätte reisen müssen. Also versuchte Weber, dienstliche Gründe zu schaffen: Wenn er sich beispielsweise für die Exportgeschäfte verantwortlich machte, dann müßte er wieder an seinen Paß kommen und könnte sich auch wieder etwas rehabilitiert fühlen. Dann könnten die Zeitungen berichten, Wolfgang Weber sei dienstlich

in Japan. Das sähe doch nicht nach Verhaftung, eingeschränkter Bewegungsfreiheit und Kaution aus.

Weber bereitete seinen Vertriebs- und Marketingchef Ulrich Schill darauf vor, daß er, Weber, die Exportgeschäfte übernehmen wolle. Schill, seit fast 20 Jahren bei der Südmilch, protestierte. Er war früher ein Vertrauter von Weber, hatte alle Schwierigkeiten mit Weber durch- und mitgemacht. Als Marketingleiter hatte er dafür gesorgt, daß die Südmilch sich mit der Marke »Landliebe« einen exzellenten Ruf in der Branche und bei den Verbrauchern verschaffte. Schill wollte nicht verstehen, daß Weber nur wegen seiner Paßprobleme die Exportgeschäfte übernehmen sollte. Daraufhin legte Weber ein teures Gutachten eines bekannten Wirtschaftsberaters vor, das eindeutig zu dem Ergebnis kam, daß die Exportgeschäfte beim Vorstandsvorsitzenden anzusiedeln seien. Das Gutachten enthielt noch ein paar zusätzliche Vorschläge für organisatorische Änderungen, aber offensichtlich war die Veränderung bei den Exportgeschäften für Weber das wichtigste Ergebnis. Weber versuchte Schill mit Rausschmiß zu drohen, wenn er nicht mit seinen Protesten aufhöre. Der schaute sich daraufhin nach einer anderen Tätigkeit um.

Es war voraussehbar, daß Weber Schwierigkeiten bekommen würde, Exportgeschäfte abzuschließen. Denn ein Geschäftsmann, der Verkaufsverhandlungen führt, hat auch eine dienende Funktion und kann nicht nur die Bedingungen diktieren. Weber kann aber nur einwickeln und diktieren. Für diese wichtige Tätigkeit im Konzern fehlten Weber schlicht jegliche persönliche Voraussetzungen. Ihm ging es ja auch gar nicht um die Geschäfte, sondern nur darum, nach außen zu demonstrieren, daß er sich völlig normal bewegen könne. Während der im Stich gelassene Aufsichtsratsvorsitzende Josenhans immer wieder von der »Privatsache Weber« sprach, organisierte Weber die Geschäfte im Konzern so um, daß sie zu seiner Privatsache paßten. Als kleines Abfallprodukt ekelte er den erfolgreichen Marketing- und Vertriebschef hinaus. Schill brachte es fertig, seinen Abgang als ganz normal darzustellen. Er wechselte zu der bekannten Stuttgarter Brauerei Schwabenbräu und ist dort heute Vorstandsvorsitzender. Als die Südmilch den Weggang Schills Anfang Dezember 1990 mitteilte, war für niemanden erkennbar, was sich dahinter verbarg: ein weiteres Indiz für die Verquickung der Südmilch-Geschäfte mit den Südamerikageschäften des Wolfgang Weber.

Kurz nach der Verurteilung des Freundes Koczik demonstrierte Weber öffentlich seine neue, kleine Freiheit. Er konnte wieder reisen. Weber lancierte eine Meldung in die Zeitungen, er befinde sich auf Dienstreise in Japan. In der Meldung war weiter zu lesen, die Staatsanwaltschaft habe Weber aufgrund seiner Geschäftstätigkeit im Ausland den Paß ausgehändigt. Die Südmilch AG habe für den Paß eine Million Mark hinterlegen müssen.

7. Country Love – das Kanada-Abenteuer

Neben den Südamerika-Geschäften lief ein Weber-Abenteuer in Nordamerika, das an Stümperhaftigkeit kaum zu überbieten ist. Es wirft einen zusätzlichen Schatten auf die Managerqualitäten des Herrn Weber. Wieder ging es um eine merkwürdige Verquickung von Privat- und Südmilchgeschäften. Bei der Geschichte gab es hauptsächlich einen Verlierer: die Südmilch. Die Kanada-Geschäfte Webers waren streng geheim, selbst Südmilch-Insider bekamen sie nicht mit oder nur andeutungsweise. Der Aufsichtsratsvorsitzende Josenhans hatte von Weber nur einmal eine Andeutung gehört, daß aus Kanada Gewinne zu erwarten seien. Von einem Millionenverlust hörte er dann nichts mehr. Erst die Recherchen zu diesem Buch brachten Webers Kanada-Ausflug ans Licht. Es war äußerst schwierig, an die Informationen und die schriftlichen Unterlagen zu kommen. Geradezu lästig war, daß ein Informant darauf bestand, Schriftstücke im Morgennebel auf einer Waldlichtung zu überreichen.

Bei dem Kanada-Geschäft wollte Weber den Erfolg des Südmilch-Landliebe-Joghurts in Nordamerika wiederholen und einen privaten Milchkonzern aufbauen – mit privaten Anlegern. Die Südmilch sollte nur am Rande mit einem Prozent Beteiligung auftauchen. Man kann dieses Geschäft nur so verstehen, daß der Erfolg der Südmilch mit der Marke Landliebe privatisiert werden sollte.

Neben Weber spielt in dem kanadischen Amateurspiel ein Mann die Hauptrolle, den im Südmilchkonzern kaum jemand kennt, außer der Finanzabteilung, die Honorare zu überweisen hatte: Albrecht Kircher. Er ist ein Freund von Wolfgang Weber und wurde bei Maklergeschäften eingeschaltet, auch wenn gar kein Makler gebraucht wurde.

Die Ermittlungsbehörden haben inzwischen den Verdacht, Kircher sei so etwas wie Webers Geldwäscher gewesen. Ob in Stuttgart oder Dresden, ob in Kanada oder bei Steffi Graf, Kircher war dabei. Kircher residiert in einem Hinterhof in der Poststraße in Heidelberg, zusammen mit einer ganzen Ahnengalerie von Firmen. Man kann sich kaum vorstellen, daß die vielen Firmen alle in das kleine Gebäude passen. Kircher arbeitet eng mit dem Bauunternehmer Roland Ernst zusammen, der half, die Sachsenmilch in den Sand zu setzen. Auch in Sachsen war Kircher vermittelnd tätig. Für die Kanada-Geschäfte gründete er 1989 eine Firma in Heidelberg: Die BVG Beteiligungsgesellschaft sollte Molkereien in Nordamerika aufbauen und betreiben. Im Zentrum stand die Beteiligung an der Landliebe Holding North America Ltd. in Burnaby bei Vancouver, British Columbia, Canada. Die Landliebe Holding North America sollte Lizenzen für Joghurt-Produkte erwerben und vergeben.

Kommanditisten waren, mit 2 Millionen DM, eine Kläre Fischer aus Heilbronn und mit 300 000 DM der bundesweit bekannte Konkursverwalter Jobst Wellensiek aus Heidelberg. Wellensiek durfte seine Einlage auf eine halbe Million erhöhen. Das Anfangskapital belief sich auf 5,5 Millionen Dollar. Die Südmilch war mit einem Prozent bei der Landliebe-Holding dabei. Es gab aber auch eine Landliebe International Ltd. und eine Landliebe Canada Ltd. In den schriftlichen Unterlagen taucht noch eine Firma »Prodimilk« aus London auf, die freundlicherweise sogar den Briefkopf ihrer englischen Bank an Weber faxte. Der geneigte Leser überlegt sich bestimmt schon, wozu er den Briefkopf seiner Bank brauchen könnte. Ermittlungsbeamte kennen solche Vorgänge aus Betrugsverfahren. Es ist schon vorgekommen, daß aus solchen Fax-Papieren neue Briefbögen gedruckt wurden. Damit kann man allerlei anfangen.

Diese Firma Prodimilk ist völlig neu und unbekannt in der Branche. Prodimilk hatte sonderbarerweise eine Verbindung nach Basel zu der Firma ATAG, der Allgemeinen Treuhand AG. Dort korrespondierte Weber mit einer Frau Otter und sprach in einem Brief von »unserem letzten Treffen«. Die ATAG war vor längerer Zeit schon einmal ins Fadenkreuz der Stuttgarter Staatsanwaltschaft geraten. Doch die Ermittlungen waren in Schweizer Bremsversuchen hängengeblieben. Die ATAG firmiert im Basler Telefonbuch als Vermögensverwaltung und ist keineswegs eine windige Firma. Sie gehört zu der internationalen Gesellschaft Ernst und Young – wie auch die Prüfungsgesellschaft Schitag in Stuttgart, die die Südmilch geprüft hat. Selbst unter der Annahme, das Vermögen, das bei der ATAG verwaltet worden ist, habe eine legale Berechtigung, ist es dennoch zumindest auffällig, daß die Prüfungsgesellschaft und die Vermögensverwaltung unter einem Gesellschaftsdach zu finden sind. Es ist auf jeden Fall ein Indiz für eine zusätzliche Bindung zwischen Weber, Südmilch, Ernst und Young. Bei der Schitag in Stuttgart findet niemand etwas Aufregendes daran. Außerdem legt die Schitag Wert auf die Feststellung, daß jede Firma unter dem Firmendach Ernst und Young völlig selbständig sei.

Bei der Firmenkonstruktion der Landliebe North America war wieder Webers Steueranwalt Hübner beteiligt. In Vancouver bildete sich eine multikulturelle Truppe von Asiaten und Kanadaasiaten: eine Tan-Group, Hongkong, eine Zaveri Diamond des

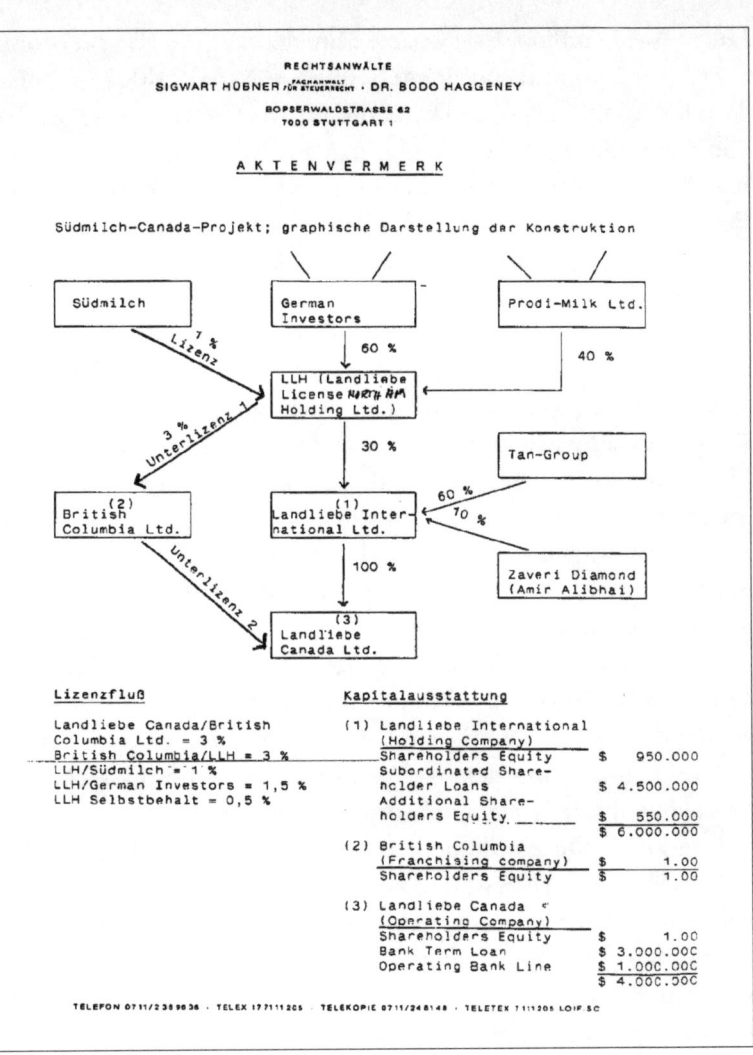

A K T E N V E R M E R K

Südmilch-Canada-Projekt; graphische Darstellung der Konstruktion

Lizenzfluß

Landliebe Canada/British
Columbia Ltd. = 3 %
British Columbia/LLH = 3 %
LLH/Südmilch = 1 %
LLH/German Investors = 1,5 %
LLH Selbstbehalt = 0,5 %

Kapitalausstattung

(1)	Landliebe International (Holding Company)		
	Shareholders Equity	$	950.000
	Subordinated Shareholder Loans	$	4.500.000
	Additional Shareholders Equity	$	550.000
		$	6.000.000
(2)	British Columbia (Franchising company)	$	1.00
	Shareholders Equity	$	1.00
(3)	Landliebe Canada (Operating Company)		
	Shareholders Equity	$	1.00
	Bank Term Loan	$	3.000.000
	Operating Bank Line	$	1.000.000
		$	4.000.000

Dokument 5: Anwalt Hübner versucht sich als Maler
des kanadischen Abenteuers.

Herrn Amir Alibhai. Es gab viele Direktoren, zum Beispiel President John Pang, Vicepresident Soolin Co, Vicepresident Leoncio Tan, Charlie Chang war zuständig für das Controlling, Pue Bee Ching für die Kreditabteilung, der arabisch anmutende Sadru Karim war Salesmanager, Angeline Ng war verantwortlich für Purchasing und der Deutsche Paul Brigel für die Produktion. Wolfgang Weber schrieb Briefe aus der Südmilchzentrale, Kircher aus Heidelberg.

Die Idee war, den anlaufenden Erfolg von Landliebe Joghurt nach Kanada und USA zu übertragen. Während die Südmilch trotz Teilerfolgen immer noch in größten Schwierigkeiten war, Weber mit seiner Paraguayvergangenheit kämpfte, wollte er den Joghurtmarkt in USA angreifen. Das sollte aber nicht die Südmilch tun, sondern diese merkwürdige Konstruktion zwischen Hongkong, Vancouver, London, Heidelberg, Basel und Künzelsau. Mit einiger Phantasie könnte man Vergleiche zu den Paraguay-Konstruktionen finden.

Diese ganzen Kanada-Geschäfte liefen in der Endphase von Webers Steuerverfahren. Womöglich wurde in dieser Zeit schon wieder der Grundstein für ein weiteres Verfahren gelegt, denn im Zusammenhang mit den Recherchen zu diesem Buch wurde die Staatsanwaltschaft auf den Vorgang Landliebe North America aufmerksam. Die nordamerikanische Landliebe wollte also den Amerikanern und Kanadiern zeigen, wie man Joghurt macht und verkauft. Dabei weiß jeder, der sich mit dem amerikanischen Markt beschäftigt, daß die Marktbeziehungen zwischen USA und Kanada im Agrarbereich höchst schwierig und oft mit großen bürokratischen Unsicherheiten behaftet sind. Zunächst gab es aber Steuerschwierigkeiten. Steueranwalt Hübner machte Wolfgang Weber klar, daß die Kanadier Provisionszahlungen als Gewinnausschüttung betrachten. Hübner wollte sich darum kümmern und übernahm gleich die ganze steuerliche Betreuung des Kanada-Projektes. Der Anwalt war sofort in seinem Element: »Man könnte zur Lösung dieses Problems daran denken, daß die BVG und Prodimilk sich in einer in einem Niedrigsteuerland ansässigen Gesellschaft im Verhältnis 60/40 zusammenschließen...« So Hübner in einem persönlich-vertraulichen Brief am 29. März 1990. Es ist nicht ausgeschlossen, daß es in Kanada nicht nur um Joghurt ging, sondern auch um Steuern im allgemeinen. Die in dem Hübner-Brief angesprochene »Prodimilk« meldete sich bei Kircher-Heidelberg per Fax auf dem Geschäftspapier der »Allgemeinen Treuhand AG Basel«. Schon Ende Mai 1990 gab es erkennbare Schwierigkeiten in Kanada. Als Wolfgang Weber von einem Kanada-Besuch zurückkam, drängte er auf Expansion in andere kanadische Bundesstaaten und Kalifornien. Außerdem bot er Mister Soolim Co von Landliebe Dairies Inc. Hilfe von Südmilch an: »Kindly let me know if the Südmilch may be of help to you.« Im Juli 1990 stockte der Absatz. Der deutsche Produktionschef Paul Brigel faxte an den »lieben Wolfgang«, ob es eine Möglichkeit gebe, Joghurt in Japan zu verkaufen. Auf einmal kam der Verdacht auf, die Marktanalysen seien nicht richtig gewesen. Es sollte ein »Amir« entlassen werden und ein Südmilchmann nach Kanada kommen und helfen. Ein zusätzliches Problem zeichnete sich ab, weil die Hongkong-Chinesen ihren Mann in Kanada zum Vicepresident befördern wollten, das aber wollten die anderen nicht. Kircher berichtete Weber nach einer Kanadareise von vielen Schwierigkeiten, von Ängsten der Mitarbeiter in Kanada vor den »Emotionen der Chinesen«.

Im Spätsommer 1990 kümmerte sich die Marketingabteilung der Südmilch um die Kanadageschäfte und kam zu einer klaren Analyse: Das Projekt habe den falschen Standort und die falschen Leute. Die Fachleute empfahlen: aufhören oder Übernahme durch die Südmilch. Beides sei »kostenfreudig«. Zudem stellte sich heraus, daß der Joghurtverkauf von Kanada nach USA gar nicht möglich sei. Man beschloß, zum Jahresende 1990 die Kanadageschäfte einzustellen. Am 9. Dezember 1990 schrieb Wolfgang Weber an seinen Freund Albrecht Kircher nach Heidelberg: »Sie können davon ausgehen, daß die Südmilch AG alles daransetzen

WOLFGANG WEBER

Frau
Ch. Otter
c/o. ATAG
Allgemeine Treuhand AG
Aeschengraben 9

CH 4002 Basel

19. Nov. 1991

LANDLIEBE NORTH AMERICA

Sehr geehrte Frau Otter,

Sie baten bei unserem letzten Treffen um einen Kurzbericht über die Lage, nicht zuletzt im Hinblick auf die Werthaltigkeit der getätigten Investitionen.

Sie wissen, daß das ursprüngliche Projekt in Kanada gescheitert ist. Die Mehrheitsgesellschafter des Unternehmens haben es nicht verstanden, den Vertrieb in seiner Kapazität auszulasten. Die von unserer Seite her vorbereiteten Investitionen waren hinsichtlich Technik und know how vorbildlich durchgeführt worden.

Wir haben daraufhin eine Regelung getroffen, in dem die SÜDMILCH AG einen Teil der Anlagen zurückgekauft hat zur Verwendung in Deutschland. Als Äquivalent für den günstigen Kaufpreis, den die SÜDMILCH aus der Vergleichsmasse erzielen konnte, hat die SÜDMILCH der LANDLIEBE NORTH AMERICA im Gegenzug eine Produktionsanlage aus dem Werk Heilbronn zum Buchwert zur Verfügung gestellt. Der Verkehrswert (Zeitwert) dieser Anlage könnte die in Kanada erlittenen Verluste in etwa ausgleichen. SÜDMILCH und LANDLIEBE NORTH AMERICA sind nun im Moment dabei, diese neuerliche Anlage, im Einvernehmen mit den Gesellschaftern, an eine Molkerei in Paraguay zu verleasen. Die diesbezüglichen Verhandlungen sind abgeschlossen. SÜDMILCH-Mitarbeiter waren vor kurzem Vorort.

Die Erträge aus den Leasingeinnahmen, die allerdings nicht vor 1993, aus technischen Gründen, erwartet werden können, dürften ausreichen, um das ursprüngliche Ertragsziel in etwa zu erreichen.

Die Werthaltigkeit der ursprünglichen Investitionen kann deshalb, nach meiner Meinung, als gesichert angesehen werden.

Mit freundlichen Grüßen

W. Weber

7118 Künzelsau · Mozartstraße 61 · Telefon (07940) 124190

Dokument 6: Was hat Frau Otter in Basel mit Molkereimaschinen aus Kanada in Paraguay zu tun?

wird, daß die Verluste der Anteilseigner der von Ihnen vertretenen Gruppe in Grenzen gehalten werden.« Nach der Firmenkonstruktion gab es dafür keinen Anlaß. Hier hatten Geldanleger spekuliert – aus welchen Gründen auch immer – und hatten verloren. Die Südmilch hatte keinen Grund, solche Angebote zu machen. Freund Kircher war erleichtert, seinen Gesellschaftern frohe Kunde bringen zu können. Anwalt Wellensiek wollte es gleich genau wissen. Leicht gereizt schrieb er an Kircher: »Ich würde es deshalb außerordentlich begrüßen, wenn recht bald darüber Klarheit herbeigeführt werden könnte, wann und auf welcher Basis die von Herrn Weber in honoriger Weise zugesagte Unterstützung des Hauses Südmilch in die Tat umgesetzt wird.« Kircher nahm nach Webers Angebot sofort mit dem Finanzchef der Südmilch, Rudolf Hoffmann, Verbindung auf und gab dem »lieben Rudolf« einen ersten Überblick zu den kanadischen Verlusten. Die Kopie ging an den »lieben Wolfgang«. Dabei stellte sich eine ordentliche Steuerersparnis für die Anteilseigner heraus: bei Jobst Wellensiek immerhin in drei Jahren 241 437 DM. Aber es blieb ein Verlust. Also machte sich das Anwaltsbüro Hübner Gedanken, wie man dem Kollegen Wellensiek helfen könne.

Die Vorschläge geben einen Einblick in heutige wirtschaftliche Denkstrukturen, die mit dem Adjektiv »merkwürdig« nicht mehr abzudecken sind. Wie der Zufall es will, hat diese merkwürdige »Denke« in diesem Fall sofort mit Sponsoring zu tun. Der sowieso graue Sponsorenmarkt wird dadurch noch grauer, wenn man solche Vorgänge zur Kenntnis nimmt. Wie soll man das eigentlich nennen, wenn ein Konzern einem Partner, mit dem er eigentlich nichts zu tun hat, die Sponsorenverträge abnimmt? Wörtlicher Vorschlag der Kanzlei Hübner: »Hier wäre – zumindest theoretisch – denkbar, daß die Südmilch AG Herrn Dr. Wellensiek durch Übernahme dieser Spenden bzw. durch Abschluß von Werbeverträgen mit dem Sportclub oder einzelnen ihm angehörenden Sportlern entlastet.« Auch die Beurkundung einer

Wegen der unterschiedlichen steuerlichen Ausgangslage ist eine einheitliche Lösung für alle drei Investoren nicht möglich und auch nicht erforderlich, zumal bei einem von ihnen möglicherweise Sonderkonstellationen vorliegen, die andere Entschädigungsmöglichkeiten eröffnen.

I.
KG-Anteil
von Herrn Dr. Wellensiek

1. Dem Vernehmen nach sponsert Herr Dr. Wellensiek einen Sportklub in Heidelberg, dem bekannte Sportler angehören, durch erhebliche Spenden. Diese Spenden sind bei ihm nur nach Maßgabe von § 10 d Abs. 1 EStG steuerlich als Sonderausgaben abzugsfähig.

Hier wäre – zumindest theoretisch – denkbar, daß die Südmilch AG Herrn Dr. Wellensiek durch Übernahme dieser Spenden bzw. durch Abschluß von Werbeverträgen mit dem Sportklub oder einzelnen ihm angehörenden Sportlern entlastet.

Da die Südmilch AG traditionell Werbung durch Werbeverträge mit Sportlern betreibt (VFB Stuttgart, Steffi Graf etc.), wäre es durchaus vorstellbar, daß für die Südmilch AG Kostenneutralität erzielt wird, weil sie in Form der Werbung eine Gegenleistung erhält.

2. Falls Herr Dr. Wellensiek auch Notar ist, kommt möglicherweise auch eine »Entschädigungslösung« in dem Sinne in Betracht, daß ihm besonders attraktive Notariatsakten übertragen werden, z.B. die Beurkundung einer Hauptversammlung, Beteiligungskäufe oder Grundstücksgeschäfte.

Dokument 7 (nachgesetzt): Anwalt Hübner macht sich Gedanken, wie der Gesellschafter Anwalt Wellensiek zu entschädigen ist *(Ausschnitt).*

Hauptversammlung eines Konzerns ist dann nichts anderes als eine Handelsware: »Falls Herr Dr. Wellensiek auch Notar ist, kommt möglicherweise auch eine Entschädigungslösung in dem Sinne in Betracht, daß ihm besonders attraktive Notariatsakten übertragen werden, z.b. die Beurkundung einer Hauptversammlung, Beteiligungskäufe oder Grundstücksgeschäfte.«

Im April 1991 bat Anwalt Hübner den Südmilch-Finanzchef Hoffmann, in Sachen Landliebe Dairies Ltd. Canada 1,35 Millionen DM an den kanadischen Konkursverwalter in Vancouver zu überweisen, und zwar auf ein Konto bei der Royal Bank of Canada. Die kanadische Abwicklung wurde immer kurioser. Molkereimaschinen wanderten um die halbe Welt, bis irgendjemand einen Nutzen davon hatte, im Zweifel Wolfgang Weber. Am 19. November 1991 schrieb Wolfgang Weber aus Künzelsau einen Brief an eine Frau Otter nach Basel bei der Allgemeinen Treuhand AG. Die gute Frau sollte getröstet werden, daß die kanadischen Investitionen doch noch etwas einbrächten, allerdings über einen kleinen Umweg: »Südmilch und Landliebe North America sind nun im Moment dabei, diese neuerliche Anlage, im Einvernehmen mit den Gesellschaftern, an eine Molkerei in Paraguay zu verleasen.« Bei Weber landet eben alles früher oder später in Paraguay.

Die ordentliche Gesellschafterversammlung der BVG Beteiligungen fand 1991 in den Räumen der Landgold Milch GmbH in Künzelsau statt. Gäste waren die Herren Weber und Hübner. Es wurde ein Jahresfehlbetrag von 2091156,94 DM festgestellt. Die Firma BVG Beteiligungen strebte nach der Kanada-Pleite sofort wieder zu neuen Ufern: In einem Rundschreiben verkündete Kircher Aktivitäten in Paraguay, Brasilien und Polen.

BVG meldete sich am 22. November 1993 noch einmal. Die Firma wies auf 172500 DM als Gläubiger im Südmilch-Vergleichsverfahren hin. Die Forderung hatte Anwalt Wellensiek unterzeichnet. Am 30. November 1994 löste sich die Firma BVG beim Amtsgericht Heidelberg auf.

Im Herbst 1995 wurden die Ermittler der Stuttgarter Staatsanwaltschaft bei der BVG aktiv. Es besteht der Verdacht, die BVG-Geschäfte hätten starke Ähnlichkeit mit den Paraguay-Geschäften.

8. Steffi Graf, der VfB
und Gerhard Mayer-Vorfelder

Sponsoring ist aus unserer Gesellschaft nicht mehr wegzudenken. Die Geldgeber aus der Wirtschaft halten es für wichtig, die Empfänger bei Sport, Kultur und Medien natürlich auch. Manchmal führt Sponsoring aber auch zu Geldverschwendung, Realitätsverlust und Verlusten in der Unternehmenskultur.

Seit vielen Jahren sponsort die Südmilch den Bundesligaclub VfB Stuttgart. Sicher haben die Spieler mit der Flasche auf der Brust dazu beigetragen, daß die Südmilch bundesweit bekannt wurde. Solche »Basiswerbung« ist heute in der Werbung umstritten. Im Vordergrund steht der Markenname. Auf einem »Landliebe«-Joghurtglas kann man kaum noch das Südmilchzeichen finden. Es sieht so aus, als habe sich hier die Basiswerbung verselbständigt, weil der Vorstand des Unternehmens Gefallen daran gefunden hat, samstags als Ehrengast im Fußballstadion zu sitzen. Außerdem kann der Vorstand sicher sein, daß die Aktionäre auch ein bißchen Freude haben, wenn sie das Firmenzeichen jeden Samstag im Fernsehen sehen. Die Südmilch hat sich ihre Spiele mit dem Fußball viel Geld kosten lassen. Je nach Erfolg des »Vereins für Bewegungsspiele« waren das zwischen 2 und 4 Millionen DM im Jahr. Schön, wenn sich eine Firma soviel Basiswerbung leisten kann. Der Südmilchkonkurrent Ehrmann leistet sie sich gerade bei den badischen Kickern aus Karlsruhe.

Für den Vorstandsvorsitzenden Weber ergab sich im Neckarstadion – heute dank Millionen-Sponsoring »Gottlieb-Daimler-Stadion« – eine schöne Gelegenheit, mit anderen Lebensbereichen in Kontakt zu kommen. Zum Beispiel mit Kultur, denn der VfB-Präsident, Gerhard Mayer-Vorfelder, war einige Jahre Kultusminister in Baden-Württemberg, dann Finanzminister. Diese letztere Position war für Wolfgang Weber sicher nicht unwichtig. Der baden-württembergische Finanzminister hatte keine Berührungsängste, obwohl Weber jede Menge Ärger mit Finanzbehörden hatte. Mayer-Vorfelder und Weber Seite an Seite. Es wäre falsch, von »italienischen Verhältnissen« zu sprechen, wenn ein verurteilter Steuerbetrüger wie Weber und ein Finanzminister wie Mayer-Vorfelder zusammen im Fußballstadion sitzen. In Italien soll sich schon einiges geändert haben.

Finanzminister Mayer-Vorfelder ist nicht nur nebenbei Fußballpräsident, er ist bis vor kurzem auch Verwaltungsratsvorsitzender in der Staatsbank, der Landeskreditbank, gewesen. Und als solcher war er Vorsitzender des Kreditausschusses. Die Landeskreditbank hat sich, gelinde gesagt, bei der Südmilch mit Krediten nicht auffallend zurückgehalten. Als die Südmilch in den Vergleich ging, meldete die Landeskreditbank immerhin Kredite in Höhe von 98 528 186,46 DM an. Davon ist ein Kredit über insgesamt 48 Millionen DM besonders wichtig: Er finanzierte ein Grundstücksgeschäft in Künzelsau. Das Grundstück wurde innerhalb des Südmilch-Konzerns weitergereicht – wie sich später herausstellte, umgewandelt in Geld für Milchlieferungen – und verhalf am Ende der Südmilch mit über 30 Millionen DM zu einer ausgewogenen Bilanz für das Jahr 1991. Die Finanzierung der Landeskreditbank bei diesem eigenen Grundstücksgeschäft war zeitlich ganz knapp. Die Finanzierung trat am 1.7.1992 in Kraft, wenige Tage vor der Hauptversammlung der Südmilch mit der Bilanz 1991. Die ganze Transaktion war so dubios, daß ein Richter des Stuttgarter Landgerichts die Bilanzen der Südmilch für 1991 und 1992 für nichtig erklärte.

Nächste Merkwürdigkeit: Dieses Grundstücksgeschäft kam zwar von einer Südmilchtochter, aber es war steuerlich ein »außerordentlicher Ertrag«. Die Südmilch hatte dafür seltsamerweise keine Steuern zu zahlen. Der Finanzminister wollte dazu nichts sagen – wegen des Steuergeheimnisses.

War der Ertrag gut versteckt oder haben ihn die Finanzverwaltung und die Prüfungsgesellschaft nicht sehen wollen? Seltsam auch, daß die Landeskreditbank keinen Verdacht hatte, daß das Grundstück der Landgold GmbH in Künzelsau gutachterlich viel zu hoch bewertet worden sei. Der Gutachter ist ein Architekt aus Künzelsau, ein Freund Webers. Er wohnt sogar in derselben Straße wie Weber. Die Staatsanwaltschaft ermittelt wegen des Verdachtes auf Betrug. Das Haus des Architekten wurde durchsucht. Nach Auskunft der Staatsanwaltschaft verdichtet sich der Verdacht auf Manipulation. Die Landeskreditbank hatte erst keinen Verdacht und dann keinen Anlaß, Strafantrag zu stellen. Für sie ist die Finanzierung immer noch »astrein«.

Hat der Finanzminister dazu beigetragen, daß die Südmilch ihre Kredite bekam? Er sagt, er sei in der entscheidenden Sitzung gar nicht dabei gewesen und daher nicht verantwortlich. Eigentlich gibt es keine Zweifel an der Verantwortlichkeit eines Vorsitzenden des Verwaltungsrates in der Landeskreditbank. Mayer-Vorfelder ist aber Meister in der Differenzierung von Verantwortlichkeiten. In der baden-württembergischen Lottoaffäre wies er sogleich alle Verantwortung von sich. Er sei nicht verantwortlich für das operative Geschäft, er sei nur Aufsichtsratsvorsitzender, betonte er laufend. Am Ende der Affäre glaubte es nicht einmal der Ministerpräsident, und Mayer-Vorfelder mußte von dem Amt in der Lottogesellschaft zurücktreten. Als der Staatsanwalt gegen Mayer-Vorfelder wegen des Verdachtes auf Untreue ermittelte, konnte der Finanzminister glaubhaft versichern, er habe bestimmte Unterlagen nicht gesehen, sei also nicht verantwortlich.

Kenner der Finanzszene meinen, das Kreditgeschäft für die Südmilch habe, wenn man Wolfgang Weber und Finanzminister Mayer-Vorfelder kenne, wahrscheinlich im Neckarstadion begonnen. Dafür gibt es aber keine Zeugen und Beweise, nur die Lebens-

Abbildung 7: Heute löffeln beide an der Steuersuppe.

erfahrung spricht dafür. Es gibt auch keine Beweise für die Aussage, das Kreditgeschäft sei – einerlei wer im Kreditausschuß anwesend war – »sowieso glatt gelaufen, weil alle Beteiligten von der Beziehung Südmilch und Finanzminister wußten«, so ein SPD-Landtagsabgeordneter. Soll wohl heißen, entweder vertraute man »sowieso« der Südmilch, oder man war der Meinung, die Entscheidung sei »sowieso« im Sinne des Finanzministers. Dann würde aber die Kombination Finanzminister-Landeskreditbank-Sponsoring VfB stimmen. Auf keinen Fall konnte der Präsident und Finanzminister ein Interesse haben, daß der Sponsor Südmilch irgendwann ausfiel. Als die Südmilch in den Vergleich ging, war dies eine der ersten Krisensitzungen des Vergleichsverwalters überhaupt: Konferenz mit Präsident Mayer-Vorfelder. Der Präsident gehörte übrigens zum Fanclub Wolfgang Webers. Bei einer Landtagsdebatte in Stuttgart zum Thema Südmilch berichtete der Grüne Rezzo Schlauch, damals noch Landtagsabgeordneter, von einem Ausspruch Mayer-Vorfelders, daß Südmilch-Weber zu den »wenigen Managern mit Visionen« gehöre. Finanzminister Mayer-Vorfelder konnte in der Landtagsdebatte nicht widersprechen – er war der Diskussion um den Sponsor seines VfB ferngeblieben.

Die Sprecherin der Schutzgemeinschaft der Kleinaktionäre, Anneliese Hieke, beobachtet das Verhalten der Finanzbehörden bezüglich der Südmilch mißtrauisch: »Da wundere ich mich schon lange, daß die Praktiken der Intermilch und der Südmilch in der Vergangenheit von den Finanzbehörden nicht untersucht wurden. Wahrscheinlich gibt es für die Handelnden bei der Südmilch einen besonderen Schutzschirm. Anders kann ich mir das nicht erklären.«

Welche Rolle die Finanzbehörden bei der Tennisspielerin Steffi Graf spielten, muß sich erst noch herausstellen. Steffis Rolle bei Südmilch war zunächst auf vier Jahre angelegt: von 1990 bis 1994. Als nämlich Wolfgang Weber mitbekam, daß ein Emporkömmling aus Bayern, ein gewisser Müller-Milch, Boris Becker für die Werbung eingeplant hatte, wollte Weber nicht nachstehen. Er wünschte dann wenigstens Steffi Graf. Als sich ein Weber-Geschäftspartner anbot, die Vermittlung zu Frau Graf zu übernehmen, lehnte Weber ab und überließ das seinem Freund in Heidelberg, Albrecht Kircher. Der bekam dafür ein Honorar, laut *Spiegel* 75 000 DM. Steffi sollte für den Joghurt »Frutti« werben. Man gab im Februar 1990 eine Pressekonferenz in Stuttgart, und Wolfgang Weber sonnte sich im Glanz der Nummer eins. Weber engagierte sich auch gleich bei Grafs Tennisturnier im Herbst 1990

Vereinbarung
zwischen
SÜDMILCH AKTIENGESELLSCHAFT
(nachfolgend "SÜDMILCH")
Rosensteinstr. 20
D-7000 Stuttgart 10

und

Sun Parc Sports B.V.
(nachfolgend "Sun Parc")
Prins Constantijnlaan 1?
NL-1171 LH Badhoev‑

...‑eien
...‑g miteinander
...‑s 6 Monate vor Ablauf.

5. Vergütung

SÜDMILCH zahlt Sun Parc für die Leistungen nach
diesem Vertrag pro Vertragsjahr die folgenden
Beträge einschließlich etwaiger Steuern:

        1990 = DM 500.000,--
        1991 = DM 500.000,--
        1992 = DM 500.000,--
        1993 = DM 500.000,--
        1994 = DM 500.000,--

        ...‑ in zwei gleichen Raten,
              ‑ und am 31. Juli
    sä...   ‑‑ ent-
    von der bet...
    in zulässiger Weise e...

                    Stuttgart, 15. November 1989

    (Ort, Datum)   (Ort, Datum)

    Sun Parc Sports B.V.
        Museumplein 1
    1071 DJ Amsterdam
        Nederland
    Sun Parc Sports BV   SÜDMILCH AG

Dokument 8: Der Erstvertrag für Steffi Graf.

113

Südmilch Aktiengesellschaft, Postfach 571, 7000 Stuttgart 1   Vorstand

Südmilch Holland B.V.
Galvanistraat 16

NL-3861 NJ Nijkerk

21.02:1990

Vertrag Sun Parc Sports B.V.

Sehr geehrte Damen und Herren,

die Südmilch AG hat am 15.11.1989 mit der Sun Parc Sports B.V. mit Sitz in
Holland einen Vertrag über Public Relation-, Werbe- und Promotion-Aktivitäten
von Steffi Graf abgeschlossen. Der Vertrag gilt weltweit, beinhaltet aber die
Möglichkeit, daß für bestimmte Gebiete die Nutzungsrechte an Dritte abgegeben
werden können.

Wir möchten von dieser Möglichkeit Gebrauch machen.

Aus diesem Grunde haben wir eine Vereinbarung zwischen Ihnen als unsere
Tochtergesellschaft und der Sun Parc Sports B.V. entworfen und mit der Sun
Parc Sports B.V. inhaltlich abgestimmt. Die Sun Parc Sports B.V. ist damit
einverstanden, daß dieser Vertrag abgeschlossen wird.

Wir bitten Sie hiermit, die Vereinbarung rechtswirksam zu unterzeichnen und
uns in zweifach unterzeichneter Form zurückzureichen. Wir werden Ihnen eine
gegengezeichnete Fassung wieder zuleiten.

Mit freundlichen Grüßen

SÜDMILCH AKTIENGESELLSCHAFT

(Weber)   (Hoffmann)

Südmilch Aktiengesellschaft   Postscheck Stuttgart 3881-706 (BLZ 600 100 70)   Vorstand: Wolfgang Weber, Vorsitzender
Rosensteinstraße 20   Genossenschaftliche Zentralbank AG Stuttgart 6000   Rudolf Hoffmann · Manfred Klecker
7000 Stuttgart 1   (BLZ 600 600 00)   Ulrich Schill
                                     Landeszentralbank Baden-Württ. Stuttgart 60 007 613 Vorsitzender des Aufsichtsrats: Fritz Josenf
Telefon (07 11) 25 08-0   (BLZ 600 000 00)   Sitz der Gesellschaft: Stuttgart
Telex 7 23 459 smag d   Landesgirokasse Stuttgart 2 025 052 (BLZ 600 501 01) Handelsregister Stuttgart B Nr. 190
                                                                                          (bbn 40 408 008)

Dokument 9: Der Zweitvertrag der Südmilch mit Sun Parc Sports.

Leipzig. Es sollte auf einige Millionen nicht ankommen. Webers Nachfolger Staudacher versuchte sofort, aus den Graf-Verträgen wieder auszusteigen, denn eigentlich paßten weder der Werbeaufwand noch der Joghurt zu Steffi Graf. Staudacher konnte die Werbepleite verkürzen, aber zu diesem Zeitpunkt hatte die Südmilch für Steffi Graf, einschließlich des Leipziger Turniers, schon rund 10 Millionen DM ausgegeben.

Erst im Sommer 1995 stellte sich heraus, wie abenteuerlich Weber die Honorare für Steffi Graf abwickelte. Die Südmilch-Tochterfirma in Holland sollte das Geld an einen Mitarbeiter der Amsterdamer Firma »Sunpark B.V.« in bar übergeben. Eine Million im Plastiksack. Erst weigerte sich der zuständige Südmilch-Mann und hatte Angst vor Beihilfe zu Steuerhinterziehung. Die Bedenken teilte er der Südmilchzentrale schriftlich mit. Der *Spiegel* druckte den Brief ab (Ausgabe 17.7.95). Die Zentrale in Stuttgart hatte keine Schwierigkeiten – das Geschäft sollte wie vereinbart abgewickelt werden. Man einigte sich auf einen Ablauf, der an eine Kriminalkomödie erinnert. Der *Spiegel* schildert den Vorgang unwidersprochen so: Am 11. Oktober 1991 wurden in der Rabobank im niederländischen Soest von dem damaligen Geschäftsführer Südmilch-Holland, Ger Bongers, 1 126 600 holländische Gulden abgehoben, die in Deutsche Mark gewechselt und an den Geldboten übergeben wurden. Der Geldbote war übrigens nach *Spiegel*-Informationen ein guter Freund der Familie Graf: Ivan Radosevic, der Direktor des Graf-Turniers in Leipzig.

Der Verdacht auf Beihilfe zur Steuerhinterziehung wurde von der »neuen« Südmilch bestritten, wird aber noch auftauchen. Nicht nur wegen der holländischen Geschäfte. Als das zuständige Finanzamt in Schwetzingen im Fall Graf nicht mehr weiterwußte, wollte es Auskunft bei der Südmilch, wieviel eigentlich an Steffi oder ihre Firmen gezahlt worden sei. Was das Finanzamt nicht wußte: Wolfgang Weber hatte wieder einmal zwei Verträge abgeschlossen, und die Südmilch gab an das Finanzamt nur die Zahlen aus einem Vertrag weiter.

IV.
Vertragslaufzeit

Die Vereinbarung wird über die Laufzeit von 5 Jahren abgeschlossen:

- Vertragsbeginn = 01. Januar 1990
- Vertragsende = 31. Dezember 1994.

Notwendige Vorarbeiten können ab Unterzeichnung der Vereinbarung aufgenommen werden.

Südmilch Holland erhält zur Fortführung der Zusammenarbeit über den 31.12.1994 hinaus die Option für den Produktbereich Milchprodukte. Die Parteien werden diesbezüglich rechtzeitig miteinander verhandeln, spätestens 6 Monate vor Ablauf.

V.
Vergütung

Südmilch Holland zahlt Sun Parc für die Leistungen nach diesem Vertrag pro Vertragsjahr die folgenden Beträge einschließlich etwaiger Steuern:

1990	=	DM 1,0 Mio
1991	=	DM 1,0 Mio
1992	=	DM 1,1 Mio
1993	=	DM 1,1 Mio
1994	=	DM 1,2 Mio

Die Zahlung erfolgt in zwei gleichen Raten, fällig jeweils am 01. Januar und am 31. Juli eines jeden Vertragsjahres nach Erhalt einer entsprechenden Rechnung.

VI.
Steuern

Soweit bei Zahlungen gemäß diesem Vertrag Quellensteuer anfällt, wird Südmilch Holland diese von den vereinbarten Zahlungen abziehen und an die zuständigen Finanzbehörden abführen. Im Rahmen bestehender Doppelbesteuerungsabkommen kann auf den Einbehalt von Quellensteuer verzichtet werden unter der Voraussetzung, daß Sun Parc rechtzeitig vor Zahlung eine entsprechende Freistellungsbescheinigung beibringt.

VII.
Ausschließlichkeit

Sun Parc hat Südmilch Holland davon unterrichtet, daß aufgrund einer bestehenden Vereinbarung die Nutzung von Steffi Graf für Milch als Getränk und andere Milchgetränke noch nicht möglich ist.

Die Aufhebung dieser Einschränkung wird angestrebt.

Sun Parc erklärt, daß bei Abschluß dieser Vereinbarung keine anderen Einschränkungen bestehen oder verhandelt werden.

Sollten Namen oder Bild von Steffi Graf unberechtigt durch Dritte benutzt werden, ist Südmilch Holland berechtigt, aber nicht verpflichtet, die Rechte auf eigene Kosten gerichtlich oder außergerichtlich geltend zu machen. Sun Parc wird Südmilch Holland dabei in erforderlichem Umfang unterstützen.

Dokument 10: Der Zweitvertrag mit den Honoraren (*Ausschnitt*).

116

Südmilch Aktiengesellschaft, Postfach 10 42 55, 7000 Stuttgart 10
Finanzamt Schwetzingen
Frau Heltge
Postfach 13 40

Geschäftsleitung

6830 Schwetzingen

Stuttgart, 6. April 1993
FUR/Bn-sk

Aktenzeichen: 43125/04051 IV-re
Ihr Schreiben vom 26.03.1993

Sehr geehrte Frau Heltge,

wunschgemäß teilen wir Ihnen die Zahlungen an die "Sunpark
Sports BV" mit:

	DM	
- 1. Rate 90	250.000,--	bez. 19.04.1990
- 2. Rate 90	250.000,--	bez. 31.01.1991
	./. 142.500,--	abzüglich Quellensteuer 2 x 71.250,--
	107.500,--	

1990 500. OH. -

- 1. Rate 91	250.000,--	
	./. 71.250,--	Quellensteuer
	./. 5.343,75	Solidaritätszuschlag
	173.406,25	

1991 500. OH. -

- 2. Rate 91	250.000,--	
- Rechnung 92	425.000,--	*)
	675.000,--	
	./. 192.375,--	Quellensteuer
	482.625,--	

1992 425.000. -

*) Vereinbarte Kürzung des vertraglichen Entgelts wegen nicht
   erbrachter Leistung von Steffi Graf beim Wimbledon-Finale
   1991.

Mit freundlichen Grüßen

SÜDMILCH AKTIENGESELLSCHAFT
Finanz- und Rechnungswesen

ppa. Benoit

Anlage: Vertrag vom 15.11.1989

Südmilch Aktiengesellschaft
Rosensteinstraße 20
7000 Stuttgart 1
Telefon (0711) 2506-0
Telex 723 488 smag d
Telefax (0711) 2506-307

Postgiroamt Stuttgart 3 681-706 (BLZ 600100 70)
Genossenschaftliche Zentralbank AG Stuttgart 6 002
(BLZ 600 600 00)
Landeszentralbank Baden-Württ. Stuttgart 60 007 613
(BLZ 600 000 00)
Landesgirokasse Stuttgart 2 026 052 (BLZ 600 501 01)

Vorstand: Dr. Frank A. Staudscher Vorsitzender
Rudolf Hoffmann stv. Vors. - Manfred Kiecker
Norbert Reves stv.
Vorsitzender des Aufsichtsrates: Wolfgang Weber
Sitz der Gesellschaft: Stuttgart
Handelsregister Stuttgart B Nr. 190

Dokument 11: Auskunft der Südmilch an das Finanzamt Schwetzingen
über nur einen Vertrag.

In Baden-Württemberg ist also wieder eine »Maultaschen-Connection« im Gerede. Südmilchpartner Finanzminister Mayer-Vorfelder muß sich gegen den Vorwurf zur Wehr setzen, er hätte in irgendeiner Art oder Weise dazu beigetragen, daß die Firma Graf vier Jahre keine Steuererklärung abgegeben hat, und der Hinweis von Vater Graf auf »Deckung von ganz oben« beziehe sich auf ihn. Der Finanzminister trägt die Verantwortung dafür, wenn seine Finanzämter nicht exakt arbeiten und zulassen, daß bei Familie Graf vier Jahre ohne Steuererklärung akzeptiert werden. Wie immer dementiert der Finanzminister. Er dementiert aber nicht Telefongespräche mit Peter Graf. Der *Spiegel* berichtet, das Bonner Bundesamt für Finanzen habe sich 1988 um Steffis Steuern Sorgen gemacht, aber ein Stuttgarter leitender Finanzbeamter habe beschwichtigt. Im *Spiegel* vom 4.9.95 wird der Beamte auch noch als derjenige vorgestellt, der weiland bei der »Elefantenrunde« dazu beitragen wollte und sollte, daß ein Freund des Ministerpräsidenten Lothar Späth von der Staatsanwaltschaft milde behandelt werden sollte.

Damit war für den *Spiegel* auch wieder Lothar Späth im Geschäft. Der dementierte heftig und nervös. Daraufhin schob der *Spiegel* vom 9.10.95 eine Vorstandsnotiz aus dem Hause Adidas nach, wonach der Konzernchef Horst Dassler den Grafs eine Zuzugsgenehmigung in der Schweiz besorgen wollte. Wörtlich: »Peter Graf hatte dies seinerzeit abgelehnt, weil Steffi in Deutschland bleiben wollte und im übrigen Lothar Späth eine politische Lösung angeboten hat.«

Weil die Steueraffäre Graf den normalen Steuerzahler ins Herz trifft, hatte der baden-württembergische Wahlkampf für die Landtagswahl im März 1996 ein überraschendes, zusätzliches Thema. Der Landtag beschloß im Oktober 1995 eilig, einen Untersuchungsausschuß einzusetzen. Im Zentrum der Debatte steht Finanzminister Mayer-Vorfelder, genannt werden immer wieder der Südmilch-Konzern und der frühere Vorstandsvorsitzende Wolfgang Weber.

Nach den Erfahrungen mit Filz-Vorgängen in Baden-Württemberg ist es unwahrscheinlich, daß der Ablauf der »Ablaßverhandlungen« zu Grafs Steuern jemals genau nachvollzogen werden kann.

Wolfgang Weber, der schon mal gern auf dem Platz in Stuttgart-Asemwald mit seinem Finanzchef Rudolf Hoffmann Tennis spielte, wurde wegen der »Aktion Steffi« 1990 richtig tennisfanatisch. Er hatte die Idee, es sei eine richtige Einstimmung auf Steffi, wenn er bei einem Boris-Becker-Turnier in der Stuttgarter Schleyer-Halle eine Vip-Lounge kaufe und Geschäftsfreunde einlade. Aber wie Weber so ist, richtig großzügig und uneigennützig kann es dann doch nicht sein. Die Geschäftsfreunde durften nicht in einem Stuttgarter Hotel nächtigen, sondern mußten mit

Abbildung 8: Der Südmilchchef Weber zu Steffi Graf auf der Pressekonferenz: »Wir passen gut zueinander!« (*Foto:* Rudel).

Webers Privathotel Schwarzwaldhof vorliebnehmen. Das Hotel steht aber in Freudenstadt; dort fanden oft dienstliche und private Veranstaltungen Webers, mit Übernachtung, statt. Die Weber- und Tennis-Freunde wurden mit dem Bus über 60 km nach Stuttgart in die Schleyer-Halle geschaukelt. Ob die ganze Aktion sich tatächlich verkaufsfördernd ausgewirkt hat, darf bezweifelt werden.

9. Ein neues Finanzloch
für den neuen Vorstandsvorsitzenden

Als das Jahr 1992 anbrach, wurde Weber bewußt, daß er seinen Aufsichtsrat nicht mehr zu sehr reizen dürfe. Es hatte alles geklappt, was er sich gewünscht hatte: Nach seinem Prozeß und seiner Verurteilung wegen Steuerhinterziehung hatte niemand im Aufsichtsrat seinen Rücktritt gefordert. Offenbar war Weber der Meinung, dies sei der richtige Zeitpunkt, selbst den Rücktritt anzubieten. Man muß davon ausgehen, daß er zu diesem Zeitpunkt schon wußte, daß die wirtschaftliche Lage des Konzerns kritisch werden würde. Wahrscheinlich rechnete er sich aus, daß die Südmilch noch so lange über die Runden kommen würde, bis er seinem Nachfolger im Vorstand die Schuld für die großen roten Zahlen zuschieben konnte. Vielleicht hoffte er auch, daß die Verantwortlichen für die Finanzen wieder einmal einen Ausweg fänden. Also bot Weber seinen Rücktritt an und schlug vor, statt dessen Aufsichtsratsvorsitzender zu werden. Webers Position in Künzelsau bei der Landgold sollte unverändert bleiben. Genaugenommen war seine Machtfülle dann noch größer, nach außen sah es aber nach einem langsamen Rückzug aus. Weber benötigte für dieses Spiel nur noch einen gefügigen Vorstandsvorsitzenden bei der Südmilch AG in Stuttgart.

Finanzchef Hoffmann, Webers ergebener, ja unterwürfiger Weggefährte, der alles mitmachte und alle finanziellen Wege gebahnt hatte, wie krumm sie auch immer waren, sollte auf Webers Stuhl. Es läßt sich nicht mehr genau rekonstruieren, was im Aufsichtsrat vorgegangen ist – Hoffmann wurde abgelehnt. Es kann sein, daß Hoffmann im Lauf der Zeit einige Aufsichtsratsmitglieder verärgert hatte oder sie seine kühnen Finanzkonstruktionen nicht mehr nachvollziehen konnten. Daß der Aufsichtsrat diese Entscheidung gegen Weber treffen wollte, ist nicht vorstellbar, sonst wäre der Vorgang an die Öffentlichkeit gekommen. Ein richtiger Affront gegen Weber hätte sich herumgesprochen. Weber versuchte wieder, »Bonbons« zu verteilen, machte einen zweiten Anlauf – vergebens, Hoffmann war nicht durchzusetzen. Vielleicht hatte sich der Finanzchef in seiner Ergebenheit nie in die Marktpolitik des Vorstandsvorsitzenden eingemischt, und die Aufsichtsräte mißtrauten seinen Fähigkeiten als vorausschauender Manager für Milchprodukte. Mit seiner vernebelnden Show um die Marktinnovation hat sich Weber unter Umständen die Chance verscherzt, einen ihm auf jeden Fall genehmen Vorstandsvorsitzenden zu installieren.

Bei einem Empfang auf der ANUGA in Köln sprach Weber den ihm seit Jahren bekannten deutschen Kraft-Chef Frank Staudacher an. Staudacher war damals 54 Jahre alt und hatte Weber von der beeindruckenden Sonnenseite im milchwirtschaftlichen Industrieverband erlebt. Er selbst ist Betriebswirtschaftler und hat mit einem psychologischen Thema promoviert. Seit acht Jahren stand er der Geschäftsführung der Kraft General Foods GmbH in Eschborn bei Frankfurt erfolgreich vor. Er hatte dort einen »turn around« geschafft, von dem die Branche noch heute spricht: Bei Kraft war der Jahresüberschuß von 13,4 Millionen DM auf 0,8 Millionen DM zurückgegangen. Das Inlandsgeschäft war weit in die Verlustzone gerutscht. Unter Staudacher wurde dann jedes Kraft-Jahr zum erfolgreichsten, das es je in der deutschen Kraft-Geschichte gab. Der Mann von Kraft stammt aus Spaichingen im Landkreis Tuttlingen, wo der baden-württembergische Ministerpräsident Erwin Teufel Bürgermeister war und noch heute wohnt. Staudachers und Teufels Wege haben sich schon einmal gekreuzt. Als junger Betriebswirtschaftsstudent hat Staudacher in Spaichingen bei der Bürgermeisterwahl den Gegenkandidaten von Erwin Teufel unterstützt. Als Teufel das hörte, besuchte er Staudachers Mutter. Von da an schwärmte Mutter Staudacher für den Kandidaten Erwin Teufel.

Frank Staudacher war empört, daß Weber ihn so stillos auf einem Empfang »anmachte«, seinen Job zu wechseln. Zunächst hielt er das Angebot für einen Witz und wollte mit Weber nicht mehr reden. Doch Weber bahnte – vom Südmilch-Aufsichtsrat unterstützt – ernsthafte Gespräche an und erzählte von seinem Rückzug in den Aufsichtsrat. Mitte Juni 1992, kurz vor der Hauptversammlung, gab die Südmilch in einer offiziellen Erklärung bekannt, daß am 1. September 1992 Frank Staudacher zum Nachfolger Webers bestellt worden sei. Weber werde sich auf der Hauptversammlung zur Wahl in den Aufsichtsrat stellen.

In der Erklärung war davon die Rede, daß Staudachers Kenntnisse im internationalen Nahrungsmittelgeschäft der Südmilch-Gruppe im EG-Binnenmarkt und in Osteuropa neue Impulse geben sollten. Dies gelte auch für das 1994 anlaufende Käsegeschäft der Sachsenmilch AG, Dresden. Die Bestellung Staudachers trage den gewachsenen Aufgaben der Südmilch-Gruppe Rechnung: Einschließlich der mehrheitlich der Gruppe zugehörenden Sachsenmilch AG, Dresden, und der Frischdienst-Zentrale Süd GmbH und Co. (FZ-Süd), Stuttgart, würde im laufenden Geschäftsjahr 1992 ein konsolidierter Umsatz von über 3,6 Milliarden DM erwartet. In der Erklärung des Konzerns wurde auffallend deutlich darauf hingewiesen, welche Posten Weber behalten werde: Der langjährige Südmilch-Chef werde sich in Zukunft verstärkt dem Aufbau der Südmilch-Landgold-Holding AG, Künzelsau, die das bäuerliche Kapital der Südmilch AG hält, widmen. Außerdem werde sich Weber, der als Initiator der Neustrukturierung der Südmilch-Gruppe gelte, verstärkt um die Steuerung der Interessen des bäuerlichen Beteiligungskapitals der

Milcherzeuger aus Süddeutschland und Sachsen kümmern. Weber behalte den Aufsichtsratsvorsitz der Sachsenmilch Beteiligungs-AG, Dresden, bei und werde den Aufsichtsratsvorsitz der Milch-Beschaffungsgruppe Intermilch, Stuttgart, übernehmen. Damit war öffentlich bekundet, daß Weber alle Macht in seinen Händen halten wollte. Die Hauptversammlung des Konzerns 1992 gestaltete sich für Weber zufriedenstellend. Alles lief nach Plan. Er wurde als Vorstandsvorsitzender entlastet und in den Aufsichtsrat gewählt, sein Nachfolger machte eine gute Figur, es gab keine Probleme. Die Bauern konnten sogar schon wieder über Webers Steuervergehen in Paraguay scherzen. Unter dem Gelächter seiner Kollegen meinte einer, er könne einfach nicht verstehen, wie sich Weber bei der Steuerhinterziehung habe erwischen lassen können.

Wenn die Bauern gewußt hätten, mit welchen – wahrscheinlich kriminellen – Tricks Weber seine letzte Bilanz hinbekommen hatte, hätten sie nicht gelacht. Vor allem hätten sie Weber kein Wort zur wirtschaftlichen Lage des Konzerns glauben dürfen. Die Südmilch befand sich schon auf der schiefen Ebene und rutschte in gefährlichem Tempo Richtung Abgrund – das wäre die richtige Aussage auf der Hauptversammlung gewesen. Doch Weber malte wieder rosarot. Das Publikum bestaunte unter Applaus das schöngefärbte Gemälde. Wenige Wochen nach der Hauptversammlung, noch bevor der neue Vorstandsvorsitzende sein Büro bezogen hatte, fragte ich schriftlich bei der Südmilch an, ob es zutreffe, daß die Südmilch in ihrem Halbjahresbericht bei der Deutschen Bank in Frankfurt einen Verlust von über fünf Millionen Mark ausweise und ob vorliegende Hinweise richtig seien, daß der Verlust inzwischen auf rund 20 Millionen DM angewachsen sei. Der damalige Pressesprecher der Südmilch faxte lust- und kommentarlos den Zwischenbericht des Konzerns, ging auf das 20-Millionenloch gar nicht ein, und räumte seinen Schreibtisch, um seine Arbeit bei der Industrie- und Handelskammer in Heilbronn zu beginnen.

Der Zwischenbericht wies tatsächlich ein Minus von 5,7 Millionen DM aus. Begründung: Vorsorgemaßnahme für drohende Verluste einer ausländischen Tochtergesellschaft. Für Kenner war allerdings der Ausblick im Zwischenbericht eine einzige Katastrophe: »Für das zweite Halbjahr 1992 ist mit weiteren Kostensteigerungen zu rechnen, vor allem im Bereich der Löhne und Gehälter sowie der Frachten. Hinzu kamen die Auswirkungen des anhaltend hohen Zinsniveaus. Da die Kompensierung dieser Belastungen bedingt durch den anhaltend harten Wettbewerb nur schwer möglich ist, wurden Preiserhöhungen ab Juli 1992 unumgänglich. Deren Auswirkungen werden jedoch erst im Herbst spürbar werden, da die Durchsetzung beim Handel einige Zeit in Anspruch nehmen wird. Auf der Basis der Ergebnisse des ersten Halbjahres sowie der Vorschau auf die noch vor uns liegenden Monate wird es kaum möglich sein, ein wiederum voll befriedigendes Ergebnis für das gesamte Jahr zu erzielen. Erfreuliche Entwicklungen in einzelnen Bereichen geben jedoch Anlaß zu Optimismus.«

Solche Formulierungen nennt man in der Rhetorik Euphemismus. Es dauerte nur ein halbes Jahr, bis die wirtschaftliche Lage der Südmilch kein rhetorisches Thema mehr war.

10. Das Finanzloch wird vermessen

Als der neue Vorstandsvorsitzende der Südmilch AG, Frank Staudacher, die Zentrale in der Rosensteinstraße zu seinem ersten Arbeitstag betrat, wunderte er sich etwas. Der Mann, der ihn eingestellt hatte, sein Vorgänger, sein Aufsichtsratsvorsitzender, war nirgends zu sehen. Dabei hatte Wolfgang Weber noch ein Riesenbüro mit Sekretärin in der Südmilchzentrale. Natürlich auch noch eines in Heilbronn und eines in Künzelsau. Gleich in den ersten Tagen hatte Staudacher seine erste Machtprobe zu bestehen. Er machte Weber klar, daß der frühere Südmilchchef sein

Büro in Stuttgart zu räumen habe, wenn es einen neuen Chef gebe. Staudacher machte sich an die Arbeit. Weber hatte Staudacher die Südmilch nicht als Unternehmen geschildert, das in der nächsten Zeit größere Probleme haben könnte. Im Gegenteil. Als Staudacher den Halbjahresbericht sah, war ihm schnell klar, daß er vor großen Aufgaben stand, die man vorher nicht mit ihm besprochen hatte, Aufgaben, mit denen er nicht gerechnet hatte. Der neue Vorstandsvorsitzende war nicht für eine Sanierung eingekauft worden.

Staudacher machte das, was er zu seinem Berufsbeginn bei McKinsey immer gemacht hatte und was er immer machte, wenn er in ein neues Unternehmen kam: Zahlenkolonnen studieren, Kostenpositionen überprüfen, Kostenreißer suchen, Kostenstrukturen erkennen und vergleichen.

Journalisten, die mit Staudacher Interviews machen wollten, wurden enttäuscht, es gab keine Pressetermine. Staudacher hatte sich mit den Zahlen eingeschlossen, machte Ausflüge zu den Partnermolkereien des Intermilchverbundes. Kurz vor Weihnachten konnten die Aufsichtsräte Staudachers Fleißarbeit auf der Projektionswand im Konferenzsaal bewundern. Sie waren schockiert. Staudacher hatte das Finanzloch 1992 vermessen und kam auf über 30 Millionen DM. Die Aufsichtsräte erinnerten sich noch gut, wie der bisherige Vorstandsvorsitzende Weber auf seiner letzten Hauptversammlung die Südmilch noch in den rosigsten Farben geschildert hatte. Aber es soll nicht nur bei bäuerlichen Genossenschaften vorkommen, daß der Nachfolger einen ganz anderen Konzern vorfindet als den, den sein Vorgänger ihm übergeben hat.

So war es auch 1995 in Deutschlands feinstem und größtem Konzern, bei Daimlers. Aber bei Daimler war die Mutter schwach und wenigstens ab und zu eine Tochter stark. Wohl dem, der eine starke Tochter hat. Die Südmilch hatte keine. Als der Übervater Weber bei der Aufsichtsratssitzung sah, wie sein Nachfolger Staudacher die Zahlen auf den Tisch legte, versteinerte er zunehmend. Offenbar war er nicht nur über die Fakten entsetzt, sondern hauptsächlich darüber, daß Staudacher keinen Versuch unternahm, die Finanzlage zu beschönigen. Wahrscheinlich hatte Weber gedacht, sein Nachfolger würde schon aus Dankbarkeit versuchen, ihn zu schonen, und alles unternehmen, die Zahlen zu verbiegen. Finanzchef Hoffmann konnte nichts mehr beschönigen. Der neue Vorstandsvorsitzende hatte seine Zahlen fast allein zusammengestellt Als sich die Aufsichtsräte wieder gefangen hatten, erklärte Staudacher, er arbeite an einem Sanierungskonzept. Dieses Konzept würde von allen Opfer verlangen, dieses Konzept würde auch eine neue Vorstandsstruktur beinhalten. Die nächste Aufsichtsratssitzung sollte gleich nach Weihnachten am 18. Januar stattfinden. Als die Aufsichtsräte vor Weihnachten die Sitzung verließen, sagte einer mit unverkennbarer Genugtuung: »Der Weber hat nicht gedacht, daß sein Nachfolger so gut ist!«

11. »Herr Weber, Sie sind ein großer Mann!«

Am Freitag, dem 15. Januar 1993, hatte die neue, umsichtige Südmilch-Pressesprecherin Helma Ohlendorf alle Hände voll zu tun. Um 12 Uhr 06 hatte der Südwestfunk Tübingen gemeldet, die Südmilch sei tief in den roten Zahlen, am kommenden Montag werde der Vorstandsvorsitzende Frank Staudacher ein Sanierungskonzept mit Streichung von Auslandsaktivitäten, Personalabbau, Senkung der Milcherzeugerpreise und Einsparungen beim Sportsponsoring vorlegen. Frau Ohlendorf mußte an diesem Nachmittag ständig auf die Aufsichtsratssitzung am Montag verweisen.

Am Samstag in den Zeitungen war das Urteil jedoch schon gefällt: Schuld sei Wolfgang Weber. Die Südmilch wurde »in der Krise« gesehen, Weber »müsse jetzt Rechenschaft ablegen«, das Ganze sei »Webers Offenbarungseid«, er habe »die Weichen falsch gestellt« und den Aufsichtsrat »eingelullt«. Die Journalistin Susanne Preuß von der *Stuttgarter Zeitung* wies darauf hin, Weber könne am Montag bei der Aufsichtsratssitzung die Rolle des neuen Chefs im Kontrollgremium wohl kaum überzeugend spielen, vielmehr müsse er Rechenschaft ablegen.

Weber hatte sich noch nie nach Journalistenurteilen orientiert, aber diesmal war er offenbar der Meinung, es gebe keinen anderen Ausweg. Auf der Aufsichtsratssitzung erklärte er mit schicksalsschwerer Stimme seinen Rücktritt vom Vorsitz des Aufsichtsrates, er werde aus dem Gremium ausscheiden. Er übernehme »seinen Teil der Verantwortung für den Verlauf des Geschäftsjahres 1992«, wolle auch weitere Ämter aufgeben und nur noch eine beschränkte Zeit Geschäftsführer der Landgold Milch GmbH in Künzelsau bleiben. Damit war Weber nur gut ein halbes Jahr Aufsichtsratsvorsitzender, nachdem er von 1970 bis 1992 Vorstandsvorsitzender der Südmilch AG gewesen war. Obwohl Webers Rücktrittserklärung eine Unverschämtheit war und er alle Ämter sofort hätte niederlegen müssen, war der stellvertretende Aufsichtsratsvorsitzende, der Landwirt Fritz Schnitzler, langjähriges Ratsmitglied, von Webers Rücktrittserklärung so beeindruckt, daß er sich von seinem Stuhl aufrappelte und völlig überwältigt sagte: »Herr Weber, Sie sind ein großer Mann!«

Schnitzler wurde dann Aufsichtsratsvorsitzender. Der Rat stimmte dem Konzept des neuen Vorstandsvorsitzenden zur Sanierung der Südmilch geschlossen zu. Derselbe Aufsichtsrat, der nicht wahrhaben wollte, wie es um die Südmilch stand, immer Weber geglaubt hatte, lief mit wehenden Fahnen zum neuen Konzernchef über.

Staudacher begann mit seiner schmerzhaften Sanierung. Die Bauern mußten eine Kürzung des Milchpreises hinnehmen, für die Südmilch wurde ein Sozialplan erstellt mit Stellenabbau und Entlassungen. Durch die schon geplante Verlagerung der Produktion von Stuttgart nach Heilbronn sollten 300 Stellen eingespart werden, 160 sollten in der Verwaltung wegfallen, auch Webers kostenaufwendige »Trutzburg« in Künzelsau sollte geschleift werden. Staudacher wies darauf hin, daß er alle Auslandsaktivitäten überprüfen werde, ebenso wolle er das Sportsponsoring der Südmilch, mit Ausnahme der Zahlungen für den VfB Stuttgart, komplett einstellen.

Der Bauernverband meldete sich zu Wort, stärkte Staudacher den Rücken und kritisierte den alten Vorstandsvorsitzenden. Die Sanierung der Südmilch sei verschleppt worden, verantwortlich sei Wolfgang Weber. Staudacher begann, das »Weber-Personal« auszutauschen, und schob den Finanzchef Hoffmann und den Produktionsvorstand Klecker nach Sachsen ab.

Wie Weber, der »große Mann« der Südmilch, seinen letzten Job bei der Südmilch verlor, ist eine besondere Geschichte. Seine letzte Stellung war die des Hauptgeschäftsführers der Landgold GmbH in Künzelsau. Am Montagabend, dem 1. März 1993, beobachteten Angestellte der Landgold, wie zwei Weber-Sekretärinnen im Büro des Chefs begannen, größere Mengen Akten einzupacken. Sie riefen die Polizei an und erstatteten anonym Anzeige. Die Polizei machte sich gleich auf den Weg. Als die beiden Damen mit dem Auto das Gelände der Landgold GmbH verlassen wollten, stand ein Streifenwagen der Künzelsauer Polizei schon quer. Später stellte sich heraus, daß bei diesen Akten der dubiose »Kreditvertrag« zwischen Roland Ernst und Wolfgang Weber zu finden war.

Noch an diesem Abend erfuhr der Aufsichtsratsvorsitzende der Landgold, der Landwirt Eberhard Riedel in Lehrensteinsfeld bei Heilbronn, von der Aktion in Künzelsau. Riedel wußte, daß die Staatsanwaltschaft in Stuttgart inzwischen gegen Weber ermittelte und zwar wegen des Verdachtes auf Bilanzfälschung. Er war empört, weil er davon überzeugt war, daß Weber den Verkaufserlös des Landgoldgeländes 1991 benutzt hatte, um die Südmilchbilanz auf Umwegen zu retten. Für den Landgold-Aufsichtsratsvorsitzenden war dies ein klarer Fall von Kompetenzüberschreitung. Außerdem hatte er entdeckt, daß Weber 4,5 Millionen DM der Landgold benutzt hatte, um in einer Tochterfirma schon wieder ein Loch zu stopfen – ohne sein Wissen. Riedel reichte es. Er wollte Weber unbedingt noch an diesem Tag entlassen. Am Dienstag, dem 2. März 1993, fuhr er mit dem Auto los, um seine Kollegen vom Aufsichtsrat soweit wie möglich zu sammeln und um eine Sondersitzung des Aufsichtsrates zu organisieren.

Riedel wußte, daß er noch eine große Schwierigkeit vor sich hatte, wenn er es schaffen wollte, Weber zu entlassen: Im Aufsichtsrat der Landgold saß auch Helmut Wacker, langjähriger stellvertretender Aufsichtsratsvorsitzender der Südmilch, treuer Freund von Weber und Paraguayfahrer. Riedel war bekannt, daß Wacker nach wie vor an Weber glaubte und immer wieder sagte: »Ihr werdet schon noch sehen, daß der Wolfgang recht hatte!« Deshalb traf sich Riedel mit Aufsichtsratskollegen auf dem Autobahnrastplatz Bad Rappenau, um dann zusammen zu Wacker zu fahren. Sie wollten um 10 Uhr 30 auf Wackers Hof sein und hatten ausgemacht, draußen auf dem Hof mit Wacker zu verhandeln. Sie wollten ihn nicht ins Haus an das Telefon lassen, weil sie befürchteten, Wacker könnte eine Gegenaktion mit Weber organisieren. Den »Rebellen« gelang alles wie vorgesehen. Sie fanden Wacker auf dem Hof. Doch der wußte, wie man Zeit schindet und Dinge verhindern kann. Er bestand auf einem formalen Protokoll der Sondersitzung des Aufsichtsrates. Riedel und seine Mannen nahmen ihn also vom Hof mit zur örtlichen Raiffeisenkasse. Der verdutzte Geschäftsführer mußte das Protokoll der Sitzung mit der Entlassung Webers aufsetzen. Dann holte Wacker seinen letzten Trumpf aus dem Ärmel: Er behauptete, diese Entlassung könne nicht mit der Post verschickt werden, Riedel müsse das Papier direkt nach Künzelsau in die Mozartstraße bringen. Wacker war sich sicher, daß Weber es schaffen würde, Riedel schwindelig zu reden und umzudrehen. Obwohl Riedel das ahnte, gab er sich einen Ruck, setzte sich in sein Auto und fuhr nach Künzelsau. Auf der Fahrt schwor er sich fortlaufend, daß er nicht mit Weber reden werde, er werde ihm den Brief mit der Entlassung übergeben, nur sagen, daß es nichts Zusätzliches zu reden gebe, und gleich wieder gehen. Tatsächlich, als Riedel Weber die

Entlassung übergeben wollte, fing dieser an, über seine Pensions-ansprüche zu verhandeln. Aber der Aufsichtsratsvorsitzende ließ sich nicht ablenken. Bauer Riedel schaffte es, den großen Weber zu entlassen.

Weber erklärte anschließend in einer persönlichen Stellung-nahme ebenso verärgert wie süffisant: »Die Auseinandersetzun-gen im Zusammenhang mit der Schließung des Werkes Künzelsau haben nun zu gravierenden Meinungsverschiedenheiten geführt, welche die Trennung zum jetzigen Zeitpunkt angeraten erschei-nen ließen.«

12. Der fröhliche Herr Ernst

In der Baubranche, in den Konzernen, in den Architektenbüros und bei Immobilienhändlern kennt jeder den Unternehmer Roland Ernst. Der Heidelberger Roland Ernst baute als General-unternehmer schon für die meisten größeren Konzerne schlüs-selfertige Gebäude. Für die Lufthansa das Schulungs- und Re-chenzentrum in Kelsterbach, das Penta Hotel in Heidelberg, das Maritim Hotel in Hamburg, das Ortszentrum in Limburgerhof, für IBM in Frankfurt und Sindelfingen, für BASF in Hongkong, Australien, Neuseeland und Japan. Auch für sich und seine Fir-ma. 1986 zog er von Eschelbronn nach Heidelberg, in ein neues Domizil im neuen Penta-Hotel, das jüngste Fondsobjekt der Im-mobilien-Unternehmensgruppe. Bis 1986 hatte Ernst in seine verschiedenen Projekte schon rund zwei Milliarden investiert. Bei der Einweihung in Heidelberg sprachen der Oberbürgermeister Zundel, Dr. Schmitt vom Vorstand der Bayerischen Vereinsbank und ein Vertreter der Badischen Kommunalen Landesbank.

Als die Mauer fiel, stürmte der ebenso füllige wie quirlige Ro-land Ernst nach Osten. Bei Grundstücken, Anlagefirmen, über-all schien Ernst gleichzeitig dabei zu sein. In Berlin gilt er als einer der ganz Großen. Berliner Architekten sprechen mit Hochachtung von ihrem »größten Hai im Becken«. Ernst gilt als äußerst seriös. Der Heidelberger wurde als Kronzeuge durch die Redaktionen gereicht, um die Fehler des Baulöwen Schneider aufzuzählen. Kein Wunder, daß auch das Steuerberatungsbüro Hermann Oettinger aus Ditzingen bei Stuttgart mit Ernst zusammenarbeitete. Oettinger ist der Vater des kommenden CDU-Mannes in Baden-Württemberg, Günther Oettinger. Der Junior ist CDU-Fraktionsvorsitzender im Stuttgarter Landtag, er war jahrelang Vorsitzender der Jungen Union. Vater Oettinger hatte nicht am Rande mit Ernst zusammengearbeitet, sondern recht intensiv. Er entwickelte steuerliche Modelle für Ernst, man hatte eine gemeinsame Firmenbeteiligung. Bei der »Roland Ernst-Grundstücks-Fonds-KG« ist als Eigentümer die Wirtschaftsprüfungs-Treuhand-Revisions- und Unternehmensberatungsgesellschaft eingetragen, vertreten durch Walter Ludwig Eckert, Heidelberg, und Hermann Oettinger, Ditzingen. Allerdings beendete Ernst die Geschäftsbeziehungen vor einiger Zeit.

Daß Sohn Günther Oettinger sich mit viel Aufwand bemühte, auf dem früheren Südmilch-Gelände in der Stuttgarter Rosensteinstraße eine Medienstadt zu entwickeln, hat sicher nur mit der Medienpolitik Oettingers zu tun. Daß Roland Ernst das Gelände von der Südmilch gekauft und dort investiert hat, ist bestimmt ein Zufall. Daß Roland Ernst eine schlüsselfertige Molkerei in Leppersdorf bei Dresden für die Südmilch bauen wollte, das wollte niemand so recht verstehen. Denn eine Molkerei hatte Ernst noch nie gebaut. Vielleicht ist es aber bei Ernst wie bei manchen Architekten, die unbedingt einmal in ihrem Leben eine Kirche bauen wollen – bei Ernst ist es eben eine Molkerei. Vielleicht lockte aber auch gar nicht die »Molkereikathedrale«, sondern das schmucklose Geld. Der frühere Produktionschef der Südmilch, Manfred Klecker, denkt heute noch darüber nach, warum eigentlich Ernst engagiert wurde. Schließlich begann damit der ganze Ärger mit den umstrittenen »know-how-Verträgen«, die der Südmilch Geld brachten, die aber im Verdacht stehen, sie hätten nur

Gelder in Sachsen abgesahnt. Klecker hätte gern die Molkerei mit der Molkereiindustrie gebaut, ohne Roland Ernst. Was gibt es Schöneres für einen Produktionschef eines Milchkonzerns, als eine neue Molkerei zu bauen! Doch nicht Klecker durfte bauen, sondern Ernst. Der verwickelte sich in der Zusammenarbeit mit Weber in seltsame Dinge.

Was hatte Ernst sich dabei gedacht, Weber einen »persönlichen Kredit« von 750 000 DM zu geben? War das bei großen Geschäften in der Bauwirtschaft üblich? Ein »übliches kick-back«, wie es im Ermittlungsbericht der Polizei zum Sachsenmilchkomplex steht? Warum schickte Ernst erst, als es eng wurde, eine Zinsrechnung in Höhe von 46 875 DM? Hatte er wirklich nur vergessen, die Zinsen zu berechnen? Warum fiel es Ernst ausgerechnet an dem Tag ein, eine Zinsrechnung zu schicken, an dem Weber als Aufsichtsratsvorsitzender der Südmilch zurücktrat?

Als ich mich schriftlich an Weber wandte und wissen wollte, ob es einen persönlichen Kredit in der Höhe von 750 000 DM von Roland Ernst an ihn gebe, meldete sich Weber telefonisch. Er trug ungerührt eine glatte Lüge vor: »Nein, es gibt keinen persönlichen Kredit!« Oder war es gar keine Lüge, war es vielleicht doch ein persönliches Geschenk von Roland Ernst?

Wer mit Gebäuden und Grundstücken handelt, muß auch gute Beziehungen zum größten Grund- und Hausbesitzer haben, dem Staat, beziehungsweise zu den staatlichen Vertretern und deren Vertretern. Roland Ernst war da immer nah dran, manchmal zu nah. Beinahe hätte er sich die Finger beim Parteispendenskandal eingeklemmt. In der Parteispendenaffäre wurde er durchsucht. Er blieb aber treu. In der Bekanntmachung von Rechenschaftsberichten der politischen Parteien für das Jahr 1989 ist Roland Ernst bei der CDU mit einer freundlichen Spende von 74 500 DM verzeichnet. Vor Roland Ernst steht in der Liste die Deutsche Bank, Frankfurt, mit 492 200 DM. Roland Ernst wurde in München am Rande der Amigo-Affäre des damaligen Ministerpräsidenten Max Streibl genannt. Die Herren kennen sich offenbar. Die Roland-

UNTERNEHMEN:

**Roland Ernst
Planung und Finanzierung
gewerblicher Grundstücke**

Herrn
Wolfgang Weber
Mozartstraße 61

7118 Künzelsau

KA/Oß/go-2
06221/903130
19.01.93

Zinsberechnung für das am 10.06.92 gewährte Darlehen über DM 750.000,--

Sehr geehrter Herr Weber,

wie wir erst jetzt festgestellt haben, wurde es bisher versäumt, Ihnen die Zinsen für das vorgenannte Darlehen zu berechnen.

Wir berechnen Ihnen die Zinsen für das Jahr 1992 wie folgt:

DM 750.000,-- 10.06.92 - 31.12.92 200 Tage 11,25 %   DM 46.875,--

Wir bitten, den vorgenannten Betrag auf unser Konto 2256126 bei der Bayerischen Vereinsbank Augsburg, BLZ 720 200 70, zu überweisen.

Mit freundlichen Grüßen

ppa. O ß w a l d

D/KA/Sb

VANGEROWSTRASSE 16/1 · 6900 HEIDELBERG
TELEFON (06221) 9030 · TELETEX 622140 · TELEFAX 903160

Dokument 12: Einen Tag nach dem Rücktritt des Südmilch-Aufsichts-
ratsvorsitzenden Wolfgang Weber fällt dem Heidelberger Unternehmer
Roland Ernst ein, daß er über 46 000 DM Zinsen vergessen hat.
Korruption? Kick-Back? Oder persönlicher Kredit?

Ernst-Tochterfirma Terreno in der Münchener Possartstraße beherbergte, zumindest zu Amigozeiten, die Firma mms, eine Unternehmens-und Finanzberatungsfirma des Streiblsohnes Martin. Terreno tauchte auch bei dem Südmilch-Grundstück in der Rosensteinstraße in Stuttgart auf. In den neuen Bundesländern setzt Ernst ebenfalls auf die Zusammenarbeit mit Politikern. Er engagierte den früheren FDP-Kultusminister von Potsdam, Hinrich Enderlein, der noch früher FDP-Landtagsabgeordneter in Baden-Württemberg war. Enderlein soll sich um Kommunalprojekte kümmern. Keine Frage, der fröhliche Ernst gilt als seriös. Aber er ist im Zusammenhang Südmilch-Sachsenmilch angeklagt.

13. Die Sachsenmilch-Pleite

Selbst wenn man unterstellt, daß Weber in Sachsen ganz normal Milch verarbeiten und sein Unternehmen voranbringen wollte, sind doch zwei Aspekte unverkennbar, die von Anfang an eine Rolle gespielt haben müssen: Weber wollte sich mit dem Projekt profilieren und Betriebsverluste bei der Südmilch abdecken. Kaum war ein Loch in der Mauer, nahm Weber Kontakt mit der Milchwirtschaft in Sachsen auf. Eigentlich lag Thüringen näher, aber auch der baden-württembergische Ministerpräsident orientierte sich sofort nach Sachsen und erklärte dies Land zum Partner. Zur Freude der Sachsen gab es dann einen freundschaftlichen Hilfewettstreit zwischen Bayern und Baden-Württembergern.

Bei seinem Engagement in Sachsen nahm Weber immer gern die emotionale Seite der deutschen Wiedervereinigung auf. Das lag ihm. Ob Paraguay oder Sachsen, es mußte die Möglichkeit geben, emotionale Aussagen zu machen. Aus Webers Kontakten wurden Vereinbarungen zur Zusammenarbeit. Am 30. März 1990 wurde in Dresden zwischen der Südmilch AG und dem Kombinat Milchwirtschaft Dresden ein Kooperationsvertrag geschlossen. Weil die Kombinate zum 1. Juli 1990 überall aufgelöst wurden, stellte sich bald die Frage, wer denn die Leitung des Dresdner Kombinats übernehmen solle. Weber und die Südmilch boten sich an, die neun Molkereien und 29 Produktionsstätten von Zittau bis Riesa zu modernisieren. Die gesamte Molkereiwirtschaft in diesem Gebiet sollte an die Erfordernisse des gemeinsamen deutschen und europäischen Marktes angepaßt werden. Es sollte eine Sachsenmilch gegründet werden. Die im Juli 1990 gegründete Sachsenmilch AG hatte ebenso wie die Südmilch AG die Form einer Kapitalgesellschaft genossenschaftlicher Prägung. Stimmberechtigte Aktionäre waren Bauern und landwirtschaftliche Produktionsgenossenschaften. Auch nach der Ausgabe von Aktien an freie Aktionäre behielten die Bauern mit 51 Prozent die Mehrheit. Das Management der Sachsenmilch AG wurde nahezu ausschließlich von Südmilch-Mitarbeitern geführt.

In der ersten Hälfte 1991 übernahm die Sachsenmilch AG das Anwesen der Dresdner Milchwerke von der Treuhand. Der Zustand der 26 Produktionsbetriebe war katastrophal. Sie wurden zum großen Teil geschlossen und die Produktion auf vier Molkereien verteilt. Das Ziel war, diese Produktionsstätten solange am Leben zu halten, bis eine neue, große Molkerei in Betrieb genommen werden konnte. Hier tauchte ein schon aus dem Südmilchfilz bekannter Name auf: Albrecht Kircher. Er übernahm die alten Produktionsmaschinen und leaste sie wieder zurück an die Sachsenmilch. Kein Mensch konnte sich erklären, warum eigentlich wieder Kircher im Geschäft war. Kircher hatte aber auch das Recht, später Maschinen weiterzuverkaufen. Wenn die Ermittlungen nicht gewesen wären, hätte er tatsächlich den Trockenturm noch mit einer hohen Gewinnspanne weiterverkauft.

Der neue Molkereibetrieb sollte das Modernste und Größte sein, was es in Europa geben könnte. Das Projekt bekam den Namen »Sachsenmilch 2000«. Im April 1992 tat Wolfgang Weber, angetan mit einem langen, hellen Trenchcoat, den ersten Spatenstich in die sächsische Erde. Das Bild wird noch heute verwendet, wenn es in einem Zeitungsartikel um die Fehlinvestition in Sachsen geht.

Die Investitionen für den Neubau einschließlich maschineller Ausstattung und Grundstück waren mit 260 Millionen DM veranschlagt. 100 Millionen DM sollten mit Eigenkapital finanziert werden, davon 60 Millionen DM über die Ausgabe von Aktien, die von der Deutschen Bank am Kapitalmarkt plaziert werden sollten. 60 Millionen waren Fremdkapital von der Deutschen Bank. Man rechnete mit Fördermitteln der EG, des Bundes und des Landes Sachsen in Höhe von rund 100 Millionen DM. Bei den Fördermitteln ist nicht berücksichtigt, daß auf alle Investitionen in den neuen Bundesländern eine Investitionszulage von 12 bzw. 8 Prozent gewährt wurde, die nicht zur Finanzierung herangezogen werden durfte, sondern im Ergebnis zu berücksichtigen war. Es muß hier erwähnt werden, daß die Berechnung des Projektes nicht von der Südmilch erstellt wurde. Die Finanzabteilung der Südmilch hatte zu diesem Projekt einzelne Informationen geliefert, die Projektrechnung wurde von der Kölner Industrieberatung Brück erarbeitet. Die Wirtschaftlichkeitsrechnung wurde dann von der Schitag Treuhand AG geprüft und bestätigt. Das ist die gleiche Prüfungsgesellschaft, die nicht bemerkt hatte, daß die Südmilch in die Pleite rutschte.

In der Südmilch gab es keine breite Kenntnis über die Details des Projektes Sachsenmilch 2000. Kaum jemand fühlte sich für Einzelteile des Projektes verantwortlich. Die Chefs Weber und Hoffmann waren die einzigen, die einen Überblick hatten. Das gesamte Projekt wurde, so muß man es heute in der Rückschau sehen, in der Euphorie für die Wiedervereinigung berechnet und entschieden.

Volkswirtschaftlich ist es sicher verkraftbar, wenn in solch historischen Stunden einige Konzerne Fehler machen. Für den Einzelkonzern ist es aber bitter, erst recht für einen Konzern wie die Südmilch. Die Deutsche Bank hatte sich nicht einmal die Mühe gemacht, die Projektrechnung detailliert zu prüfen. Ein

Teil des Projektes 2000 war der Vertrag mit dem Generalübernehmer Roland Ernst, Heidelberg. In diesem Vertrag verpflichtete sich Ernst, die neue Fabrik zu einem Festpreis von 100 Millionen DM schlüsselfertig zu errichten. Das Projekt sollte in einer Anlage zu den Verträgen im Detail beschrieben werden. Südmilch-Mitarbeiter wunderten sich, daß diese Ausarbeitung nie auftauchte. Das hat weder die Prüfungsgesellschaft Schitag noch die Deutsche Bank bemerkt. Die Deutsche Bank, als Konsortialführer für die Einführung der Sachsenmilch-Aktie, war verantwortlich für die im Börsenprospekt genannten Informationen. Dazu gehörten die Wirtschaftlichkeitsberechnung und die Verträge. Die Unternehmensgruppe Roland Ernst unterschrieb einen Vertrag mit einem Festpreis von 100 Millionen DM und einem Aufschlag von 10 Prozent für den Generalübernehmer. Auch dieser Aufschlag von 10 Prozent, der unter Fachleuten für solch ein großes Projekt als extrem hoch bezeichnet wird, ist von der Deutschen Bank nicht beanstandet worden.

Aus dem Polizeibericht für die Staatsanwaltschaft Stuttgart geht hervor, daß bei den Südmilchverträgen in Sachen Sachsenmilch immer wieder ein Makler mit Millionenprovisionen auftaucht: Albrecht Kircher, Heidelberg. Für solche Maklerprovisonen gab es keine rationale Begründung. Aus dem (vertraulichen) Polizeibericht ist aber zu erkennen, daß Vorstandschef Weber und Finanzchef Hoffmann enge finanzielle Verbindungen zu Kircher hatten: 1992, als es bei der Südmilch finanziell schon drunter und drüber ging, hatte Hoffmann noch Zeit, eine Wohnung bei Makler Kircher zu kaufen. Kircher wiederum half seinen Honorarzahlern gern aus, wenn es bei denen mal eng wurde. Weber und Hoffmann waren zwischendurch etwas klamm, weil sie Kautionen stellen mußten, um aus dem Knast zu kommen. Kircher stellte Bürgschaften: 3,4 Millionen DM für Weber, 200 000 DM für Hoffmann.

Am selben Tag und wohl am gleichen Schreibtisch, an dem der Generalübernehmervertrag unterschrieben worden ist, haben dieselben Beteiligten eine Vereinbarung getroffen, wonach der im Generalübernehmervertrag festgelegte Fixpreis keine Gültigkeit hatte, sondern die Unternehmensgruppe Roland Ernst nach Kostenanfall abrechnen konnte. Also zwei sich widersprechende Verträge zum gleichen Thema. Als die Verträge in der Öffentlichkeit bekannt wurden, gab es große Aufregung. Die Staatsanwaltschaft bestätigte, daß sie die Verträge prüfe. Roland Ernst erklärte am 22. Juli 1993 in Heidelberg gegenüber der Deutschen Presseagentur, die Verträge würden falsch interpretiert, alle Vorwürfe seien unzutreffend. Beim Abschluß des Generalübernahmevertrages hätten nur vorläufige Planungen und Aufwandsschätzungen vorgelegen, die sämtlich von der Südmilch und Sachsenmilch stammten. Die Kostenschätzungen hätten sich als unzureichend erwiesen. Die Kosten für die Erschließung des Grundstücks seien höher, ebenso für die Kläranlage. Trotz »intensiver Kostendämpfungsmaßnahmen« komme der Bau jetzt auf 148 Millionen DM. Der mit der Südmilch AG und der Landgold GmbH geschlossene Zusatzvertrag war nach Ernsts Darstellung notwendig, weil die beiden Firmen zwar die Initiatoren des Bauprojekts und zugleich die beherrschenden Gesellschafter der Sachsenmilch waren, aber nicht Vertragsparteien des Generalübernehmervertrages. Er habe deshalb darauf bestanden, daß auch sie sich zur Geschäftsgrundlage des Generalübernehmervertrages bekannten. Aus Paraguay meldete sich Wolfgang Weber am 28. Juli 1993 mit einem Fax in einigen Redaktionen. Seine Erklärung trug die schöne Überschrift: »Die Wahrheit sieht anders aus.« Weber behauptete darin, es gebe überhaupt keine »geheimen Zusatzvereinbarungen«, es habe auch keine Verträge mit einem Festpreis gegeben. »Nach meinen Informationen war es der Wunsch der Firma Ernst, eine Bestätigung der Hauptgesellschafter für die damals unbekannte Sachsenmilch AG zu erhalten«, so Weber. Sollte das schon ein Hinweis sein, daß er, Weber, eigentlich mit diesen Verträgen nicht viel zu tun habe?

Es wurde immer klarer, daß die Erklärungen von Ernst und

Weber zu den »sächsischen Verträgen« nur Nebelkerzen waren. Für die Öffentlichkeit stellte sich das Bild nebelfrei dar. Die *Stuttgarter Zeitung* kommentierte am 22. Juli 1993 die seltsamen Doppelverträge so:»Nun fällt auf Weber auch ein schlechtes Licht im Zusammenhang mit der Sachsenmilch AG. Die Sachsenmilch steckt vor allem deshalb in der Klemme, weil die Kosten für den geplanten Neubau einer Molkerei ausgeufert sind. Dabei hat Weber eine dubiose Rolle gespielt. Er hat mit dem Bauunternehmer Ernst eine Vereinbarung getroffen, die den eigentlich vereinbarten Festpreis wieder in Frage stellt und statt dessen Ernst eine Einzelabrechnung garantiert. Daß dieser Vertrag der Deutschen Bank, die die Sachsenmilch an die Börse geführt hat, und auch den Aktionären verheimlicht wurde, ist das eigentliche Problem.«

Das Projekt Sachsenmilch 2000 war, selbst wenn man die hohen Subventionen berücksichtigt, schon im Planungsstadium nicht profitabel. Die Berechnung der Industrieberatung Brück aus Köln war eine Wirtschaftlichkeitsberechnung, die sich nicht am Ertrag orientierte, sondern an der Fähigkeit dieses Unternehmens, einen auskömmlichen Milchpreis zu erwirtschaften. Das ist für milchwirtschaftliche Betriebe in Deutschland nicht unüblich, schließlich sind die meisten Molkereibetriebe genossenschaftliche Unternehmen, bei denen es nur darum geht, einen möglichst hohen Milchpreis für die Bauern herauszuschlagen. Die Südmilch schaffte das zwar auch nie, gab aber vor, es zu wollen. Wenn jedoch dieses hehre Streben nach einem hohen Milchpreis die Grundlage von Berechnungen zur Wirtschaftlichkeit wird, dann kann es finanziell sehr schnell eng werden. Ein hoher Milchpreis ist für die Bauern eine schöne Sache für ihre harte Arbeit, kann aber kein Zeichen für eine hohe Profitabilität sein. Schon gar nicht bei einer an der Börse notierten Aktiengesellschaft.

Fachleute aus der Milchwirtschaft haben schon im Projektstadium der Sachsenmilch 2000 erkannt, daß dieses Unternehmen nie in der Lage sein würde, Erträge zu erwirtschaften. Es war für das, was es produzieren sollte, einfach zu groß konzipiert, die Investitionen zu hoch. Diese Einwände wurden von den Betroffenen nicht wahrgenommen. Es ist bekannt, daß der Unternehmer Müller-Milch die Deutsche Bank vor diesem Riesenprojekt schriftlich gewarnt hat. Als Müller dann nach dem Konkurs in die Sachsenmilch einstieg, war es für ihn billiger. Er konnte dann ohne Belastungen von Ernst- oder Weberverträgen agieren. Dennoch bekam er in Sachsen Probleme. Das hat aber offensichtlich nicht nur mit der Sachsenmilch zu tun. Der wichtigste Partner der Sachsenmilch AG bei dem Projekt Sachsenmilch 2000 war die Unternehmensgruppe Roland Ernst, die den Neubau der Molkerei errichten wollte. Roland Ernst schloß neben dem Generalübernehmervertrag mit der Sachsenmilch AG einen Geschäftsbesorgungsvertrag ab, der ihn beauftragte, die gesamte maschinelle Ausstattung des Molkereineubaus zu besorgen. Dieser Vertrag besagte, daß Ernst die technischen Einrichtungen und Anlagen formal zu bestellen hatte. Techniker verschiedener Beratungsfirmen hatten zusammen mit Südmilch-Fachleuten die Details mit potentiellen Lieferanten ausgehandelt. Preisverhandlungen fanden nicht mehr statt, weil alles im Vorfeld zwischen Lieferanten und Technikern von Südmilch und Sachsenmilch abgeklärt worden war.

Roland Ernst ließ sich diese Tätigkeiten, für die er im Grunde nichts tun mußte, gut bezahlen. Beinahe fünf Millionen sollte er dafür bekommen, daß er Bestellungen ausschrieb und Überweisungen tätigte. Der Geschäftsbesorgungsvertrag enthielt allerdings noch einen weiteren Passus, der die fürstliche Bezahlung eher verständlich machte: In dem Vertrag verpflichtete sich Roland Ernst, von der Südmilch AG »Molkerei-know-how« zu kaufen und dieses know-how, mit einem Aufschlag von einer Million DM, an die Sachsenmilch AG weiterzugeben. Das Geschäft hatte ein Volumen von 38 Millionen DM. Jeder Branchenkenner weiß, daß dieses »know-how« zum großen Teil kostenlos von den Maschinenlieferanten erhältlich ist. Vor allem stand ja die Patentante bzw. Mutter Südmilch mit ihrer Erfahrung auch noch bereit – wenn es mit rechten Dingen zugegangen wäre. Aber an diesem Punkt endete die deutsche Einheit und die Südmilcheinheit. Der Form halber wurden Aktenordner angelegt, wo die verschiedenen know-how-Komplexe abgeheftet wurden. Dabei ging es um Bereiche, die zur molkereiwirtschaftlichen Allgemeinbildung gehören, z.b. Trocknung von Magermilch oder die Organisation eines milchverarbeitenden Betriebes. Für dieses know-how sollte Roland Ernst cash bezahlen. Ein Teil sollte an die Südmilch AG gehen, ein Teil an die Milchwerke Donau-Alb und ein weiterer Teil an die Landgoldmilch GmbH Künzelsau. Roland Ernst handelte auftragsgemäß. Die Mittel, die in die Landgold und in die Milchwerke Donau-Alb flossen, wurden im Rahmen des Intermilch-Ergebnis-Ausgleichs wieder auf die Südmilch übertragen. Mit diesen 37 Millionen DM hat die Südmilch Verluste aus dem operativen Geschäft 1991 und 1992 ausgeglichen. Es steht außer Zweifel, daß dieses Geschäft unsauber, sittenwidrig, wenn nicht kriminell war. Kein Wunder, daß das know-how-Geschäft Teil der Anklage ist.

Es ist nicht vorstellbar, daß die Unternehmensgruppe und Roland Ernst nicht wußten, worum es bei dem know-how-Vertrag ging. Roland Ernst ist ein cleverer Geschäftsmann. Er war anwaltlich beraten und er hat das Geschäft sicherlich nur gemacht, weil es lukrativ war. Es gibt viele Fachleute in der Branche, die sich gefragt haben, weshalb Roland Ernst sich mit einem Molkereineubau beschäftigen wollte. Es war alles andere als sein Spezialgebiet. Seine Spezialität sind Wohn- und Bürohäuser, aber nicht Fabriken. Roland Ernst hat schon für die Polizei in Stuttgart gebaut. Hätte er die Finger von der Molkerei gelassen, hätte er nicht mit der Polizei zu tun bekommen. Aber es gibt eben Unternehmer, die bei scheinbar leicht verdienten Millionen ihren Grundsätzen untreu werden und trotz etwas schlechten Gewissens versuchen, ein Auge zuzudrücken.

Die fünf Millionen DM aus dem Geschäftsbesorgungvertrag für Roland Ernst sind nur so zu verstehen und zu erklären, daß sie der Preis für die Akzeptanz des know-how-Vertrages sind. Es ist sogar vorstellbar, daß Roland Ernst von der Südmilch gerade deshalb ausgesucht wurde, weil bei diesem bisher branchenfremden Unternehmer ein know-how-Vertrag noch einigermaßen verständlich erscheinen konnte. Das know-how sollte die Sachsenmilch von Roland Ernst kaufen. Doch das überstieg die geplanten Investitionskosten. Vielleicht haben sich die Schöpfer dieser Geschäftsidee ausgerechnet, daß man dieses know-how ebenfalls durch den Steuerzahler subventionieren lassen könne. Da wäre dann aus dem Aufbauprogramm »Ost« ein Aufbauprogramm »West« geworden: Steuergelder aus dem Westen für den Aufbau im Osten via know-how-Vertrag wieder an die Südmilch in Stuttgart.

Dazu kam es nicht mehr. Weber, Hoffmann und Klecker mußten ihre Ämter aufgeben, mit Webers Nachfolger Staudacher war das nicht zu machen. Die Deutsche Bank erkannte viel zu spät, daß sie mit der Sachsenmilch AG eine riesige Fehlinvestition finanziert hatte. Die Banker in Frankfurt wußten offenbar nicht mehr, wie sie aus der Sachsenmilch wieder herauskommen sollten. Da kam ihnen die Diskussion zu dem Generalübernehmervertrag mit Roland Ernst gerade recht. Die Sachsenmilch sollte mit über 40 Millionen DM über die angegebenen Investitionskosten von 100 Millionen DM hinaus belastet werden. Das war der Vorwand für die Deutsche Bank, das Handtuch zu werfen. Wie gewollt die Aufgabe in Dresden war, läßt sich schon an drei Zahlen erkennen. Das gesamte Kostenvolumen betrug bei der Sachsenmilch AG 260 Millionen DM. Die Kostenüberschreitung von 44 Millionen DM macht 17 Prozent aus. Dies dürfte kein Grund für die Aufgabe gewesen sein. Es bleibt die Erkenntnis: Die Deutsche Bank wollte schlicht den Ausstieg so schnell wie möglich.

Es ist nicht klar, ob die Deutsche Bank von dem Geschäftsbesorgungsvertrag und dem know-how-Geschäft Kenntnis hatte. Schließlich gab es bei Roland Ernst und bei der damaligen Südmilch den Hang, zwei Verträge zu einem Vorhaben zu unterzeichnen. Dies eröffnete die Möglichkeit, immer bei der passenden Gelegenheit einen passenden Vertrag vorzulegen. Man muß aber der Deutschen Bank den Vorwurf machen, sie sei mit solch blauen Augen – um nicht beispiellose Dummheit zu sagen – an das Projekt Sachsenmilch herangegangen, daß sich, zumindest hinterher, die ganze Finanz- und Bankenbranche wunderte. Als die Geschäfte bekannt wurden, fragte sich mancher Wirtschaftsmann, wieviel know-how die Deutsche Bank eigentlich habe.

Den persönlichen Kredit in Höhe von 750 000 DM, den Roland Ernst an Wolfgang Weber bezahlte, kann man nur so verstehen, daß damit die Geschäftsbeziehung zwischen Ernst und Weber und die Bedeutung des Sachsengeschäfts unterstrichen werden sollten. Dies ist eine zurückhaltende und neutrale Formulierung für einen Vorgang, den andere schlicht als Korruption bezeichnen.

Dem Vorstand der Südmilch gelang es, die in Aussicht gestellten Subventionen frühzeitig von den zuständigen Stellen loszueisen. In Sachsen und in Bonn wurde Druck gemacht für die Sachsenmilch AG und für die Südmilch AG. Der Einheitskanzler korrespondierte persönlich mit Wolfgang Weber. Die rund 100 Millionen DM wurden von den staatlichen Stellen aufgrund von Maschinen- und Gebäudebestellungen angewiesen, aber zu einem Zeitpunkt, zu dem weder die Maschinen genau definiert noch die Gebäude in einem ausreichenden Planungsstadium waren. Da sage noch einer, der Aufschwung Ost habe unter bürokratischen Verzögerungen gelitten. So schnell konnte kein Westler mauern, wie es im Osten Geld gab – wenn es das richtige Projekt war. Die Sachsenmilch AG konnte jedoch den unerwartet frühen Geldregen nicht auf die Bank bringen und verzinsen. Das ist bei Subventionen verboten. Roland Ernst mußte wieder einspringen. Nach vorliegenden Informationen wurden die hereinkommenden Subventionsmillionen an die Unternehmensgruppe Ernst zinslos ausgeliehen. Roland Ernst lieh diese Mittel seinerseits an die Südmilch aus. Die Zinsen gingen nicht an die Sachsenmilch, sondern an Roland Ernst. Einen anderen Teil der Mittel benutzte Ernst zur Finanzierung seiner know-how-Verträge. Dieses ganze Geschäft lief nicht etwa in aller Heimlichkeit ab, sondern unter den kurzsichtigen Augen der Deutschen Bank. Weil es der Bank wohl etwas mulmig wurde, ließ sie sich die Ansprüche, die die Sachsenmilch gegenüber Roland Ernst aufgrund der ausgeliehenen Subventionsmittel hatte, übertragen und sanktionierte damit den gesamten Deal. Aus welchen Gründen auch immer, später zahlte Roland Ernst von den Zinsgewinnen wieder an den Osten zurück. Die Ermittler suchen noch.

Bei der Sachsenmilch gab es noch einen dubiosen Vertrag, den keiner versteht, bei dem es aber »nur« um runde 6 Millionen DM ging. Wer den Vertrag liest, der muß zu dem Schluß kommen, daß für so offensichtlich vordergründige Leistungen niemand 6 Millionen DM zahlen würde. Der Vertrag wurde am 9. November 1992 unterschrieben von den Herren Hoffmann und Klecker für die Sachsenmilch und von Roland Ernst. In der Vereinbarung geht es um Sonderaufwendungen und Risiken – offenbar seitens der Sachsenmilch. Als besonders kostenträchtige Bereiche werden genannt: hohe Schulungs- und Weiterbildungskosten, hohe Markterschließungs und Marketingkosten, hoher Anteil ertragsschwacher Versandmilch, hohe Finanzierungskosten, hoher Wertberichtungsbedarf und hohe Beratungskosten. Bei solchen allgemeinen Formulierungen kommt der Verdacht auf, hier gehe es entweder darum, jemand etwas »zuzuschanzen« oder aber jemand etwas »nachzureichen«.

Aus heiterem Himmel ist in der Vereinbarung auf einmal die Rede davon, »daß Roland Ernst an Sachsenmilch zur Unterstützung bei der Bewältigung der beschriebenen Sonderaufwendungen einen einmaligen, nicht rückzahlbaren Betrag als Aufbaukostenbeitrag in der Höhe von 6,27 Millionen DM zur Verfügung stellt. Dieser Betrag wird am 15.12.92 zur Zahlung fällig.« Die Gegenleistungen klingen geradezu kindisch. Bis jetzt hat in der deutschen Wirtschaft noch nie jemand soviel Geld bezahlt für: »Benutzung des Werkes zu Referenzzwecken, Benutzung des Werkes zu Schulungszwecken, Gebrauch des Namens Sachsenmilch, Recht zu Publikationen, freier Zugang zum Werk«. Roland Ernst bezahlte die 6,27 Millionen DM aus den Erlösen, die vorher Gegenstand der Anträge zur Subventionszahlung waren und mit 50 Prozent gefördert wurden. Das heißt, aus diesen Aktionen bekam die Sachsenmilch 6,27 plus 3,13 Millionen DM gleich 9,4 Millionen DM.

Wahrhaft merkwürdige Dinge, die sich da in Dresden taten. Selbst für August den Starken wäre das starker Tobak gewesen. Im Endergebnis machte sich die Sachsenmilch für die Südmilch gleich dreimal nützlich: Einmal als Lieferant von Geld für das know-how, zweitens als Kreditgeber und drittens als Mittel, sich in der Öffentlichkeit als Wohltäter und aktiver Investor in den neuen Bundesländern zu profilieren.

Es war wie immer: Die Aufsichtsgremien hätten es sehen sollen, die Prüfungsgesellschaft Schitag sah zu und schwieg, und die staatlichen Stellen sahen und zahlten. Zeugen waren außerdem das Management der Südmilch, die Deutsche Bank, das Landwirtschaftsministerium in Dresden, mehrere Unternehmensberater, Ingenieure und Lieferanten. Keiner fühlte sich verantwortlich für Steuerzahler, Aktionäre und Bauern. Südmilch-Business as usual.

Durch die Pleite der Sachsenmilch haben ostdeutsche Bauern viel Geld verloren. Zwei Monate wurden ihre Milchlieferungen nicht bezahlt. Für die folgenden Monate wurden die Auszahlungspreise gesenkt. Der Schaden für die Kleinaktionäre wurde abgewendet, weil sich die Deutsche Bank erstaunlich schnell bereit erklärte, die volle Verantwortung für die Emission zu übernehmen, und den Kleinaktionären den Ausgabepreis der Aktien rückerstattete. Inzwischen hat die Deutsche Bank das Geld durch die helfende Hand des Vergleichsverwalters Grub von der Südmilch zurückbekommen. Geschädigt wurde auch die sächsische Milchindustrie. Zur Rettung der Sachsenmilch gab es nur einen ernsthaften Bewerber, den bisherigen Hauptkonkurrenten in dieser Gegend: Müller-Milch. Durch diese Übernahme schaltete Müller-Milch den Milchwettbewerb in Sachsen aus. Die Leidtragenden sind wieder die Bauern. Geschädigt wurde der Ruf westdeutscher Unternehmen in Ostdeutschland, geschädigt wurden Hunderte von Mitarbeitern, die den Arbeitsplatz verloren, und geschädigt wurde die Südmilch, die zum Vergleich gezwungen wurde.

Kapitel IV

Die Tragik des Südmilch-Vergleiches

1. Ein Verwalter namens Grub

In der ganzen Südmilchmisere kam ein kleiner Mann groß heraus: der Vergleichsanwalt Volker Grub. Zum Zeitpunkt des Vergleichs war er 53 Jahre alt, sah immer ein bißchen grau und übernächtigt aus, hatte eine gewisse Ähnlichkeit mit dem eisenharten Sparkommissar Lopez bei VW in Wolfsburg und einen grandiosen Ruf: Man nennt ihn den »Napoleon der Vergleichsverwalter«, das »Pokerface mit den goldenen Händen«, den »Mann mit der hohen Quote«, den »Mann aus der Bundesliga der Vergleichsverwalter«. Grub schaffte bei seinen Vergleichsverfahren immer hohe Vergleichsquoten und brachte meist Investoren in den Vergleichsbetrieb, die ein Überleben garantierten. Zumindest kurzfristig. Nach langfristigen Entwicklungen fragt in diesem Geschäft niemand. In den Jahren 1982 bis 1993 hat der Stuttgarter Anwalt immerhin rund 135 schwere Fälle abgewickelt. Dabei ging es unter anderem um so prominente schwäbische Namen wie Bauknecht, Bleyle und die Metallwerke Stockach. Durch das Vergleichsverfahren bei Südmilch hat sich Grub seinen guten Ruf endgültig zum Denkmal gegossen. Das sieht Grub sicherlich so, und so ist es auch in der Öffentlichkeit angekommen.

Wer die Grub-Vergleiche näher betrachtet, der kann auch Risse im Denkmal feststellen. So rechnet sich Grub das Verfahren Bleyle immer noch als Erfolg an, obwohl die Firma inzwischen in der dritten Pleite ist. Da taucht Grub aber als Konkursverwal-

147

ter nicht auf. Andere seiner Verfahren verliefen ähnlich. Grub schaffte es aber immer, daß der Mißerfolg nicht an ihm hängenblieb. Stars wie er leben gern und gut in unserer vergeßlichen Mediengesellschaft. Sicher darf ein Vergleichsverwalter kein feinfühliges Sensibelchen sein, das vor jeder Gratwanderung zurückschreckt. Aber Grub leistete sich Wanderungen im Minengebiet, die extrem gefährlich sind. Offenbar hatte der Vergleichsverwalter keine Probleme, am Rande der Legalität zu arbeiten. Im Vergleichsverfahren überdehnte er seine gesetzlichen Möglichkeiten und führte sich als Vorstandsvorsitzender auf. Durch eine Intrige schaffte er es, den amtierenden Vorstandsvorsitzenden Staudacher zu kippen. Den anschließenden Rechtsstreit verloren das Unternehmen und die Kanzlei Grub gegen Staudacher, einschließlich der entsprechenden Geldmittel. Im Überschwang der Vergleichsgefühle – oder waren es Finanzgefühle? – stoppte Grub dem früheren Eiscreme-Geschäftsführer, Wilhelm Fleischer, die Pensionszahlungen, obwohl die schon über 15 Jahre von der Südmilch bezahlt wurden. Den anschließenden Rechtsstreit... siehe oben. Das letzte Verfahren in diesem Streitfall wurde im Herbst 1995 vor dem Oberlandesgericht Stuttgart entschieden. Besonders pikant: Es stellte sich dabei heraus, daß die Pensionszahlungen für den früheren Geschäftsführer Wilhelm Fleischer nicht richtig dynamisiert worden waren. Dank Grub zahlt die Südmilch jetzt noch mehr als vorher. Fleischer freute sich.

Doch Grub war nicht nur Verlierer, er war auch Gewinner, weil seine Kanzlei immer weiter beschäftigt war. Offenbar ist es inzwischen eine landläufige Methode geworden, in der Zeit des Vergleiches Prozesse anzuzetteln, die mehr oder weniger aussichtslos sind, aber ertragreich von der eigenen Kanzlei betreut werden. Mag sein, daß dies bei kleineren Verlegenheitsverwaltern mal vorkommt. Grub aber zählt zur »Bundesliga«, es darf nicht sein, daß sich die Bundesliga der Vergleichsverwalter finanziell den Fußball zum Vorbild nimmt. Vielleicht aber ist der Fußball doch das Maß aller Dinge? Als bekannt wurde, daß Grub für den Südmilch-Vergleich mindestens 6 Millionen DM kassieren würde, erklärte er nur ärgerlich, das Honorar werde vom Vergleichsgericht festgesetzt. Das Gericht aber orientiert sich an bestimmten Kriterien – und am Vorschlag des Vergleichsanwalts. So viel zu Haupt- und Nebenverdiensten von Vergleichsverwaltern.

Als er auf der Südmilch-Hauptversammlung 1995, zu der kaum noch Bauern kamen, danach gefragt wurde, wie es um die Prozesse stehe, sagte der neue Vorstandsvorsitzende Fischer für seine holländischen Hauptaktionäre, es hätte keine verlorenen Prozesse gegeben, nur außergerichtliche Vergleiche. Da hatte er zum Teil theoretisch recht. Die Prozesse waren von Grub begonnen worden, waren in der ersten oder zweiten Instanz aussichtslos, dann gab es eine außergerichtliche Einigung. Sie haben die Südmilch viele hunderttausend DM gekostet – zuzüglich Anwaltskosten an Herrn Grub. Auf dieser Hauptversammlung tauchte Grub kurz auf, setzte sich in eine der vorderen Reihen, ließ sich mit einem Applaus kurz feiern und verschwand wieder.

Man muß es Grub lassen, er versteht seine Person einzusetzen und einen Vergleich so abzuwickeln, daß man meint, er spiele sich auf einer öffentlichen Rampe ab. Die viele Aufmerksamkeit für das Vergleichsverfahren verstärkt die Möglichkeit, daß Investoren angezogen werden. Grub versteht es auch, die möglichen Investoren sozusagen in einem öffentlichen Wagenrennen starten zu lassen, um eine hohe Investition und eine hohe Vergleichsquote zu ereichen. Bei ihm steht das Interesse des Betriebes nur scheinbar im Vordergrund. Grub weiß genau, was für ihn vor allem wichtig ist: die Banken. Sie müssen das Gefühl haben, der Vergleichsverwalter kümmere sich hauptsächlich um sie. Dann kann er sicher sein, daß er beim nächsten Fall wieder dabei ist.

Grub hat inzwischen theoretische Modelle entwickelt, wie ein Vergleich abzulaufen hat und was im Gesetz noch geändert werden müßte. Am liebsten würde er das Gesetz – so hat es den Anschein – allein ändern. Dem Bauern Eugen Seemann, Südmilch-Gremienmitglied, sagte Grub unbekümmert: »Gell, Herr

Seemann, zwischendurch mach' ich das Gesetz!« Der Vergleichsverwalter ist Sprecher des einflußreichen »Gravenbrucher Kreises«, eines losen Zusammenschlusses der 15 wichtigsten Konkurs und Vergleichsverwalter. Fixpunkt in Grubs Modellen ist das Management. Es sollte verschwinden, denn diese Leute haben ja die Firma in Schwierigkeiten gebracht. Da fragt dann »Napoleon Grub« nicht mehr, wer vom Management wie lang schon da ist, da geht es ihm ums Prinzip, koste es, was es wolle, obwohl er sich sonst so kostenorientiert gibt wie ein schwäbischer Lopez. In solchen Situationen bekommt Grub eine gewisse Ähnlichkeit mit Wolfgang Weber, mit ähnlichen Auswirkungen auf die Firma. Als die Zeitschrift *Managermagazin* den Vergleichsanwalt für die Septemberausgabe 1995 ablichten wollte, band sich Grub einen roten Schlips mit schwarzbunten Kühen um und verkündigte Redakteuren seinen Grundsatz: »Man kann nicht jedes Mal bei Adam und Eva anfangen!«

Es gibt Anzeichen, daß die Entscheidungen des Vergleichsverwalters der Südmilch nur kurzfristig geholfen haben. Sein »Vergleichs-Management« hat auf jeden Fall zunächst den Banken geholfen, insbesondere der Deutschen Bank – und ihm. Manchmal hat man bei dem Stuttgarter Vergleichsverwalter den Eindruck, er leide darunter, daß ihn noch niemand gefragt hat, ob er Vorstandsvorsitzender werden wolle. Anders sind seine Ambitionen als »Obervorstandsvorsitzender« in einem Vergleichsverfahren nicht zu verstehen. Vielleicht hat das in unserem speziellen Fall mit seiner Biographie zu tun. Grub gab beim »Munzinger Archiv« zwar an, daß sein Vater Forstmeister in Oberschwaben war. Wichtiger muß ihm der Urgroßvater gewesen sein. Der war Reichstagsabgeordneter in Berlin und Unternehmer – er hat den ersten Milchhof in Berlin eingeführt.

2. Wie eine Kreditlawine entstand

Für einen Außenstehenden ist ein Vergleichsverfahren ein mehr oder weniger normaler wirtschaftlicher Vorgang. Natürlich eine Ausnahmesitutation für ein Unternehmen, aber für den Leser des Wirtschaftsteils der Zeitung etwas Alltägliches. Doch wer hinter die Kulissen eines Vergleiches schauen kann, wird erstaunt sein, wie spannend die Entstehung und Entwicklung eines Vergleichs-verfahrens sind. Da brodelt es nur so von Zufälligkeiten, Intrigen und Streitereien. Meist geht es nur um Macht und Geld. Leider wird ein Vergleichsverfahren in der Öffentlichkeit nie ausführlich dargestellt, denn dieses Verfahren entzieht sich in seinen Einzel-aktionen völlig der Öffentlichkeit. Wer mit wem gerade verhan-delt und warum, wer querschießt und wer versucht zu schlich-ten, wird nicht bekannt. Presseerklärungen und Pressekonferenzen sind immer nur das Ende von Entwicklungen im Vergleichsver-fahren. Die Hintergründe bleiben verborgen.

Selten ist ein Vergleich etwas Witziges, aber ausgerechnet in der Südmilch gab es das. Mitten im Vergleichsverfahren ließ die Pressesprecherin von Südmilch einen neuen Aufkleber produzie-ren: »Wir scheuen keinen Vergleich.« Manchmal geht es im Ver-gleichsverfahren auch um Erotik. Allerdings, im Fall Südmilch leider so gut wie nicht, da ging es fast nur um die Finanzmacht. Nur einmal war es einem Anwalt bei den Verhandlungen so lang-weilig, oder die Südmilch-Dame war so attraktiv, daß daraus eine erotische Beziehung entstand. Es gab auch einen tragischen Vor-fall: Ein leitender Finanzmann der Südmilch unternahm im Ver-gleichsverfahren einen Selbstmordversuch.

Am Ende des Vergleichs war die Südmilch kein schwäbisches, genossenschaftliches, bäuerliches Molkereiunternehmen mehr, das sich aufgemacht hatte, die Milchwelt zu erobern, sondern Teil eines holländischen Konzerns, der weiter Schwierigkeiten hat. Viele verloren Geld bei diesem Vergleich, viele Einfluß und viele ihren Arbeitsplatz. Einige verdienten sich eine goldene Nase. Der

Vergleichsverwalter ließ sich feiern, obwohl man auch die Meinung vertreten kann, der Vergleich sei gar nicht notwendig gewesen.

Die Talfahrt zum Südmilch-Vergleich begann unerwartet. Am 15. Juli 1993 wurde überraschend die Aktiennotierung der Sachsenmilch AG ausgesetzt. Als Grund wurden hohe Verluste im operativen Geschäft und höhere Kosten beim Neubau der Molkerei in Leppersdorf bei Dresden angegeben. Journalisten sprachen sofort von einer »Schieflage«. Diesen Ausdruck gebrauchen Kenner nur, wenn ein Unternehmen ernsthaft gefährdet ist. Am 23.7.1993 stellte die Sachsenmilch AG beim Amtsgericht Dresden Antrag auf Gesamtvollstreckung – in Westdeutschland nennt man so etwas einen Konkursantrag. In den Tagen davor hatte es in der Presse heftige Debatten gegeben, wie die Sachsenmilch zu retten sei. Zu diesem Zeitpunkt machte sich kaum ein Beobachter ernste Sorgen um die Südmilch AG in Stuttgart. Schließlich zeigte die angelaufene Sanierung der Südmilch gute Erfolge. Das Unternehmen berichtete, es habe im Juni die Gewinnzone erreicht.

Auslöser der Turbulenzen bei Südmilch und Sachsenmilch war eindeutig der Heidelberger Bauunternehmer Roland Ernst. Ernst hatte plötzlich Angst um sein Geld. Mit einer gewissen Berechtigung. Innerhalb des bewußten Geschäftsbesorgungsvertrages befürchtete Ernst, er könne sein Geld aus dem know-how-Vertrag nicht mehr erhalten. Nach diesem Vertrag hatte Ernst seine 37 Millionen DM an die Südmilch bezahlt und wartete auf das Geld von der Sachsenmilch. Die ersten Raten waren auch schon bezahlt, als in der Presse gerätselt wurde, wie unnötig dieser ganze know-how-Vertrag sei. Die Informationen waren bekannt geworden, als in der Südmilch die Sanierung diskutiert wurde. Daraufhin stellte die Sachsenmilch die Zahlungen für know-how mit dem Argument ein, der Geschäftsbesorgungs-Vertrag sei mit der falschen Gesellschaft geschlossen worden. Das stimmte zwar, aber das Argument konnte nur zur Situationskomik beitragen:

Diejenigen, die diese know-how-Verkäufe bei der Südmilch arrangiert hatten, deren Unterschriften unter den Verträgen standen, behaupteten nun als Vorstände der Sachsenmilch, die Verträge seien nicht gültig.

Roland Ernst wußte, daß es unsinnig wäre, das Geld bei der Sachsenmilch einzuklagen. Er bedrängte die Südmilch, die bezahlten 37 Millionen DM an ihn zurückzuzahlen. Doch die Südmilch weigerte sich. Sie konnte nicht und sie wollte nicht. Ernst ging daraufhin einen anderen Weg. Er stellte plötzlich fest, daß auch der Generalübernehmervertrag mit der falschen Gesellschaft geschlossen worden sei. Ernst verlangte die im Gesetz vorgeschriebene Zustimmung der Hauptversammlung. Doch dies war weder zeitlich noch sachlich möglich. Mit diesem Druckmittel wollte Ernst Garantien von der Südmilch, um den Bau in Leppersdorf bei Dresden nicht einstellen zu müssen. Die Garantien sollten sich auf 150 Millionen DM belaufen. Am 24. Mai 1993 beschloß der Südmilch-Aufsichtsrat immerhin eine Garantie von 100 Millionen DM, wollte aber nicht über den Festpreis aus dem Generalübernehmervertrag hinausgehen. Daraufhin stellte Roland Ernst den Bau in Leppersdorf ein.

Am 14. Juli 1993 gab der Vertreter der Deutschen Bank bei einem Gespräch im sächsischen Landwirtschaftsministerium bekannt, daß seine Bank die Sachsenmilch nicht mehr weiter finanzieren werde. Alle Teilnehmer der Sitzung waren schockiert. Die Deutsche Bank war der Ansicht, sie sei an der ganzen Entwicklung schuldlos, und entschied sich in einem erstaunlichen Mangel an Kreativität für ein »bankenübliches Ende«: Sie sperrte die Konten, forderte Kredite zurück und zwang die Sachsenmilch in den Konkurs.

Für einen Südmilch-Aufsichtsrat stellte sich der dramatische Ablauf innerhalb seines Konzerns so dar: Am 16. Juli 1993 um 16.45 Uhr kündigte die Schweizerische Kreditanstalt Deutschland AG einen 10-Millionen-DM-Kredit. Die Begründung der Schweizer war klar und offen: Risiko wegen der Sachsenmilch

AG. Die Südmilch versuchte die Schweizer zu beruhigen, doch da stand schon in der Zeitung, daß der Kurs für die Sachsenmilch AG ausgesetzt sei. Daraufhin beschloß der Vorstand, einen Finanzberater zu engagieren. Ein Stuttgarter Banker empfahl den Anwalt Dr. Volker Grub. Am 19. Juli gab es Probleme mit der Rabobank Deutschland AG. Der Vorstand wollte eine gefährliche Lawine verhindern. Er wollte alle wichtigen Bankenvertreter sofort nach Stuttgart, in das Schloßgartenhotel, einladen. Die Banker sollten sehen, daß es ein erfolgreiches Sanierungskonzept bei der Südmilch gebe und der Konzern Perspektiven habe – trotz der Schwierigkeiten in Dresden. Die Einladungen waren schon gefaxt, da brachte es der Finanzberater Grub fertig, die Aktion abzublasen. Grub warf seine ganze Erfahrung in die Waagschale und erklärte, diese Aktion könne keinen Erfolg haben, die Banken würden dann erst recht nervös.

Doch die Banken waren schon nervös. Am 26. Juli kündigte die Rabobank ihren 15-Millionen-DM-Kredit. Am gleichen Tag fand eine außerordentliche Aufsichtsratssitzung bei der Südmilch statt. Bei dieser Sitzung wurde die zugespitzte Finanzsituation des Konzerns dargestellt: Abschreibungsbedarf von 35 bis 40 Millionen DM durch die Sachsenmilch, 24 Millionen DM Rückforderung an know-how-Zahlungen von Roland Ernst, Bilanzverlust erstes Halbjahr 1993 28 Millionen DM, dazu die Kreditkündigungen. In der Sitzung wurde bekannt, daß Roland Ernst nicht an einem außergerichtlichen Vergleich mitwirken wollte. In der Aufsichtsratssitzung wurde auch schon überlegt, welche Auswirkungen ein Vergleich für die Bauern haben würde. Die Einschätzung war, daß die Bauern ein halbes Monatsmilchgeld verlieren könnten. Ein durchschnittlicher Südmilch-Bauer hat 15 Kühe im Stall und bekommt im Monat 3 500 bis 4 000 DM. Am Ende des Südmilch-Vergleichs verlor in Baden-Württemberg nur ein geringer Teil der Bauern ein halbes Monatsmilchgeld. Die meisten Milchgenossenschaften konnten den Verlust aus ihren Rücklagen abdecken. Die Bauern und Genossenschaften verloren aber dramatisch an Aktienvermögen und Einfluß auf dem Milchmarkt.

Für die Aufsichtsräte schien auf der Sitzung am 26. Juli 1993 der Vergleich unabwendbar. Nach der Sitzung bemerkten die Räte, daß die Dramatik in kurzer Zeit zugenommen hatte. Was der Vorstand verhindern wollte, trat jetzt ein – die Lawine rollte mit steigendem Tempo: Die Frankfurter Sparkasse verlangte die Rückzahlung von 2 Millionen DM Tagegeld, die Stuttgarter Bank von 3 Millionen, die Deutsche Verkehrs-Bank AG 2 Millionen, die Bankenunion AG wollte 3 Millionen Darlehen zurück, die Metallbank GmbH wollte die Kreditlinie nicht verlängern, die Bayerische Hypothekenbank sperrte das Kontokurrentkonto, die Bank für Gemeinwirtschaft kündigte die gesamte Kreditlinie. Was der frühere Südmilchchef Weber einst als Vorteil genutzt hatte, spürte die Südmilch jetzt schmerzhaft als Nachteil. Weber hatte immer darauf geachtet, daß die Südmilch keine richtige Hausbank hatte. Er arbeitete mit mehr als 30 Banken zusammen. So konnte er die finanzielle Lage der Südmilch, wenn es nötig war, jederzeit verschleiern. Eine Hausbank hätte bei den vielen Fehlentscheidungen Webers früher reagiert. In einer dramatischen Situation hätte aber der Konzern mit einer Hausbank viel schneller, flexibler und unkomplizierter verhandeln können. So aber versuchten fast alle Banken, schnell noch einige Millionen zu retten.

In dieser aufregenden Sitzung hatte der Aufsichtsratsvorsitzende Schnitzler noch Zeit, nach einer Bürgschaft für Wolfgang Weber zu fragen. Diese Bürgschaft sollte die Südmilchtochter Landgold an Weber gegeben haben, damit Weber seine Steuerschulden bezahlen konnte. Bauer Riedel vom Aufsichtsrat der Landgold bestätigte die Bürgschaft, setzte aber hinzu, daß die Unterlagen nicht aufzufinden seien.

Finanzberater Grub, der bei der Aufsichtsratssitzung als Gast geladen war, empfahl »dringend« die Anmeldung des Vergleichs. Der Vorstand sei in dieser Lage gesetzlich dazu verpflichtet. Man müsse schnell handeln. Würde eine Zahlungsunfähigkeit bekannt,

3. Status des Unternehmens

Herr Dr. Staudacher stellt den Status des Unternehmens umfassend dar.

Ablauf der letzten Tage der SACHSENMILCH AG. Die Verhandlungen mit ROLAND ERNST um die Aufhebung des Baustopps und die Lösung des Problems um die Know-how-Verträge verliefen ergebnislos. Die SACHSENMILCH hat ohne gültige Vertragsgrundlage 16 Mio. DM an ROLAND ERNST bezahlt. Der Kompromiß sah vor, daß sich der Generalübernehmer und die SÜDMILCH den Schaden teilen und jeder 18,5 Mio. DM übernimmt, mit der Voraussetzung, daß die Zahlungen von SÜDMILCH erst dann geleistet werden, wenn die SÜDMILCH nach ihrem Sanierungskonzept Gewinne erwirtschaftet.

Am Mittwoch beim Gespräch im Sächsischen Landwirtschaftsministerium lehnte die Deutsche Bank eine weitere Finanzierung ab, plädierte zunächst für einen außergerichtlichen, dann für einen gerichtlichen Vergleich. Der Landwirtschaftsminister griff nicht ein. Er forderte ebenfalls einen Vergleich. Die Gespräche wurden ohne Ergebnis abgebrochen. Am folgenden Tag sperrte die Deutsche Bank alle Konten und setzte den Kurs der SACHSENMILCH-Aktie aus.

Herr Bayha berichtet über die Verhandlungen zwischen SÜDMILCH (Herren Bayha und Dr. Staudacher), ROLAND ERNST sowie MÜLLER mit der Deutschen Bank in Frankfurt. Die Gespräche führten zu keinem Ergebnis, da ROLAND ERNST nicht bereit war, im Rahmen eines außergerichtlichen Vergleichs mitzuwirken.

Aktuelle Situation SACHSENMILCH

Herr Dr. Staudacher stellt fest, daß die Situation für das Management zunehmend unhaltbar wurde. Der Antrag auf Gesamtvollstreckung war nicht zu verhindern. Eine schnelle Einsetzung des Sequesters erfolgte.

Verluste SÜDMILCH

Der Vorstand stellt die Folgen für die SÜDMILCH dar. Die Gesamtvollstreckung der SACHSENMILCH bedeutet den Totalverlust des SACHSENMILCH-Engagements der SÜDMILCH: Aktien, Darlehen, Bürgschaft, Forderungen aus Wechsel und Warenlieferungen und Leistungen. Insgesamt ein Abschreibungsbedarf von 35 bis 40 Mio. DM. Die Entwicklung war für die SÜDMILCH nicht vorhersehbar. Noch wenige Tage vorher hat die SÜDMILCH Wechsel der SACHSENMILCH in Höhe von 2 Mio. DM gegengezeichnet.

Unter Berücksichtigung des Abschreibungsbedarfs für die SACH-SENMILCH, der nun vorliegenden Rückforderung der Knowhow-Zahlungen von ROLAND ERNST in Höhe von 24 Mio. DM sowie des Bilanzverlustes des ersten Halbjahres, lt. Herrn Plutte 28 Mio. DM, hat die SÜDMILCH die Überschuldungsgrenze überschritten, und der Vorstand ist gezwungen zu handeln.

Außerdem liegen Kreditkürzungen der SKA und der Rabobank in Höhe von 25 Mio. DM vor. Eine Umschuldung ist zur Zeit aussichtslos. Damit besteht auch Zahlungsunfähigkeit.

Der als Gast anwesende Herr Dr. Grub empfiehlt dringend die Anmeldung des Vergleichs. Der Vorstand sei in dieser Lage gesetzlich dazu verpflichtet. Auch solle, so Herr Dr. Grub, der Vorstand schnell handeln. Würde die Zahlungsunfähigkeit bekannt, würde das laufende Geschäft zusammenbrechen, da die Lieferanten nicht mehr lieferten bzw. gelieferte Ware aus dem Unternehmen abholen würden.

Unter Berücksichtigung dieser Argumente stimmt der Aufsichtsrat schließlich zu, daß der Vorstand für die SÜDMILCH den Vergleich beantragt.

Herr Dr. Staudacher verläßt darauf die Sitzung, um den Vergleichsantrag vorzubereiten.

Zusammenfassung der Diskussion

Die Bauern werden ein halbes Monatsmilchgeld verlieren.

Die Auswirkung auf die Aktie und die Auswirkung eines Kapitalschnitts können noch nicht eingeschätzt werden. Wenn der jetzige Zeitpunkt zur Einleitung eines Vergleichsverfahrens nicht genutzt wird, ist nach Aussage von Herrn Löbel ein Konkurs unabwendbar.

Dokument 13 (nachgesetzt): Protokoll der außerordentlichen Aufsichtsratssitzung am 26.7.1993, als Anwalt Grub den Vergleich empfahl und der Vergleich beschlossen wurde *(Ausschnitt)*.

würde das laufende Geschäft zusammenbrechen. Grub hätte eine solche Empfehlung nicht aussprechen dürfen, oder er hätte sich als Vergleichsverwalter außen vor lassen müssen. Da ist die Vergleichsordnung ganz streng. Wer ein Unternehmen berät, kann nicht zu einem Vergleich raten und dann noch Vergleichsverwalter werden.

Die Tätigkeit von Vergleichsverwaltern ist schon seit einiger Zeit in einer kritischen Diskussion in der deutschen Wirtschaft. Der Vergleichsanwalt Volker Grub wird dabei immer als erfolgreicher und rechtssicherer Jurist zitiert. Das ändert jedoch nichts an der Tatsache, daß für Grub der Südmilchvergleich ein großes Geschäft zu werden versprach. Zu diesem Zeitpunkt konnte Grub bestimmt einschätzen, daß die Südmilch ein idealer Vergleichsklient sein würde. Der Auftrag versprach große Reputation und großes Aufsehen. Man kann es einem Berater nicht übel nehmen, daß er sich im Zweifel für ein Geschäft entscheidet, das ihm an die 10 Millionen DM bringen kann. Gerade deshalb hat der Gesetzgeber die Trennung von Beratung und Vergleichsanwalt vorgesehen.

3. »Ich möchte einen Vergleich anmelden«

Am 27. Juli 1993 stand der Südmilchchef Dr. Frank Staudacher morgens um 9 Uhr vor einem Zimmer des Amtsgerichtes Stuttgart und klopfte. Die zuständige Beamtin hörte den Konzernchef zunächst gar nicht, weil sie etwas laut Radio hörte und ihre Blumen goß. Es muß für einen Vorstandsvorsitzenden eine höchst unangenehme Situation sein, in einem Beamtenzimmer kleinlaut zu sagen, daß ein Vergleich anzumelden sei. Für die zuständigen Beamten ist dies jedoch Routine und wird mit der Frage quittiert: »Haben Sie die Unterlagen dabei?« In der Meldung der Deutschen Presseagentur hieß es am selben Tag lapidar: »Die größte deutsche Molkerei, die Südmilch AG Stuttgart, hat am

Dienstag beim Amtsgericht Stuttgart Antrag auf Vergleich gestellt… Als vorläufigen Vergleichsverwalter hat das Amtsgericht den Stuttgarter Rechtsanwalt Volker Grub eingesetzt.« Von diesem Tag an übernahm der Vergleichsverwalter die Geschäfte bei der Südmilch. Aufgabe eines Vergleichsverwalters ist es, Verwalter der Gläubiger-Interessen zu sein. Doch Grub zog sein Modell des Vergleichs durch. Obwohl ein Vergleichsverwalter nicht die großen Machtbefugnisse eines Konkursverwalters hat, gebärdete sich Grub als alleiniger, mächtiger Manager in der Südmilch. Dabei sieht das Vergleichsverfahren nur einen Verwalter vor, der auf die Interessen der Gläubiger zu achten hat, nicht einen neuen Vorstandsvorsitzenden.

Grub schaffte es in dem Vergleichsverfahren, die Macht an sich zu reißen und den Aufsichtsrat einzuwickeln. Dies war nur vergleichbar mit dem Auftreten des früheren Vorstandsvorsitzenden Wolfgang Weber zu dessen besten Zeiten. Auch bei Grub spielte in solch brenzligen Situation Geld keine Rolle. Den neuen Finanzmann Plutte drängte er nach wenigen Wochen wieder hinaus. Plutte kassierte für einen knappen Monat Arbeit runde 100 000 DM, so vernahm es der Aufsichtsrat. Grub handelte nach dem Werbeslogan der Genossenschaftsbanken: »Wir machen den Weg frei!« Als es gleich am Anfang des Verfahrens um die Sponsortätigkeit für den VfB Stuttgart ging, verhandelte Grub mit dem Präsidenten und Finanzminister Mayer-Vorfelder – nicht der Vorstandsvorsitzende. Trotz des Vergleiches und des knappen Geldes stimmte Grub für die Treue zum VfB. Die Frage ist, konnte Grub überhaupt anders entscheiden? Welcher Vergleichsverwalter legt sich gern mit dem Finanzminister an? Später hielt es Grub immer für wichtig, zum VfB-Spiel ins Stadion zu gehen. Wie Wolfgang Weber wollte er wissen, ob Präsident Mayer-Vorfelder auch auf der Tribüne des Gottlieb-Daimler-Stadions sitze. Sponsoring ist eben ein gesellschaftliches Ereignis, ungeachtet der finanziellen Lage eines Unternehmens.

Kaum war Grub Vergleichsverwalter, gab es Auseinandersetzungen mit dem Vorstandsvorsitzenden. Staudacher hatte von Anfang an Bedenken mit dem Vergleichsverfahren, suchte nach Möglichkeiten, das Verfahren abzukürzen, wollte einen Anteilseigner suchen und keinen Übernehmer. Staudacher unterstützte Landwirtschaftsminister Weiser und dessen »baden-württembergische Lösung«, hatte dagegen kein Verständnis für Grubs Eigenart, Rückstellungen aufzublasen, um die Vergleichsquote zu manipulieren. Außerdem waren Staudacher und Grub sich nicht einig, welcher Investor in welcher Form für die Südmilch am besten wäre.

Ziemlich schnell muß Grub beschlossen haben, Staudacher aus dem Amt zu drängen, um ganz freie Hand zu haben. So wie Weber früher schaffte es Grub mit einer Intrige im Aufsichtsrat, seinen Willen durchzusetzen. Grub hatte den CDU-Bundestagsabgeordneten Bayha im Aufsichtsrat dazu gebracht, sich zu entrüsten, daß es bei Staudacher nicht nur einen Arbeitsvertrag mit Honorierung bei der Südmilch gebe, sondern einen zweiten bei der Intermilch. Die Herren waren empört und meinten, Staudachers Verträge seien ungültig, weil der zweite Vertrag im Aufsichtsrat unbekannt sei. Es half Staudacher nichts, daß er darauf verwies, die Verträge seien beide von dem damaligen Südmilch-Aufsichtsratschef Wacker unterzeichnet und der strittige Vertrag trage neben der Unterschrift Webers die des Südmilch-Aufsichtsratsmitgliedes und Vorsitzenden des Aufsichtsrates der Intermilch, Max Burger aus Riedlingen. Ende September 1993 trat Burger von allen Ämtern zurück. Doch Anfang September war die Aufregung über den »geheimen Staudachervertrag« groß. Es reichte für eine fristlose Kündigung. Der Bauernverband in Stuttgart sprach von einem »Befreiungsschlag«, wunderte sich aber über Grubs Unterschrift bei der öffentlichen Erklärung zu diesem Vorgang. Staudacher klagte sofort gegen die Entscheidung und bekam in der zweiten Instanz Recht. Der Willkürakt des Vergleichsverwalters kostete die Südmilch mit Schadenersatz, Nachzahlung und Altersversorgung schätzungsweise 3 Millionen DM. Und Grub hatte ab September 1993 freie Hand.

4. Honorare, Termine, Marktanteile und Hütchenspiele

Will man erkennen, wie ein Vergleichsverwalter arbeitet, muß man wissen, nach welchen Kriterien er bezahlt wird. Dies ist keine ehrenrührige Unterstellung, sondern ein marktwirtschaftliches Naturgesetz. Wer nach Umsatz bezahlt wird, versucht viel Umsatz zu machen. Molkereimeister, die nach Milchmenge bezahlt werden, versuchen große Milchlieferungen zu erhalten. Journalisten, die nach Zeilen bezahlt werden, versuchen lange Artikel abzusetzen. Ein Vergleichsverwalter wird nicht exakt nach dem Schwierigkeitsgrad seiner Arbeit bezahlt, sondern nach der Menge Geld, die er bewegt. Seine Vergütung wird nach dem Aktivvermögen des Schuldners berechnet. Ist der Gesamtbetrag der Vergleichsforderung jedoch geringer als das Aktivvermögen des Schuldners, so wird der Vergleichsverwalter danach bezahlt, wie hoch die Vergleichsforderung ist. Das *Managermagazin* hat im Sepember 1995 genau vorgerechnet, wie ein Vergleichsverwalter abgerechnet wird: Bei einer freien Masse von einer Million DM beträgt der Regelsatz der Vergütung 22 300 DM. Wenn die Masse größer ist, kommen 0,5 Prozent des Betrags hinzu, der über eine Million hinausgeht. Bei einer Masse von 500 Millionen DM sind das 2 517 300 DM. Dieser Regelsatz wird je nach Schwierigkeit und Dauer des Verfahrens mit einem Faktor multipliziert, der meist bei 3 bis 4 liegt. Die Zeitschrift schrieb nicht, was dazu beiträgt, welcher Faktor eingesetzt wird. Der Vergleichsanwalt hat nämlich die einmalige Position, dem Vergleichsrichter klarzumachen, wie schwierig der Vergleich war. Grub war wegen der vorzeitigen Bekanntgabe seines möglichen Honorares immerhin so verunsichert, daß er nicht den höchstmöglichen Faktor haben wollte. Grub wickelte nicht nur den Südmilchvergleich ab, sondern auch den wahrscheinlich noch unnötigeren Vergleich der Konzerntochter Landgold. Zählt man alle Honorare zusammen, kommen Insider bei Grub auf runde 10 Millionen DM.

Bei der Abwicklung des Südmilch-Verfahrens hatte Grub Schwierigkeiten mit seinen standardisierten Vorstellungen. Grub wollte gleich die Südmilch sanieren und verlangte, das Personal zu verringern. Doch im Sanierungsplan der Südmilch war schon ein Personalabbau von 40 Prozent vorgesehen. Grub war in den Verhandlungen die Enttäuschung richtig anzusehen, daß er sich nicht als Sanierer profilieren konnte. In dem Südmilchverfahren war zu erkennen, welche Fehler hochangesehenen Vergleichsverwaltern wie Grub unterlaufen, die aber nie von der Öffentlichkeit registriert werden, noch nicht einmal von einem Fachpublikum.

Ein Vergleichsverwalter muß den Status eines Unternehmens erarbeiten und erkennen. Doch er kann sich unmöglich in so kurzer Zeit in die besondere Problematik eines Unternehmens vertiefen. Die Gläubiger verlangen eine schnelle Reaktion. Der Vergleichsrichter will so schnell wie möglich eine Beurteilung des Falles. Also beschäftigt sich der Vergleichsverwalter mit der Bilanz des Unternehmens. Für eine genaue Prüfung und Bewertung der Bilanz fehlt aber die Zeit. Also übernimmt der Verwalter die Bilanzansätze, addiert Vermögensgegenstände und Schulden, sucht nach Gefahren im Unternehmen und nimmt diese Gefahren in die Rückstellung. Daraus ergibt sich der Status. Bei den Bilanzpositionen bewertet der Vergleichsverwalter nach seiner Erfahrung. Positionen wie Forderungsposten, Verbindlichkeiten und Lagerbestände kennt er aus vielen Unternehmen. Doch es kann sein, daß der Vergleichsverwalter an Positionen kommt, die er nicht kennt. Dann besteht die Gefahr, daß die Bewertung unter den Tisch fällt. Der Status des Südmilchkonzerns wurde in wenigen Tagen von drei Männern erarbeitet, in der Eile wurde viel über den Daumen gepeilt. Dabei fiel die Bewertung einer Position völlig unter den Tisch, die bei der Südmilch einen hohen Wert darstellt: der Wert der Marke.

Im Geschäft der Markenartikler ist eine Marke unter Umständen höher anzusetzen als das gesamte Anlagevermögen. Das Anlagevermögen, sofern es in Maschinen und Fabriken investiert ist, kann für einen Erwerber geradezu lästig sein, wenn er eigene Kapazitäten hat und durch die Akquisition der Marke »economies of scale« nutzen kann. Ebenfalls werden Marktsituationen oder die strategische Bedeutung von Kunden von Vergleichsverwaltern meist nicht berücksichtigt. Ein Unternehmen, das seine Umsätze zur Hälfte mit wenigen Diskountern macht, ist wesentlich vorsichtiger zu bewerten als ein Unternehmen, das vorwiegend mit dem etablierten Einzelhandel arbeitet. Auch das Sortiment, mit dem die Umsätze gemacht werden, ist entscheidend für die Bewertung eines Unternehmens. Mehrere Produktsäulen in einem Geschäft sind in der Lage, Schwierigkeiten gegenseitig auszugleichen. Ein Unternehmen mit vielleicht nur einem oder zwei starken Produkten und einem Bauchladen von vielen kleinen ist in der Markenartikelindustrie benachteiligt. Wenn solche wesentlichen Faktoren bei der Bewertung eines Unternehmens nicht beachtet werden, besteht die Gefahr, daß sein Status nicht richtig dargestellt wird. Daraus können dann falsche Schlüsse gezogen werden.

Wenn Gläubiger, Banken und Vergleichsgericht jedoch keine solche differenzierte Bewertung fordern, wird sich kein deutscher Vergleichsverwalter diese Arbeit aufbürden. Besonders bei den Banken ist es schwer nachzuvollziehen, daß die Arbeit der Vergleichsverwalter nicht genauer kontrolliert wird. Schließlich verlieren die Banken ihr Geld bei solch oberflächlicher Arbeit. Es scheint so zu sein, daß die Arbeit der Vergleichsverwalter sich in der Schematisierung immer mehr erschöpft. Dies gilt auch für den Anspruch der Verwalter, ein gefährdetes Unternehmen zu sanieren. Ein Vergleichsverwalter kann sich als Sanierer fühlen, wenn er für das geschwächte Unternehmen einen starken Partner findet. Dann sind für ihn und für die Banken alle Probleme auf einen Schlag beseitigt. Eine solche Sanierung ist bei den Banken beliebt. Man sucht sich einen Partner, dessen Finanzkraft unbestritten ist, der also in der Lage ist, mit hoher Sicherheit die

Vergleichs- oder Konkursquote zu bezahlen. Wieviel umständlicher ist da die aktive Sanierung des Unternehmens aus eigener Kraft! Vergleichsverwalter, die in dem Ruf stehen, starke Partner zu finden, haben seit einigen Jahren ein erstaunlich hohes Ansehen. Sie sind bei den Banken beliebt, weil die schnell und sicher ihr Geld bekommen. Da wird dann auf eine höhere Quote mit leichter Hand verzichtet. Der Verwalter hat den Vorteil, daß er ebenso schnell an seine Gebühren kommt. Außerdem kann er stolz darauf hinweisen, er habe das Unternehmen gerettet und nicht zerschlagen. Daß es noch die Alternative der Eigensanierung gegeben hätte, vergißt er wohlweislich zu erwähnen.

All dies war auch bei der Arbeit des Vergleichsverwalters Grub in der Südmilch erkennbar. Schon nach wenigen Tagen veröffentlichte Grub sein Vergleichskonzept. Bei den ersten Gesprächen mit den Banken machte Grub deutlich, daß es ihm nur um einen Weg gehe, nämlich um die Suche nach einem Partner, der die Mehrheit des Aktienkapitals übernehmen solle. Grub nannte nach wenigen Tagen den ungefähren Preis: 120 bis 150 Millionen DM. Die Banken waren erfreut und beruhigt. Keiner stellte auf der Gläubigerversammlung die Frage, wie er denn so schnell auf die Zahl und die Spur gekommen sei. Keiner fragte, warum es eigentlich nur eine Mehrheitsbeteiligung sein könne. Keiner stellte die Größenordnung von 150 Millionen in Frage. Grub hatte die 150 Millionen aus dem erstellten Vermögensstatus errechnet. Nach diesem Status war die Mehrheit des Unternehmens nicht mehr wert. Die Marke »Landliebe« wurde dabei als Wert überhaupt nicht berücksichtigt, obwohl in jedem Zeitungsartikel zu lesen war, wie wichtig sie für die Südmilch war und welche Bedeutung die Marke auf dem Milchmarkt schon hatte. Dieser Markenartikel hatte einen Umsatz von rund 300 Millionen DM. Markenartikler bewerten bei Akquisitionen solch eine Marke mit dem Faktor 1 bis 1,2 des Umsatzes. Bei der Marke »Landliebe« wären das 300 bis 330 Millionen DM gewesen. Im Status des Herrn Grub tauchte zu der Marke »Landliebe« kein Pfennig auf.

Der Vergleichsverwalter ging mit seinem Konzept und dem Preis auf den öffentlichen Markt. Alle deutschen Zeitungen berichteten, auch viele ausländische Wirtschaftsblätter. Damit waren alle Interessenten in Europa angesprochen. Alle meldeten sich. Sie meldeten sich aber nicht bei der Südmilch, sondern bei dem Vergleichsverwalter Grub. Alle hofften, ein Schnäppchen machen zu können. Grub bestärkte sie alle in dieser Einschätzung. Dann begann Grub zu sieben. Der Vergleichsverwalter steuerte zielstrebig auf einen großen Investor zu. Deshalb mußten die kleineren Interessenten weichen. Die bekannte Firma Müller-Milch hatte das Problem, daß der an die Südmilchtochter Landgold gebundene Dr. Franz Schleicher bei dem Investitionsangebot dabei war. Anwalt Schleicher war nach dem Eklat mit Weber als Geschäftsführer der Landgold engagiert worden. Dort erkannte er gleich

Südmilch: Ein Spiel nach allen Regeln der Kunst.   LZ-Karikatur: Oliver Sebel

Dokument 14: Karikatur der *Lebensmittelzeitung* zum Hütchenspiel um den neuen Südmilchinvestor während des Vergleichsverfahrens.

die Macht der Landgold und verbündete sich mit der Konkurrenz Müller. Doch dieses Bündnis konnte die Kreise Grubs stören. Also wurde Müller schlechtgemacht. Bei einer Bauernversammlung ließ Grub einen kritischen *Zeit*-Artikel über Müller verteilen. Außerdem erweckte Grub den Eindruck, das Bundeskartellamt habe etwas gegen den Einstieg von Müller bei der Südmilch (*Handelsblatt* 13.10.93). Dieser Eindruck wurde nie belegt. Müller-Milch flog zwar aus dem Rennen, gewann aber bei dem Wettbewerb um die Übernahme der Sachsenmilch in Leppersdorf bei Dresden.

Von besonderem Reiz war ein Interessent aus Schweden, der in den Spekulationen genannt wurde. Dahinter stand sicherlich der zwischendurch verhaftete frühere Finanzchef der Südmilch, Rudolf Hoffmann. Der schwedische Milchkonzern Arla ekonomisk förening ist ein alter Bekannter von Hoffmann. Die Schweden waren zusammen mit der japanischen Gesellschaft Morinaga Milk Anteilseigner bei der Südmilchtochter Milei GmbH. Die Milei verkauft Molkepulver als Proteinkonzentrat, gewissermaßen ein Abfallprodukt in der Milchverarbeitung. Hoffmann war Geschäftsführer der Milei, früher nebenbei, jetzt hauptberuflich. In der Sanierungsphase ist die Südmilch aus der Milei ausgestiegen, der schwedische und der japanische Gesellschafter übernahmen die Anteile. Die Schweden traten mit ihren Interessen an der Südmilch nie in den Vordergrund. Unter Umständen führte die Hoffmann-Verbindung dazu, daß der schwedische Konzern die Südmilchgeschäfte nicht weiter verfolgte. Arla tauchte dann noch kurz als Interessent bei Sachsenmilch auf, schließlich hatte Hoffmann einmal den Vorstandsvorsitz der Sachsenmilch inne. Doch die Schweden hatten in der Planung mit dem riesigen Milchwerk in Leppersdorf Schwierigkeiten. Es hieß, sie wollten einen Teil der Hallen an den Möbelkonzern Ikea weitergeben, und damit waren sie aus dem Rennen.

5. Ein französisch-holländischer Wettlauf

Am Ende blieben im Vergleichsverfahren zwei Interessenten übrig: die Franzosen und die Holländer. Der holländische Konzern Campina Melkunie B.V. war damals das viertgrößte milchverarbeitende Unternehmen in Europa mit einem Umsatz von 5 Milliarden DM. Es ist eine bäuerliche Genossenschaft mit 7 200 Mitarbeitern. Hergestellt wurde fast die ganze übliche Palette von Milchprodukten, Tochtergesellschaften gab es in Belgien und USA. In Deutschland war Campina lediglich mit einer Vertriebsgesellschaft vertreten. Der französische Milchkonzern BSN mit der bekannten Marke »Gervais Danone« konnte keinen genossenschaftlichen Hintergrund aufweisen, aber eine erfolgreiche Geschäftspolitik. Die Franzosen hatten viele Trümpfe auf ihrer Seite. Die deutsche BSN-Tochter Gervais Danone AG, München, erzielte 1992 mit rund 800 Mitarbeitern einen Umsatz von 566 Millionen DM und einen Überschuß von 17,7 Millionen DM. Ihre hervorragende Erfahrung mit Markenartikeln, Produktknow-how, eine effiziente Vertriebsorganisation in ganz Europa, erfolgreiches Management und hohe Milchauszahlungspreise für die Bauern hätten BSN eigentlich als idealen Partner der Südmilch erscheinen lassen müssen.

Die Holländer fielen eher durch negative Meldungen auf. Sie produzierten nichts, was durch die Südmilch-Organisation hätten vertrieben werden können. Das Unternehmen besaß keine Auslandsmärkte, die für die Südmilch von Interesse gewesen wären, die finanzielle Basis war nicht überaus stark. Das Management mußte noch mit einer gerade abgelaufenen Fusion kämpfen und mit bäuerlicher Kritik an den Milchpreisen. Die Holländer hatten nur zwei Argumente: Sie wollten größer werden, um im europäischen Markt eine größere Rolle zu spielen, und sie waren ein genossenschaftliches Unternehmen. Im Spätsommer 1993 ging es bei der Suche nach einem Investor für die Südmilch hoch her. Vergleichsverwalter Volker Grub zelebrierte den Einstieg eines kräftigen Kapitaleigners auf seiner Bühne. Grub erweckte den Eindruck, er lasse die Diskussion laufen, und zog die Fäden im Hintergrund. Ganz sicher hat diese Theateraufführung dazu beigetragen, das Interesse an der Südmilch zu steigern und damit auch die Bereitschaft, für den Einstieg mehr Kapital einzusetzen als vielleicht anfangs von den Interessenten gedacht. Wie die Entscheidung über den Investor bei der Südmilch gefallen ist, geht als Milchkrimi oder als Milchmanipulation in die Geschichte der Molkereiwirtschaft ein. Die Hauptrolle spielte natürlich wieder Volker Grub.

In seiner näheren Umgebung in der Südmilch vermittelte Grub den Eindruck, der französische Konzern sei für ihn der Favorit. Dies schien nachvollziehbar, nicht nur wegen der wirtschaftlichen Lage, sondern auch wegen der Beziehungen der Franzosen zur Deutschen Bank: BSN war von der Akquisitionstochter der Deutschen Bank, Morgan Grenfell, ins Gespräch gebracht worden. Damit war BSN in einer günstigen Position. Die Deutsche Bank hatte ein Interesse an einer schnellen Abwicklung des Südmilch-Vergleiches, die Banktochter präsentierte den Favoriten. Intern trieb Grub durch Äußerungen das Klima in Richtung BSN. Es dauerte nicht lang, bis die Klimadaten des Vergleichsverwalters beim Südwestfunk landeten. Am 23.9.93 meldete der Südwestfunk, daß der Südmilchvergleichsverwalter zwar behaupte, die Entscheidung über den Hauptanteilseigner sei noch offen, intern sei sie jedoch schon gefallen: Grub unterstütze den französischen Konzern. Für diese Meldung hatte ich glaubwürdige Informationen aus dem innersten Führungszirkel der Südmilch. Allerdings gab es in dem Zirkel auch eine Warnung vor dieser Meldung, es geschehe zur Zeit Seltsames in der Südmilch, es könne schnelle Klimawechsel geben.

Doch alles sprach für die Franzosen. Als ich erkannte, daß ein Anwalt aus der Kanzlei Mailänder in Stuttgart im Aufsichtsrat vertreten war und der Anwalt, Professor Mailänder, den BSN-Konzern vertrat, vertraute ich den möglichen Früchten des normalen Filzes. Das ist der Beweis, daß man als Journalist die Wirkungen der filzigen Verflechtungen auch überschätzen kann. Siehe da, kaum war das Zeitungsecho dieser Rundfunkmeldung verhallt, schienen die Chancen von BSN zu sinken. Später wurde viel darüber spekuliert, wie sich das Klima für die Holländer drehen konnte. Es gibt zwei Erklärungen: Die erste lautet, Grub sei von Anfang an für die Holländer gewesen, hätte dies aber intern mit einer scheinbaren Parteinahme für die Franzosen verdeckt. Dafür würde sprechen, daß Vergleichsverwalter Grub in der Regel nichts, aber auch gar nichts, dem Zufall überläßt. Die zweite Erklärung läßt zwar den Vergleichsverwalter auch in keinem besseren Licht erscheinen, meint aber, Grub sei am Anfang für die Franzosen gewesen, habe dann aber aus Eitelkeit nicht als Knecht der Deutschen Bank dastehen wollen und am Ende die Entscheidung dem freien Spiel der Kräfte überlassen, um als unabhängiger Vergleichsverwalter und Star dazustehen.

In der Südmilch, vor allem bei den verbliebenen Vorständen Reuß und Mogwitz, herrschte panische Angst vor einer Übernahme durch den französischen Konzern. Die beiden wußten, daß die Franzosen eine neue Führungsmannschaft etablieren würden. Gervais Danone ist in der Milchwirtschaft für ein straffes Management bekannt. Auch in der mittleren Führungsebene der Südmilch machte sich Unruhe breit. Reuß und Mogwitz nahmen verdeckt Kontakt mit den Holländern auf und machten Stimmung für Campina. Am 21.10.93 meldete sich der Bezirksleiter der Gewerkschaft Nahrung-Genuß-Gaststätten, Herbert Berger, in den *Stuttgarter Nachrichten* zu Wort. Berger hielt ein Plädoyer für die Holländer: Die Arbeitnehmer seien für den holländischen Milchkonzern Campina Melkunie. Grub solle zügig mit Campina verhandeln. Gleichzeitig kritisierte Berger bäuerliche Aktionäre, die Vorbehalte gegen die Holländer hatten. Berger wörtlich: »Die sind sich immer noch nicht im klaren darüber, daß die Südmilch, wenn es nicht bald zu einem Vergleich kommt, pleite ist!« Berger machte alle anderen Bewerber schlecht und verdächtigte Gervais, es würden Arbeitsplätze der Südmilch-Hauptverwaltung nach München verlagert. So lernt einer vom anderen. Schon Weber drohte, wenn man dieses oder jenes nicht mache, gebe es eine Katastrophe. Der Vergleichsverwalter drohte ständig mit dem Konkurs, wenn nicht seinem Kurs gefolgt werde. Jetzt kam der Gewerkschaftler und drohte mit den gleichen Instrumenten.

Für die Arbeitnehmer war die Entwicklung der Südmilch in den vergangenen Jahrzehnten kein Ruhmesblatt. Ihre Vertreter im Aufsichtsrat waren dem Vorsitzenden Weber noch höriger als die Bauern. Mehrfach hatten sie dazu beigetragen, daß Weber nicht abgelöst wurde. In der Phase des Vergleichs, als Grub die Südmilch kopflos machte und die Geschäfte brachlagen, weil der Vergleichsverwalter kein Milchmanager war, hatten die Arbeitnehmer geschwiegen. Mit ihrer Stellungnahme für Campina waren sie nur der Spur von Vergleichsverwalter Grub nachgegangen. Wenige Tage vorher hatte Grub eine ebenso überraschende wie unverständliche Losung ausgegeben. In einer Pressemitteilung erklärte er, er werde von nun an nur noch mit dem niederländischen Konzern verhandeln, um die Entwicklung zu beschleunigen. Alle Beobachter waren schockiert. Alle fragten sich, welches Spiel Grub jetzt vorhabe. In ihrer Not erklärten BSN und Müller, damit sei die zweite Verhandlungsrunde eröffnet, sie würden ihre Vorschläge präzisieren und weiter verhandeln. Das gut informierte Fachblatt *Lebensmittelzeitung* meinte am 8.10.93, es gehe darum, wer jetzt die beste Lösung präsentieren könne, und wunderte sich, daß Grub in diesem Maß die Holländer bevorzuge. Die *Lebensmittelzeitung* zählte alle Probleme auf, die Campina daheim hatte: Abwanderung der Bauern wegen schlechter Milchpreise, Überkapazitäten, Absatzschwierigkeiten, Abbau von zehn Verarbeitungsbetrieben und 1 000 Arbeitsplätzen, Reorganisation. Der Bauernverband in Stuttgart war über Grubs Entscheidung nicht begeistert und äußerte sich kritisch: Alle Angebote müßten gleichwertig geprüft werden.

Erst später stellte sich heraus, daß nur die Spezialisten von Campina die Möglichkeit hatten, alle Angaben der Südmilch über die finanzielle Lage, über Umsatz und Produkte zu prüfen. Tagelang stöberten sie in den Südmilch-Büros und studierten die Computerausdrucke. Mit den Ergebnissen der Schnüffelarbeit konnte Campina auch das Angebot für die Südmilchübernahme präzisieren. Dies war ein nicht zu unterschätzender Vorteil. Solch eine Nachprüfung der angegebenen Daten, »due diligence« genannt, ist völlig unüblich vor einer Vertragsunterzeichnung. War die Ankündigung, nur noch mit Campina zu verhandeln, gar kein schlauer Zug von »Pokerface-Grub«, sondern entsprach schlicht dem Ablauf der Ereignisse? Alles sprach jetzt für diese Theorie. In Politik und Wirtschaft kommt es oft vor, daß die Beobachter sich die Köpfe zerbrechen, welche Strategie sich hinter welchem Schachzug verstecken könnte, und sehr viel später stellt sich heraus, daß es gar keine Strategie gab. So gesehen denken Beobachter manchmal strategischer als die handelnden Personen. Leider auch nur manchmal.

Strategie oder nicht, Grub gelang es, den Ablauf des Vergleichs als »show-down« zu veranstalten. Immer wieder ließ er sogenannte »Vergleichsfahrpläne« veröffentlichen, die er meist einhielt. Dadurch blieb das Verfahren spannend. Nachdem am 25. Oktober 1993 das Amtsgericht Stuttgart die Vergleichsverfahren über das Vermögen der Südmilch AG und Südmilch-Landgold Holding AG (die Holding ist Aktienhalterin und hat keine Geschäftstätigkeit) eröffnet hatte, ergab sich für Grub folgender Fahrplan:

24.11.93: Hauptversammlung der Südmilch-Landgold Holding AG zur Veräußerung der Aktien an den zukünftigen Investor.
30.11.93: Versammlung der Inhaber der Wandelschuldverschreibung vom 4.12.1989 zur Anmeldung von Forderungen.
1.12.93: Gläubigerversammlung der Südmilch-Landgold Holding AG zur Abstimmung der Vergleichsvorschläge (46 Prozent Vergleichsquote).

2.12.93: Gläubigerversammlung der Südmilch AG zur Abstimmung der Vergleichsvorschläge.

7.12.93: Hauptversammlung der Südmilch AG mit Entscheidung über Kapitalschnitt und Kapitalerhöhung.

Wenn in allen Versammlungen die notwendige Mehrheit von 75 Prozent erreicht werde, könne das Gericht am 7.12.93 über die Bestätigung des Vergleichs für die Südmilch AG und Südmilch-Landgold Holding AG entscheiden. Genau diesen Fahrplan hielt Grub ein. Dafür setzte er ab und zu raffinierte Tricks ein und zeigte Folterwerkzeuge bei seinen Gesprächspartnern herum. Zentraler Punkt war seine Drohung, es werde ein Konkursverfahren geben, wenn man ihm nicht folge. In der Zeit vor den Versammlungen klopfte er in einer richtigen Pressekampagne seine Entscheidung fest. In der *Stuttgarter Zeitung* vom 23.10.93 sagte er: »Und wenn die (gemeint sind die Südmilch-Gremien, d.A.) kein Haar mehr in der Suppe finden, dann ist Campina Melkunie der Partner der Südmilch.« In dem Gespräch mit der *Stuttgarter Zeitung* ließ Grub durchblicken, daß er gegenüber der Südmilchtochter Landgold nachgiebig sein werde und das Werk Künzelsau nicht schließen werde. Damit schaffte er die Hürde bei Landgold.

Bei der Abstimmung mit den Aufsichtsgremien wäre Grub oder dem Südmilchmanagement beinahe doch noch die Entscheidung aus dem Ruder gelaufen. Am 15.11.1993 konnten sich die Holländer und die Franzosen in der Zentrale der Südmilch in Stuttgart vor rund 50 Vertretern aus Südmilch-Vorstand, Südmilch-Aufsichtsrat, Südmilch-Landgold Holding, Intermilch und Frischdienstzentrale Süd präsentieren. Es wurde so organisiert, daß die Holländer bessere Chancen bei dem Hase-und-Igel-Rennen hatten. Die Franzosen mußten zuerst antreten. Teilnehmer berichteten später, wie perfekt sich der französische BSN-Konzern darstellte. Zunächst versuchten die Franzosen alle aufgetauchten Vorurteile aus dem Weg zu räumen. Sie hoben die guten Geschäftsbeziehungen zu den deutschen bäuerlichen Lieferanten bei Gervais Danone hervor, die guten Milchauszahlungspreise. Dann machten sie Zusagen an das Management, die Arbeitnehmer, das Heilbronner Südmilchwerk, die Südmilchprodukte und sie hoben die mögliche gute, künftige Zusammenarbeit hervor. Finanziell hatten die Franzosen noch nachgerüstet. Außerdem beteiligte sich der angesehene BSN-Konzernchef, der 75jährige Antoine Riboud, an der Präsentation durch eine gefühlvolle Erklärung. Die deutsche *Lebensmittelzeitung* urteilte am 19.11.93: »Absolut professionell.«

Die Holländer hatten bei der Präsentation den Vorteil, daß sie auf die Franzosen reagieren konnten. Die Leute von Melkunie hatten sich bewußt oder unbewußt ein Alternativprogramm vorgenommen. Sie vermieden die elegante, professionelle, siegessichere Managementlinie von BSN und gaben sich biederbäuerlich-bodenständig-genossenschaftlich. Das machte bei den Bauern Eindruck. Hinzu kamen die Machenschaften der Südmilchleute im Hintergrund, wahrscheinlich auch des Vergleichsverwalters. Bei den Abstimmungen ging es drunter und drüber. Der Landgold-Aufsichtsrat war mehrheitlich für die Franzosen, andere Gremienmitglieder für die Holländer. Bei der entscheidenden Abstimmung ergab sich eine Stimme Mehrheit für den französischen Konzern BSN. Daraufhin entspann sich eine längere Diskussion. Der Landgold-Aufsichtsratsvorsitzende Riedel hatte für die Franzosen gestimmt und mußte dann die Sitzung verlassen, um seine Kühe zu melken. Die erste Abstimmung wurde zu einer Probeabstimmung erklärt und wiederholt. Jetzt hatten die Holländer die Mehrheit. Alle weiteren Abstimmungen waren dann für Grub ein Kinderspiel. Von da an ließ er sich als Retter der Südmilch feiern. Selbst in Fachkreisen und Fachblättern wird dem nicht widersprochen. Doch wer hinter die Kulissen des Südmilchvergleiches schaut, entdeckt schnell, wie sehr Grub der Südmilch geschadet hat, wie er oft egoistisch gehandelt hat und wie er es geschafft hat, den falschen Investor in die Südmilch zu lassen.

In der Zeit des Vergleiches hat die Südmilch große Teile an Umsatz verloren, weil kein funktionierender Vorstand die Geschäfte führte. Marktpartner verloren die Verbindung zur Südmilch. Der Verlust wird auf 30 bis 50 Millionen DM geschätzt. Fachleute rätseln noch heute über die Höhe der Vergleichsquote. Ein Vergleichsverwalter muß mindestens eine Quote von 35 Prozent schaffen, sonst steht der Konkurs an. Grub nannte sofort eine Quote von 46 Prozent. Dazu muß man wissen, daß diese Quote, die zunächst genannt wird, sozusagen eine politische Quote ist. Gleichzeitig wird den Gläubigern versprochen, daß, falls gebildete Rückstellungen sich als nicht nötig erweisen sollten, die Quote sich noch erhöhen kann. Im Fall der Südmilch sind Rückstellungen in außerordentlichen Dimensionen gebildet worden. Beispiel: die höchsten Rückstellungen, in der Größenordnung von 300 Millionen DM, für mögliche Forderungen, die aus der Sachsenmilch AG hätten kommen konnten. Diese Forderungen gab es aber real überhaupt nicht. Ein Zeuge erinnert sich, daß Grub dies auch offen gesagt hat. Es ist nämlich höchst umstritten, ob die Sachsenmilch für die Südmilch ein Haftungsfall hätte werden können. Der Vergleichsverwalter der Südmilch nahm jedoch die Sachsenmilch-Forderung ungekürzt in Rückstellung. Diese überzogene Rückstellung für die Sachsenmilch ist allein 30 Prozent Quote wert. Mit Quoten bei Vergleichen wird immer Politik gemacht. Am Anfang hielt der Vergleichsverwalter Grub die Quote niedrig, um mit einem möglichen Anschlußkonkurs drohen zu können. Gegen Ende des Verfahrens war die Quote so hoch, daß sich Kenner fragten, ob der Vergleich überhaupt notwendig war.

6. Wie die »baden-württembergische Lösung« scheiterte

Im Sommer 1993 ging der baden-württembergische Landwirtschaftsminister Gerhard Weiser auf eine richtige Wahlkampfreise.

Nicht für sich und seine Partei. Er kämpfte für eine baden-württembergische Lösung bei der Südmilch und versuchte, den Bauern diesen Weg nahezubringen. Mitte August rechnete Weiser Göppinger Bauern vor, daß sie 10 Pfennig je Kilogramm Milch im Jahr opfern müßten, um die Südmilch zu retten. Die Bauern unterstützen Weiser und wußten es zu schätzen, daß er sich um die Rettungsaktion bemühte. Doch wenn ein Bauer sagte, wie am Abend auf dieser Veranstaltung: »Wer garantiert uns, daß wir nicht wieder b'schissen werden, wenn wir auch noch dieses Opfer bringen?«, dann gab es viel Beifall. Bei einer Versammlung der Bauern in Schwieberdingen fragten Bauern den Minister, ob die zur Debatte stehenden Holländer überhaupt Interesse an der Milch aus Baden-Württemberg hätten. Der Bauernverbandspräsident Ernst Geprägs sagte am 1. September 1993 in einem Interview des *Haller Tagblatts*: »Ich glaube, daß wir eine Lösung unter Beteiligung der Bauern zustandebekommen!« Der CDU-Fraktionsvorsitzende im Stuttgarter Landtag, Günther Oettinger, sprach von 30 Millionen DM Landeshilfe. Weiser veranstaltete mit den Bauern Probeabstimmungen, bei denen eine große Mehrheit sich für die baden-württembergische Lösung aussprach, einschließlich einer eigenen finanziellen Beteiligung.

Doch Weiser geriet dann schnell in eine Sackgasse. Es zeigte sich, daß die baden-württembergischen Molkereien überhaupt nicht an einer Lösung im Land interessiert waren. Sie kannten die Südmilch zu gut und hatten zu lange unter ihrem Machtanspruch gelitten. Auch Weisers Schulfreund Klaus Fleck, der Südzuckerchef, mit dem Weiser schon zusammen im Posaunenchor harmoniert hatte, hielt sich nach kurzem Zögern aus der baden-württembergischen Lösung heraus. Dabei war Weisers Idee mit Südzucker naheliegend. Viele Südmilchbauern sind auch bei der Südzucker engagiert und liefern ihre Zuckerrüben dorthin. Südzucker hält einen Anteil von 49 Prozent an dem Eiscremehersteller Schöller – an den die Südmilch in den 70er Jahren ihre Eiscremefirma verkaufte, um zu überleben. Außerdem ist Südzucker mit 17 Prozent an der Meierei-Zentrale GmbH in Berlin beteiligt. Doch alle Verbindungen halfen nichts, Südzucker erklärte kühl, in ihr strategisches Konzept passe die Südmilch nicht. Der Bauernverband versuchte, den Genossenschaftsverband zu aktivieren – vergebens. Dabei wäre es in erster Linie eine Aufgabe der Genossen gewesen, sich bei der Rettung der Südmilch zu engagieren. Der Bauernverband versuchte, wie der Bauernminister, die Bauern zu bewegen, sich noch einmal finanziell bei der Südmilch mit Einsätzen zu beteiligen. Argument: »Würde ein ausländischer Konzern bei der Südmilch einsteigen, dann könnten die Bauern zu einflußlosen Lieferanten eines billigen Rohstoffes degradiert werden.« Die Bauern hörten sich auf den Versammlungen alles an, nickten mit dem Kopf, schimpften auf Wolfgang Weber und dachten gar nicht daran, noch einmal für die Südmilch zu spenden. Sie hatten jedes Vertrauen verloren.

Später, als die Südmilch schon einen Investor hatte, ging es nur noch darum, daß die Bauern 45 Millionen DM aufbringen sollten, um eine Sperrminorität zu erreichen, damit sie wenigstens etwas bei der Südmilch mitreden könnten. Das wären 25 Prozent des Grundkapitals plus eine Aktie gewesen. Im Sommer 1994 stellte der Landwirtschaftsminister Weiser eine Landesbürgschaft für diese Aktion in Aussicht. Doch die Bauern hatten nach den vielen Enttäuschungen kein Interesse mehr an ihrer Molkerei in Stuttgart, und der Minister konnte sich die Mittel für die Landesbürgschaft sparen. Bei der Hauptversammlung der Südmilch im Frühsommer 1995 zeigte sich, daß die Bauern bei der Südmilch so gut wie nichts mehr zu sagen haben. Ihr Aktienanteil ist auf rund drei Prozent gefallen.

Als es offensichtlich wurde, daß die baden-württembergische Lösung nicht zustandekam, beschuldigten sich alle gegenseitig, die Lösung verhindert zu haben. Die Bauern beschuldigten sich gegenseitig, die Bauern beschuldigten zusammen den Genossenschaftsverband, der Bauernverband die Anwälte, die mit Bauern bei der Landgold zusammenarbeiteten. Als die Holländer bei der

Südmilch einrückten und übernahmen, gab es keine Aufregung mehr und keine Beschuldigungen. Daß die Bauern nicht einmal ihre vertraglich zugesicherte Sperrminorität schafften, regte niemand mehr auf. Offenbar hatten alle Beteiligten die Stimmung falsch eingeschätzt, daß es eine baden-württembergische Lösung geben könne. In vielen Jahren hatte der Südmilchchef Wolfgang Weber das Klima so vergiftet, daß jetzt noch als »Webers Rache« der Ausweg nicht möglich war. Mit dem neuen Jahr 1994 beruhigten sich die Gemüter. Die Bauern lieferten die Milch wie je und je. Der Kreis der Südmilchbauern war zwar kleiner geworden, die Intermilch und einige führende Köpfe der baden-württembergischen Milchszene gab es nicht mehr, aber die Holländer hielten ihre Verträge ein, mit der »neuen« Südmilch schien alles in Ordnung.

7. Die »neue« Südmilch

Als die Vertreter des Konzerns Campina Melkunie in Stuttgart auftauchten, machten sie einen guten Eindruck. Das verdankten sie hauptsächlich dem Konzernchef Willem Overmars. Der ruhige ältere Herr, der gern eine Sumatra raucht, verkörpert eine ideale Mischung aus bäuerlicher Genossenschaft und holländischem Kaufmann. Overmars gab überall Auskunft und Interviews, verbreitete Aufbruchstimmung. Der *Heilbronner Stimme* sagte Overmars geschickt als Kompliment: »Die Kraft von Südmilch liegt in den Mitarbeitern, den Produkten und den Marken.« Overmars brachte den Finanzchef gleich mit. Der damals 37jährige Tini Sanders sollte die Südmilch finanziell wieder konsolidieren und seiner holländischen Konzernmutter bald Vollzug melden.

Kenner machte von Anfang an stutzig, daß die Holländer so viel über Synergieeffekte redeten. Wirtschaftsjournalisten haben jahrelang ertragen müssen, wie der Daimler-Chef Edzard Reuter immer von Synergieeffekten redete, bis es nur noch den Effekt

177

in den Verlust gab. Längst machte der amerikanische Spruch die Runde, wonach Synergie »bullshit« sei, jetzt fingen die Holländer wieder damit an. Doch die Journalisten ließen Overmars über »strategische Synergien« reden (*Echo Handelsjournal*, Dezember 1993) und warteten auf die Synergieeffekte. Sie warten noch heute.

Auf der Hauptversammlung der Südmilch, im Sommer 1995, wurden die Synergieeffekte immer noch als Hoffnung hochgehalten. Finanzchef Sanders machte eine gute Figur, ging aber nach einem Jahr wieder zurück nach Holland. Offenbar sollte er wieder in Holland in der Zentrale sein, wenn der Machtkampf um die Nachfolge von Overmars losging. Die hat Sanders verloren, wenn es so gedacht war. In der Südmilch tauchte schon langsam die Frage auf, wie wichtig den Holländern die Südmilch eigentlich sei, wenn sich der Finanzchef so schnell wieder verabschiedet und sich eigentlich nie richtig niedergelassen hatte. Daß Campina mit der Südmilch personell Probleme hatte, stellte sich erst richtig heraus, als sie keinen Vorstandsvorsitzenden parat hatten. Mit einiger Verzögerung wurde im Januar 1994 der 58jährige Dieter Meuderscheid präsentiert. Meuderscheid kam aus dem Unilever-Konzern und war dort abkömmlich. Seine Aufgabe bei Südmilch war ungewöhnlich: Er sollte so schnell wie möglich wieder gehen. Meuderscheid war nur engagiert worden, um seinen eigenen Nachfolger zu finden. Die Holländer mußten für einen solchen Vorstandsvorsitzenden eine ungewöhnliche Bezahlung erfinden. In der Südmilch machte schnell die Runde, daß der Vorstandsvorsitzende mit der täglichen Kündigungsfrist am Tag runde 7 000 DM verdiene, im Stuttgarter Nobelhotel Interconti wohne und sich mit der Suche nach einem Nachfolger viel Zeit lasse. Solche Geschichten lassen eine Firma nicht zur Ruhe kommen, wenn dort noch Sozialpläne abgewickelt werden. Manche erinnerten sich auch noch des Vorstandsvorsitzenden Staudacher, den der Vergleichsverwalter Grub mit Hilfe des bäuerlichen Aufsichtsrates gekippt hatte, weil er angeblich zuviel Gehalt bezog. Dafür hatte die Südmilch jetzt einen Vorstandsvorsitzenden, der erheblich mehr als Staudacher verdiente. Den Aufsichtsrat störte es nicht.

Unter den halb geschlossenen oder unwissenden Augen der Holländer machten sich wieder die alten Verbindungen breit. Nur so ist es zu erklären, daß der Produktionsvorstand Reuß seine gute Verbindung zu dem alten Weber-Freund Gregor Johnen von der Marmeladen- und Früchtefirma Zentis wieder intensivieren konnte. Im Spätherbst 1994 kaufte Reuß, über Johnen, gefrorene Erdbeeren bei einem international gesuchten Wirtschaftsverbrecher namens Wolfgang Weber. Gleichzeitig sprach der gesamte Vorstand ständig von der »neuen« Südmilch. Das hinderte ein Vorstandsmitglied nicht daran, an alte Gewohnheiten anzuknüpfen und die private Putzfrau vom Konzern bezahlen zu lassen.

Meuderscheid schaffte es, zur Hauptversammlung 1995 einen neuen Vorstandsvorsitzenden zu engagieren. Peter Fischer kam aus einem Freistellungsurlaub des Schickedanz-Konzerns. Mag sein, daß Fischer keine Erfahrungen mit Hauptversammlungen hatte – die Veranstaltung der Südmilch 1995 war für ihn ein Fehlstart. Er gab sich arrogant, wollte Informationen nicht weitergeben, agierte ungeschickt. Fischer spielte die Macht aus und ließ die Anwesenden spüren, daß der Hauptaktionär nicht unten im Saal kritische Fragen stellte, sondern oben saß und ihn stützte. Es ist nicht entscheidend, ob ein Vorstandsvorsitzender bei seiner ersten Hauptversammlung ein sympathisches Bild abgibt. Aber es schadet nicht. Vielleicht hat mancher Beobachter gedacht, wer so ungeschickt auf einer Hauptversammlung agiert, der ist im »wirklichen Leben« auch ungeschickt. Natürlich war Fischer voller Optimismus über die weitere Entwicklung der »neuen« Südmilch.

Diese Einschätzung wird von manchen Beobachtern in der Milchbranche geteilt. Da gibt es sogar die Prognose, die Südmilch sei 1996, spätestens 1997 womöglich so stark, daß sie zu einer Gefahr für die anderen Molkereien Baden-Württembergs werde.

Schon 1996 sei die Südmilchaktie ein »high-flyer«. Kann sein, daß jemand, der spekulativ Südmilchaktien gekauft hat, dazu neigt, von »high-flyern« zu reden. Andere Beobachter sind nicht nur vorsichtiger, sondern geradezu negativ eingestellt. Dort heißt es, die Südmilch verpulvere viel Geld, um verlorene Marktanteile zurückzuerobern. Das gesunkene Preisniveau mache der Südmilch größte Probleme, es ist die Rede von einem hohen operativen Verlust für das Jahr 1995, die Veränderungen in Holland seien unübersichtlich. Wenn der Nachfolger von Konzernchef Overmars ein reiner Banker und Finanzmann sei, könnte es sein, daß es bei der Südmilch noch einmal tiefgreifende Veränderungen gebe. Eine dritte Prognose sagt einen Mittelweg voraus: Danach kommt die Südmilch zwar in keine richtige Krise, ist aber auf dem Weg, eine mittelständische Molkerei mit einem Umsatz von 500 bis 700 Millionen DM zu werden.Wenn ich eigene Erkenntnisse und viele Meinungen zur Zukunft der Südmilch zusammennehme, sieht das Gesamturteil für den künftigen Konzern eher negativ aus.

Mit der Erblast des früheren Südmilchchefs Wolfgang Weber muß die »neue« Südmilch noch lange leben. Immer wieder werden alte Geschichten von Staatsanwaltschaft und Gericht neu aufgekocht. Zunächst der »Südmilchprozeß«, der voraussichtlich im ersten Halbjahr 1996 gegen die früheren Vorstandsmitglieder Hoffmann, Klecker und Scheck sowie gegen den Bauunternehmer Ernst stattfindet, dann werden weitere Verfahren folgen. 1995 war die Stuttgarter Staatsanwaltschaft noch das ganze Jahr in zusätzlichen Ermittlungsverfahren im Südmilchkomplex tätig. Dabei geht es hauptsächlich um Untreue und Betrug. Immer wieder taucht in den Ermittlungsverfahren ein Name auf: Wolfgang Weber.

Kapitel V

Der Südmilch-Prozeß

1. Eine »lustlose Staatsanwaltschaft« in Stuttgart?

Wenn in den ersten Monaten des Jahres 1996 der »Südmilch-prozeß« in Stuttgart gegen das frühere Management des Konzerns – außer dem flüchtigen Weber – beginnt, wird die Diskussion erneut aufflammen, wieso sich die Justizbehörden gegenüber Südmilch so und nicht anders verhalten haben, besonders bei dem Chef Wolfgang Weber. Tatsächlich gab es bei den Ermittlungen Merkwürdigkeiten. Mitten in der Finanzkrise der Südmilch im Frühsommer 1993 fand im Stuttgarter Landwirtschaftsministerium eine Konferenz statt, die es in der baden-württembergischen Landeshauptstadt selten gibt und die juristisch zumindest umstritten ist. Landwirtschaftsminister Weiser konferierte mit Justizminister Schäuble. Thema: Wolfgang Weber. Dem Landwirtschaftsminister saßen die Bauern im Nacken. In vielen Versammlungen hatten aufgebrachte Bauern dem Minister klargemacht, daß sie Weber im Knast sehen wollten und daß sie am Rechtsstaat verzweifelten, weil Weber immer noch frei herumlaufe. Viele gaben sich reichlich radikal, schwadronierten herum, Webers Haus in Künzelsau stehe nicht mehr lange, müsse »brennen«, Weber müsse »hängen«. Obwohl es unüblich ist, daß sich ein Landwirtschaftsminister in dieser Form an den Justizminister wendet, wollte Weiser wissen, ob die Justiz tatsächlich nichts gegen Weber unternehmen könne. Der Justizminister behauptete, er könne nichts tun, und verwies auf die Unabhängigkeit der

Justiz. Doch so unabhängig ist nur der Richter und nicht der Staatsanwalt. Die Staatsanwaltschaft kann ohne große Aktionen »von oben« zur Eile bei Ermittlungen angetrieben werden. Offenbar wollte Schäuble nicht so recht. Solche Eingriffe des Justizministers sind äußerst selten. Andererseits, einige Jahre früher, unter dem gleichen Landwirtschaftsminister und unter einem anderen Justizminister (der seinen Job verlor, weil er sich vom SEL-Chef einen Fernseher schenken ließ), gab es schon einmal Justizverhandlungen. Da ging es aber zwischen Landwirtschaftsministerium, Justizministerium und Staatsanwaltschaft darum, den mutmaßlichen Subventionsbetrüger Manz zu schützen. Diese Verhandlung ging ein in die Geschichte Baden-Württembergs als »Elefantenrunde«. Die damalige Runde half niemand, brachte aber die baden-württembergische Justiz in Verruf. Immerhin war Manz ein Skatfreund des Ministerpräsidenten. Diesmal sollte jemand aus populistischen Gründen am besten gleich verhaftet werden. Auch in Sachen Weber trennten sich die »Elefanten« Weiser und Schäuble ohne Ergebnis. Schäuble wollte »sehen, was sich machen läßt«. Wer weiß, ob die Ermittlungen im Fall Südmilch eine andere, eine schnellere Entwicklung genommen hätten, wenn es eine Weisung Schäubles an die Staatsanwaltschaft gegeben hätte, den »Fall Weber« vorrangig zu behandeln. Es ist nicht bekannt, warum der Justizminister davor zurückschreckte.

Bekannt ist, daß Schäuble nicht gerade ein sonderlich mutiger Justizminister ist. Als die Stuttgarter Staatsanwaltschaft in dem Ermittlungsverfahren gegen den früheren Generalintendanten Gönnenwein von den Stuttgarter Staatstheatern die Büros des Stuttgarter Oberbürgermeisters Rommel und des Stuttgarter Bankenchefs Zügel durchsuchten, entschuldigte sich Schäuble anschließend bei den beiden Betroffenen. Dabei ist eine Durchsuchung eine klare Sache. Entweder, sie war berechtigt oder sie war es nicht. Es kann zwar eine juristische Diskussion geben über eine richterlich angeordnete Durchsuchung, aber keine Entschuldigung des Justizministers. Doch Schäuble war die Entschuldigung so wichtig, daß er sogar Journalisten bei einem gemütlichen Abend davon erzählte. Nein, der baden-württembergische Justizminister wollte sich bei den Südmilch-Ermittlungen nicht engagieren.

Für die Justizbehörden bildete das Weber-Urteil vom Dezember 1991 ein zusätzliches Hindernis. Weber hatte zwar eine Bewährungsstrafe bekommen, aber ohne weitere Auflagen. Die Richter hätten eine eingeschränkte Bewegungsfreiheit für die Zeit der Bewährung im Urteil festlegen können. Webers Anwalt war es gelungen, all dies zu verhindern. Das Urteil sollte den Südmilchmanager wieder voll bewegungsfähig machen. Im Sommer 1993 konnten die Justizbehörden Weber nur verhaften oder verreisen lassen. Auflagen waren zu diesem Zeitpunkt juristisch nicht möglich.

Am 10. Februar 1993 besuchte der Molkereichef Hempel aus Schwäbisch Hall zusammen mit einem Landwirt und einem Anwalt die Staatsanwaltschaft Stuttgart. Hempel wollte Unterlagen abgeben zum Fall Weber, die bei ihm auf Umwegen gelandet waren. Wer je in der Pforte der Staatsanwaltschaft Stuttgart in der Neckarstraße war, der weiß, wie schwierig es ist, zu einem Staatsanwalt vorzustoßen. Dieser Empfangsraum ist ein multikultureller Treffpunkt der eigenen Art. Als in dem Gebäude vor Jahren noch der Süddeutsche Rundfunk residierte, herrschte dort, verglichen mit heute, Friedhofsruhe. Zumindest in der Pforte. Da wollen Serben ihren Bruder besuchen, weil sie glauben, das Gebäude der Staatsanwaltschaft sei das Gefängnis, da will ein Türke seinen zuständigen Staatsanwalt sprechen und nicht einsehen, daß dies nicht geht, Afrikaner suchen nach einem Kumpel in Abschiebehaft, und mittendrin ein polizeilicher Pförtner, der merkwürdigerweise die Ruhe behält.

Hempel und seine Mitstreiter kamen irgendwann zu einem Oberstaatsanwalt und trugen ihren Verdacht auf Südmilch-Manipulationen bei dem Grundstück in Künzelsau und bei den know-how-Verträgen vor. Hempel hatte den Eindruck, daß die Staatsanwaltschaft »nicht sonderlich interessiert« war. Die Südmilch hatte gleich zu Beginn der »weberlosen« Zeit von drei Anwälten prüfen lassen, ob es bei Weber größere Anzeichen für den Verdacht auf Untreue gebe, und die Unterlagen gesichert. Nach Ansicht der Anwälte kamen dabei »dicke Brocken« heraus. Offenbar hatte Weber – zumindest nach diesen Unterlagen – sein Hotel in Freudenstadt oft aus Beständen des Südmilch- oder Landgold-Kasinos beliefern lassen. Es soll überhaupt keine richtige Trennung von privatem und dienstlichem Bereich im Landgold-Kasino gegeben haben. Die Anwälte zählten Beträge von über 500 000 DM zusammen. Die Staatsanwaltschaft hatte auch diese Unterlagen längst eingesehen, ließ aber nicht erkennen, daß sie großen bleibenden Eindruck hinterlassen hätten. Zu diesem Zeitpunkt hätten die Ermittler auch schon wissen müssen, daß es Weber geschafft hatte, seine privaten Rest-Steuerschulden von rund zwei Millionen DM seiner Landgold GmbH in Künzelsau »aufzubürgen«. War das kein Zeichen für eine mögliche Absetzbewegung? Als der Heilbronner Korrespondent der *Südwestpresse*, Hans Georg Frank, die Geschichte mit der Bürgschaft veröffentlichte, war Weber schon in Paraguay. Insgesamt hatte Weber fast 10 Millionen DM Steuern zurückzubezahlen. Die Zwei-Millionen-Bürgschaft der Landgold wanderte im Vergleichsverfahren zur Südmilchmutter. Von dort können sich die Finanzbehörden die zwei Millionen DM holen.

Am 23. Juli 1993 hatte die Sprecherin der Schutzgemeinschaft der Kleinaktionäre, Anneliese Hieke, einen Termin bei der Staatsanwaltschaft Stuttgart. Frau Hieke wollte Anzeige erstatten gegen Weber und andere. Sie hatte das Gefühl, es geschehe zu wenig in Sachen Weber. In dieser Sache seien Aktionärsinteressen in großem Ausmaß berührt. Frau Hieke traf auf einen Staatsanwalt, der in aller Ruhe Zeitungsartikel über Weber und Südmilch in seinem Ordner abheftete, ihr dann jedoch höchst interessiert zuhörte. Diese Gleichzeitigkeit von Desinteresse und Interesse kam Frau Hieke seltsam vor. Dieser Mann des Gesetzes erklärte zu ihrer Überraschung, daß »sich bis jetzt bei Weber nichts Strafbares erkennen lasse«, wartete aber offensichtlich auf zusätzliche Informationen. Dann motivierte der Staatsanwalt Frau Hieke zu einer Strafanzeige, »möglichst mit genauer Bezeichnung der Delikte«.

Frau Hieke hat sich inzwischen überlegt, warum der Staatsanwalt sich so verhielt: »Ich hatte den Eindruck, der will schon was machen, aber er will sagen: Weil die eine Strafanzeige gestellt hat, muß ich was machen. In meinen Augen war dieser Staatsanwalt in einer Situation, wo er nicht sagen wollte, er sei initiativ geworden.« Frau Hiekes Einschätzung: »Dem hatte jemand gesagt, das reicht alles nicht aus, und dann war ich mit meinem Willen zu einer Anzeige richtig willkommen!« In einer Stellungnahme der Staatsanwaltschaft zu diesen Vorwürfen heißt es, für Besucher der Staatsanwaltschaft dürfe ein subjektiver Eindruck nicht entscheidend sein für die Beurteilung staatsanwaltlicher Arbeit. Es sei schwierig, auf Anhieb festzustellen, was Untreue sei oder nicht. Anwälte ohne strafrechtliche Erfahrung würden manchmal vorschnell den Tatbestand der Untreue unterstellen, dies müsse alles genau geprüft und mit Firmenunterlagen verglichen werden. Nicht alles, was ein Vorstandsvorsitzender für Außenstehende falsch mache, sei strafrechtlich relevant. Umstrittene Grundstücks- und know-how-Verträge müßten genau nach dem Buchstaben der Verträge ermittelt werden. Dann müsse oft die Bilanz des Unternehmens nachkonstruiert werden, es müßten Parallelrechnungen erstellt werden. Außerdem habe die Staatsanwaltschaft schon im März mehrere Durchsuchungen vorgenommen. Es habe schon Ermittlungsverfahren wegen des Verdachtes auf Untreue und Bilanzmanipulation gegeben, bevor zusätzliche Anzeigen kamen. Für eine Verhaftung Webers hätten allerdings die vorhandenen Ermittlungsergebnisse bis August nicht ausgereicht, sagt die Staatsanwaltschaft.

Mag sein. Dennoch ist es nach wie vor nicht recht nachvollziehbar, daß eine Ermittlungsbehörde in einem – zugegeben schwierigen – Fall ein halbes Jahr lang keinen Grund für einen Haftbefehl findet, obwohl der Verdächtige ständig auf dem Weg nach Paraguay ist. In den Jahren davor war die Staatsanwaltschaft schneller bei der Hand mit dem Verdacht, Weber könne sich absetzen.

Ist es möglich, daß die Staatsanwaltschaft bei dem Verdacht auf Steuerhinterziehung schneller einen Haftbefehl beantragt als bei dem Verdacht auf Untreue und Betrug? Etwa, weil die Ermittlungen bei Steuerhinterziehung unkomplizierter sind? Wie auch immer, Frau Hieke ließ sich nicht beirren und faxte am nächsten Tag, dem 24.7.1993, eine Strafanzeige. Darin sind genannt: Wolfgang Weber, Finanzchef Rudolf Hoffmann, Produktionschef Manfred Klecker, der stellvertretende langjährige Südmilch-Aufsichtsratsvorsitzende Helmut Wacker, der Südmilch-Jurist Freiherr von Massenbach, der Bauunternehmer Roland Ernst und Ronaldo Schmitz von der Deutschen Bank. Die Vorwürfe: Betrug und Prospektbetrug, Untreue und Bilanzdelikte. Gegen Ronaldo Schmitz, von Massenbach und Helmut Wacker wurde inzwischen eingestellt, bei Wacker wird in einem anderen Südmilchverfahren weiter ermittelt.

Bei gutem Willen und Verständnis für die staatsanwaltliche Arbeit kann man nachempfinden, daß die Ermittlungsarbeit nicht immer so voranschreitet, wie man es als Betroffener gern hätte. Wenn eine Behörde zu naßforsch vorangeht und rechtsstaatliche Mittel mit der linken Hand bearbeitet, ist die Aufregung auch groß. In der Tat ist es nicht immer aussagekräftig, wie Beamte hinter dem Schreibtisch gegenüber empörten Bürgern reagieren. Im Zeitalter des Lustprinzips kann es schon mal sein, daß ein Staatsanwalt lustlos erscheint. Aber in der Staatsanwaltschaft kann eben nicht nur nach dem Motto gearbeitet werden: »Hauptsache, ich habe Lust!« So wie der Haftbefehl für Wolfgang Weber behandelt wurde, muß man – nach allem, was bekannt ist – der Staatsanwaltschaft zumindest den Vorwurf machen, daß dieses kein professionelles Management war. Sie ließ Hoffmann und

Klecker verhaften, während Weber in Paraguay weilte. Auch ohne die Zeitungen konnte Weber natürlich sofort erfahren, daß die beiden Kollegen nach Stuttgart-Stammheim mußten. Zu allem Überfluß schickte die Polizei einen Beamten in Uniform nach Freudenstadt in das Weber-Hotel. Der stellte sich in die Hotelhalle und fragte nach Wolfgang Weber. So konnte Weber seinen Flug nach Deutschland einfach ausfallen lassen. Mag sein, daß eine Verhaftung Webers vor seinem Paraguay-Flug aus rechtlichen und ermittlungstechnischen Gründen nicht möglich war – aber die beiden anderen zu verhaften und dann auf Weber zu warten, das war Stümperei.

Im Fall des Vaters von Südmilchpartnerin Steffi Graf hat sich die Staatsanwaltschaft Mannheim beeilt, mit der Ermittlungsarbeit so schnell voranzukommen, daß eine Entscheidung vor einer USA-Reise des Peter Graf, im Sommer 1995, möglich war. Seit August sitzt Vater Graf in Untersuchungshaft.

2. Frau Hieke mischt auf

Bei Hauptversammlungen sind Frauen seltener als im Bundestag. Die Frauen, die da sind, werden meist weniger beachtet als die Zahlen im Geschäftsbericht des Konzerns. Aber eine Anfangsfünfzigerin genießt bei vielen Hauptversammlungen großen Respekt. Alle sind freundlich zu ihr, der eine oder andere Aufsichtsrat oder Vorstandsvorsitzende kommt schon mal vom Podium herunter, um sie zu begrüßen. Ihr Name ist Anneliese Hieke. Sie ist Sprecherin der Schutzgemeinschaft der Kleinaktionäre. Man fürchtet sie, weil sie immer gut vorbereitet zu Hauptversammlungen kommt und die Lücken im Geschäftsbericht erkennt. Wenn sie zu einer Hauptversammlung kommt, läßt sie sich gleich in die Rednerliste eintragen. Selbstsicher und verbindlich stellt sie ihre harten Fragen. Sei es bei der Baden-Württembergischen Bank oder bei der Südzucker, bei der Südmilch oder bei der Eichbaum-Brauerei. Die Frau aus Neckargmünd hat ein Gespür dafür, wenn etwas nicht sauber läuft in einer Aktiengesellschaft – dann pocht sie unerbittlich auf die Rechte und Interessen ihrer Kleinaktionäre.

Frau Hieke hat mit ihrem Mann eine Reifenhandlung in Neckargmünd betrieben, ihr macht keiner was in Betriebswirtschaft vor, auch wenn sie es nicht studiert hat. Sie kennt alle Seiten des Geschäftes, auch die politische, denn sie war bis zur letzten Landtagswahl Zweitkandidatin des CDU-Landwirtschaftsministers, Gerhard Weiser. Der Minister hat sicherlich das eine oder andere Mal die Zähne zusammengebissen, wenn Frau Hieke wieder versuchte, die Südmilch aufzumischen, um herauszubekommen, was dort eigentlich schief lief. 1990 war ihre erste Hauptversammlung mit Wolfgang Weber. Sie legte sich nicht sofort mit Weber an, sondern hörte zu. Ihr fielen die ausweichenden Antworten Webers auf, und das machte sie stutzig. Denn sie meint, wer ausweichend antwortet, der will verschleiern. Frau Hieke erinnerte sich: »Weber ließ sich überhaupt nicht festlegen.« Als sie nach den Sponsoringbeträgen fragte, wich Weber aus. Im Jahr darauf fragte Frau Hieke wieder und wies Weber freundlich daraufhin, daß sie sofort eine Auskunftsklage formulieren werde, wenn er wieder keine Zahlen nenne. Aber schon 1990 hatte Weber erkannt, daß es mit dieser Aktionärssprecherin nicht ganz einfach sei. Weber versuchte es gleich auf die charmante Art, er sagte zu ihr ohne lange Umschweife: »Sie könnte ich im Aufsichtsrat gebrauchen!« Mit solchen Komplimenten ist aber bei Frau Hieke nichts zu machen.

Vor der Hauptversammlung 1991 wurde Weber streng. Er ließ darum bitten, daß sie ihre Fragen für die Hauptversammlung rechtzeitig seinem Büro überbringe. Bei solchen Geschichten kann die immer freundliche Frau Hieke mit ihrem leichten bayerischen Akzent richtig unfreundlich werden. Das Büro Weber erhielt ein entsprechendes Fax. Unerbittlich fragte sie Weber auf der Hauptversammlung 1991 nach dem Grundstückspreis des Stuttgarter

Südmilchgeländes in der Rosensteinstraße. Sie hatte einen Quadratmeterpreis von 785 DM ausgerechnet, und das war nach ihrer Meinung viel zu niedrig. In seiner Not verwies Weber auf ein Stillschweigeabkommen mit dem Käufer Roland Ernst. Mit solchen Tricks sollte man es nicht bei Frau Hieke versuchen. Sie gab einen Widerspruch zu Protokoll und klärte Weber auf, daß dies die Voraussetzung sei für eine Klage. Als sich dann das ganze Ausmaß der Südmilch-Schiebereien zeigte, klagte Frau Hieke tatsächlich und gewann. Das Gericht erklärte die Bilanzen der Südmilch 1991 und 1992 für nichtig. Als Frau Hieke der Meinung war, es geschehe zu wenig, um Weber strafrechtlich zu verfolgen, fuhr sie nach Stuttgart und stellte Strafantrag.

Am Anfang wußten die Bauern nicht so recht, ob die Sprecherin der Schutzgemeinschaft auf ihrer Seite sei oder nicht. Bald merkten die Bauern auf Südmilch-Hauptversammlungen, daß Anneliese Hieke mehr Sachkenntnis hatte als viele von ihnen, daß sie recht hatte. Nur im bäuerlichen Aufsichtsrat kam diese Erkenntnis etwas spät an. Als der Aufsichtsratsvorsitzende Schnitzler auf der Hauptversammlung Frau Hieke an seinem Mikrophon nicht sprechen lassen wollte, sondern unten vom Saal mit dem Rücken zum Publikum, und Frau Hieke protestierte, hatte Schnitzler die Aktionäre gegen sich. Als der Aufsichtsrat Golter auf der Hauptversammlung etwas deplaziert Frau Hieke anpflaumte: »Wir ertragen Sie schon jahrelang!«, pfiffen auch die Bauern ihren Aufsichtsrat aus.

Ein besonderer Dorn im Auge sind der Sprecherin der Kleinaktionäre die Überkreuzverflechtungen in den Aktiengesellschaften. Wenn also Vorstände sich gegenseitig in verschiedenen Aufsichtsräten kontrollieren sollen, dann wird Frau Hieke mißtrauisch und kämpferisch: »In diesem Geflecht von sich gegenseitig unterstützenden älteren Herren tut keiner dem anderen weh!« Für Frau Aktionärsschützerin ist das »ein Nährboden für unlautere Machenschaften«. Sie legt sich nicht nur mit bäuerlichen Aufsichtsräten an. Als die Affäre um den Mannesmann-Vorstandsvorsitzenden Werner H. Dieter begann, traute sich auf der Hauptversammlung keiner so recht an das heiße Thema heran. Journalisten warteten, wer denn Manns genug sei, gegen Banken und prominente Aufsichtsräte anzutreten. Es war eine Frau: Anneliese Hieke. Wenn sie den Verdacht hat, bei der Eichbaum-Brauerei Mannheim könnte es einen Fall von Untreue geben, fragt sie gnadenlos nach. Dann geht es nicht nur um die Aktionärsinteressen, sondern auch um ihre Vorstellung von Gerechtigkeit. Schließlich ist sie Schöffin. Keine ganz einfache, wie Richter gern bestätigen. An die 40 Hauptversammlungen absolviert Frau Hieke im Jahr. Alle sollen gut vorbereitet sein. Daneben hat sie noch Zeit, sich um die Frauenhilfe Bosnien-Herzegowina zu kümmern.

3. Webers dritte Verhaftung

Wolfgang Weber hielt sich im Gebäude seiner Ranch in Paraguay auf. Als er hörte, daß eine größere Wagenkolonne mit viel Lärm und Staub vorfuhr, setzte er seine Sonnenbrille und den Hut auf und trat hinaus in die Einfahrt. Aus den Autos sprangen Polizisten, Fotografen und ein Fernsehteam. Alle kamen auf ihn zu, ein Offizier sprach ihn an und erklärte ihn für verhaftet. Es war Freitag, der 10. März 1995.

Das muß für Weber ein noch größerer Schock als die Verhaftungen in Künzelsau gewesen sein. In Paraguay fühlte er sich sicher vor den Steuerfahndern und vor der Polizei. Das Auslieferungsersuchen der Stuttgarter Staatsanwaltschaft kümmerte ihn nicht. Und nun wurde Weber in ein Gefängnis in Asunción eingeliefert. Er schaffte es, nicht in eine der völlig überbelegten Zellen gezwängt zu werden. Vor einiger Zeit hat in Stuttgart ein Betrüger vor Gericht gestanden, der aus Paraguay ausgeliefert worden war. Der Stuttgarter Richter war so beeindruckt von den Erzählungen des Angeklagten über die Zustände im paraguayischen Gefängnis, daß er dem Verurteilten seine dort verbrachte

Zeit mit dem Faktor zwei berechnete. Der Mann mußte in keine deutsche Strafanstalt mehr einrücken. Weber wurde erst in einem Büro untergebracht und dann im Polizeihospital, weil er auf seine Herzbeschwerden hinwies. Er konnte dort Briefe schreiben, Journalisten aus aller Welt empfangen, Frau Erna kam mit Torte zum 60. Geburtstag, und der Fotograf war dabei.

Am 12. März 1995 schrieb Weber aus dem Gefängnis einen vierseitigen Brief »an meine Freunde in Paraguay«, in dem er noch

Abbildung 9: Teilansicht von Webers »Häusle« im Chaco, entworfen von einem Architekten, der ansonsten für Südmilchgebäude zuständig war.

einmal seine Querelen mit der deutschen Justiz erklären wollte. Darin stellte er larmoyant dar, daß er wegen Investitionen »denunziert« worden sei. Das Gerichtsverfahren wegen Steuerhinterziehung empfand Weber in dem Brief als »Kompromiß«: »Eine sehr lange und aufreibende Auseinandersetzung endete im Dezember

1991, also nach fast 10 Jahren, mit einem Kompromiß.« Dann beschimpfte Weber in dem Brief seinen Nachfolger Staudacher und alle, die ihm nicht wohlgesonnen sind: »Ich versuchte sogar mit einem Antrag bei Gericht, mir freies Geleit für meine Aussagen zu geben. Dieser Antrag wurde abgelehnt. Stattdessen beantragte die Bundesrepublik Deutschland bei der Republik Paraguay die Auslieferung von mir. Die Deutsche Botschaft wurde aktiv! Der Rest ist bekannt. Schade, daß es Leute gibt, die sich einen Spaß daraus machen, die Presse in Asunción mit Unwahrheiten und Halbwahrheiten zu füttern… Schnell ist ein guter Name, in 25 Jahren erworben, über Nacht im Gerede. Wir werden hart daran arbeiten, dies zurechtzurücken.«

Solange Weber in Asunción in Haft war, wurde ständig spekuliert, wie es überhaupt dazu kommen konnte, daß er in Paraguay verhaftet wurde. Zunächst sprach einiges für eine politische Intrige. Es wurde berichtet, daß der Untersuchungsrichter Nelson Mora bei Weber Bilder beschlagnahmt habe, die ihn mit Expräsident General Rodriguez und dem Befehlshaber des Heeres, General Lino Oviedo, zeigten. Anschließend gab es ein juristisches Gezerre um Weber. Ein Richter hatte die Freilassung angeordnet, der Generalstaatsanwalt hatte angekündigt, er werde das Auslieferungsverfahren bis zum Obersten Gericht betreiben. Weber wurde nach einigen Wochen gegen eine Kaution von umgerechnet 70 000 DM auf seine Ranch entlassen. Er darf vorläufig das Land nicht verlassen. Dann begann in der Presse eine Diskussion, wann Weber endgültig paraguayischer Staatsbürger würde, und ob er dann noch ausgeliefert werden könne oder ob es stimme, daß jemand erst zwei Jahre paraguayischer Staatsbürger sein müsse, bevor er nicht mehr ausgeliefert werden dürfe. Sicher ist, es wird höchst schwierig sein, Weber jemals wieder vor ein deutsches Gericht zu bekommen. Er hat nach wie vor beste Beziehungen in Paraguay.

Es gibt inzwischen aber einige Erklärungen der Vorgänge in Paraguay. Wahrscheinlich hatte Weber schlicht etwas Pech. Das deutsche Auslieferungsbegehren fiel in die Zeit, in der die Regierung von Paraguay den USA zeigen wollte, daß sich in ihrem Land nicht Kriminelle aus aller Welt ausbreiten können. Der politische Druck der USA bezog sich wohl eher auf Drogenhändler, doch in Paraguay ist es schwierig, zwischen Drogenhändlern, Schmugglern und internationalen Kriminellen zu unterscheiden. Es ist vorstellbar, daß Teile der Regierung in Asunción vor der Weltöffentlichkeit ein Exempel statuieren wollten, daß in Paraguay nicht alles erlaubt ist und nicht jeder Unterschlupf erhält. Womöglich wurde Weber zufällig für diese Demonstration benutzt. Vielleicht waren Regierungsmitglieder der Meinung, es sei einfacher, sich mit Weber anzulegen, als mit einem der großen Drogenbosse. Dann hätte Weber nur Pech gehabt. Der Fernsehjournalist Dr. Tilmann Achtnich vom Süddeutschen Rundfunk, der Weber besucht hat, meint sogar, die Polizei in Asunción habe nicht einmal Geld für das Benzin von Asunción zur Weber-Ranch gehabt. Da habe sich die international subventionierte Drogenpolizei beteiligt, die auch bei der Weber-Verhaftung dabei gewesen sei. Achtnich fand das Presseklima für Weber erstaunlich negativ. In den Zeitungen werde Weber nur der »Care de leche« genannt, der Milchzar, der 300-Millionen-Dollar-Betrüger.

Es gibt auch die Annahme, daß Weber nicht mehr genügend Bestechungsgelder in Paraguay zur Verfügung stellen kann. Webers Ranch ist zwar eine richtige Musterfarm, wirft aber offenbar soviel nicht ab. Weber erhält aus Deutschland keine Gelder mehr und hat deshalb versucht, einen Teil seiner Ranch zu verkaufen. Anfang November 1994 meldete sich beim Südwestfunk Tübingen eine Frau Weidhase im Auftrag einer Farmverwaltung in Silverton bei Pretoria in Südafrika. Frau Weidhase wollte wissen, was eigentlich gegen Herrn Wolfgang Weber in Deutschland vorliege. Die gut deutsch sprechende Dame erklärte ihr Anliegen damit, daß ihr Farmmanagement überlege, einen Teil der Weberranch in Paraguay zu kaufen. Bevor man aber in ernsthafte Verhandlungen gehe, wolle man wissen, was an den Gerüchten sei, daß Weber Probleme mit der deutschen Staatsanwaltschaft habe. Auf meine Frage, was die deutschen juristischen Probleme des Wolfgang Weber mit den Kaufabsichten eines Südafrikaners in Paraguay auf Webers Ranch zu tun hätten, antwortete die Dame

Abbildung 10: Der südamerikanische Rancher in Gauchohosen.

mit einem südafrikanischen Sprichwort: »Der Wolf ändert seine Farbe nicht!« Ich schickte der Südafrikanerin Sendemanuskripte über Wolfgang Webers »juristische Karriere«. Es war ein kleines Paket. Die Dame hat sich nie mehr wieder gemeldet.

Im Frühjahr 1995 versuchte Wolfgang Weber von Paraguay aus, seine Pressearbeit zu intensivieren. Offenbar wollte er mit positiven Darstellungen der Presse in Asunción zeigen, daß er in Deutschland noch angesehen sei und als Gesprächspartner gewünscht werde. Weber versuchte in einer großen Aktion, Artikel in der deutschen Presse zu lancieren. Er biederte sich in verschiedenen deutschen Redaktionen an und versprach Interviews. Allerdings gab es Auflagen bei den Fragestellungen und Finanzfragen. Weber berechnete plötzlich Fax- und sonstige Gebühren. Die *Südwestpresse* lehnte die Interviewmöglichkeit ab. Das Stuttgarter Fernsehen brachte wunderbare Bilder aus Paraguay: Weber in Gaucho-Pumphosen auf seinem Schimmelhengst, Weber mit seinen Cowboys, Weber mit den Rindern, Weber in seinem Ranchgebäude, Weber bei der Rechtfertigung. Nach dem Fernsehfilm schrieb die *Schwäbische Zeitung* am 29. Mai 1995: »Webers Märchenstunde in Paraguay.« Am 25. Juni erschien in *Bild am Sonntag* eine Farbreportage von Webers Ranch. Unter anderem ein Bild, das den Rancher mit Indianerkindern zeigt. Bildunterschrift: »Der große Spender. Im Gran Chaco finanzierte Weber eine Schule für die Kinder seiner Mitarbeiter. Die singen dem Wohltäter zum Dank dafür deutsche Volkslieder vor.«

Doch Webers Schwierigkeiten in Paraguay blieben. Am 16. August 1995 meldete die Deutsche Presseagentur aus Asunción, Weber habe Probleme mit der Einbürgerung in Paraguay. Der Generalstaatsanwalt von Paraguay, Anibal Cabrera Viron, habe beantragt, dem ehemaligen Südmilch-Vorstandschef die im Jahr 1993 erteilte Einbürgerung wieder abzuerkennen, weil Weber eine Vorstrafe verschwiegen habe. Dem Reporter der *Bild am Sonntag* hatte Weber erzählt, seine Hofeinfahrt sei so gut ausgebaut, daß dort Flugzeuge starten könnten, falls man ihn zwangsweise nach Deutschland bringen wolle. Doch wohin will jemand fliehen, der in Paraguay nicht mehr sicher ist?

4. Der Polizeibericht und die Anklage

Am 27. Oktober 1994 veröffentlichte der Südwestfunk den vertraulichen Polizeibericht zum Komplex Südmilch-Sachsenmilch. Der Polizeibericht ist Grundlage für die Anklageschrift der Staatsanwaltschaft. Der Bericht war mir, unter größeren Sicherheitsvorkehrungen und Abmachungen, eines Nachts in Stuttgart zum Lesen übergeben worden. Die *Südwestpresse* wollte parallel zu der Rundfunksendung sofort eine ausführliche Berichterstattung.

Der 209 Seiten starke Bericht brachte eine Überraschung: Als Hauptverdächtiger war, in Sachen Sachsenmilch, der frühere Südmilchfinanzchef Rudolf Hoffmann erkennbar. Das Papier behandelte den know-how-Vertrag zwischen Sachsenmilch, dem Heidelberger Unternehmer Roland Ernst und der Südmilch. Die Polizei führte in ihrem Bericht Zeugen auf, die alle bestätigten, daß der Vertrag völlig unnötig sei. Der Vertrag war von Hoffmann und dem Produktionchef Klecker unterschieben worden; Weber hatte fein säuberlich seine Unterschrift herausgehalten. Dennoch hielten die Polizisten in ihrer Zusammenfassung Weber für verantwortlich. Die Beamten äußerten die Gewißheit, daß Hoffmann die Verträge formuliert und veranlaßt habe. In dem Bericht taucht der Heidelberger Makler Kircher immer wieder als Geldempfänger auf: Beim Abschluß des Generalübernehmervertrages für die Sachsenmilch kassierte Kircher von Roland Ernst 1,4 Millionen DM plus Mehrwertsteuer, 1992 für einige Monate Beraterhonorare – im Monat 113 430 DM, 1991 monatlich nur 34 200 DM. Dann eine Abfindungsrechnung von 264 000 DM. Die Polizei überlegte, ob Zahlungen über Kircher nicht wieder an Weber gingen.

Kircher soll auch dazu beigetragen haben, daß der know-how-Vertrag zustandekam. Bei diesem Vertrag kassierte Roland Ernst eine Million DM Provision. Zusätzlich bekam Ernst Provision für Maschinenkäufe: 5,6 Millionen DM. Die Beamten vermuteten, daß Hoffmann den know-how-Vertrag zurückdatiert hatte. Wahrscheinlich war dies aus Sicht der Südmilch nötig gewesen, um die Finanzhilfe aus dem Vertrag für die Südmilch rechtzeitig zu bekommen. In dem Bericht wurden auch die verschiedenen Bürgschaften von Kircher für Hoffmann und Weber dargestellt; der Kredit von Roland Ernst für Weber wurde als »kick-back« bezeichnet.

Zu den Veröffentlichungen in

– »Heilbronner Stimme« vom 29.10.1994
– »STUTTGARTER ZEITUNG« vom 29.10.1994

stelle ich fest:

1. Von Herrn Martin Born (Tübingen) habe ich zwar noch nie seriöse Berichterstattung erwartet. Daß aber die »STUTTGARTER ZEITUNG« und die »Heilbronner Stimme« den von Herrn Born (im Südwestfunk und z.b. in der »Südwestpresse« vom 28.10.1994) verbreiteten Unfug – offenbar ohne eigene Recherche – übernahmen, ist enttäuschend.

2. Von Herrn A. Kircher habe ich noch nie irgendwelche Zahlungen – für welchen Zweck oder welche Leistung auch immer – erhalten.

3. Herr A. Kircher war jahrzehntelang erfolgreich als Makler für die Südmilch-Gruppe tätig. Im Erfolgsfall erhielt er branchenübliche Maklerprovisionen. (Weder die einzelnen Geschäftsvorfälle noch etwaige Provisionszahlungen sind über meinen Schreibtisch gegangen, da diese Angelegenheiten nicht in mein Vorstandsressort gehörten.)

   Im Zusammenhang mit den Verträgen zur Errichtung des Sachsenmilch-Werks hat Herr A. Kircher nicht etwa von der Südmilch AG eine Provision (von angeblich 1,4 Mio. DM) erhalten, sondern von der Unternehmensgruppe Roland Ernst.

4. Das mir von Herrn Roland Ernst (erst) Mitte 1992 gewährte (private) Darlehen stand in keinerlei Zusammenhang mit den (lange zuvor abgeschlossenen) Verträgen zwischen Südmilch/Sachsenmilch und der Ernst-Unternehmensgruppe. Die Verdächtigungen eines »kickback« sind absurd und eine blanke Verleumdung.

5. Auch die Behauptungen über eine angebliche »Beleihung« meines Privathauses mit 6 Mio. DM (»als Weber Geld brauchte«) und über angeblich »verdächtige Zusammenhänge« mit der Südmilch-Tochtergesellschaft Landgold sind frei erfunden.

Dokument 15 (nachgesetzt): Wolfgang Weber beschwert sich aus Paraguay über die Berichterstattung zum Polizeibericht. Verschickt von dem Stuttgarter Anwaltsbüro Wahle am 4.11.1994 (*Ausschnitt*).

Keine rechte Erklärung fanden die Beamten, was mit Webers Grundbuch für das Privathaus in Künzelsau los war. Da gab es eine nicht ganz alltägliche Eintragung von 6 Millionen DM. Die Polizisten hatten fein säuberlich alles aufgeschrieben, was sie gefunden hatten und was Zeugen aussagten. Sie fanden auch den Briefwechsel von Kanzler Kohl mit Südmilchchef Weber zum Thema Sachsenmilch. Die Südmilch wird die Erkenntnis der Ermittler nicht überrascht haben, daß der Konzern noch Subventionen und Steuern zurückzahlen muß. Vergleichsverwalter Grub hatte schon ein Jahr vorher in einem internen Schreiben darüber spekuliert, daß Steuernachzahlungen fällig werden könnten.

Immerhin ärgerte sich Wolfgang Weber auf seiner Ranch in Paraguay über den veröffentlichten Polizeibericht derart, daß er über seinen Anwalt Wahle einen dreiseitigen Brief an baden-württembergische Chefredakteure schickte. Zunächst versuchte Weber, mich schlecht zu machen (»noch nie seriöse Berichterstattung«), dann zeigte er sich entsetzt, daß die Zeitungen Meldungen des Südwestfunks übernommen hatten (»enttäuschend«). Mit gewaltigem Aufwand wollte Weber den Polizeibericht entkräften: Er habe von Kircher keine Zahlungen erhalten, Kircher sei ein erfolgreicher Makler, der »kick-back-Verdacht« sei eine blanke Verleumdung, die Sechs-Millionen-Hypothek auf seinem Haus sei eine »Gaunerkomödie« der Landgold gegen ihn, und der Polizeibericht gehöre nicht in die Hände der Presse.

Beim letzten Punkt hat die Staatsanwaltschaft Stuttgart Weber sicherlich ausnahmsweise zugestimmt. Aber die Staatsanwälte schrieben ungerührt die Anklageschrift. Am 10. April 1995 wurde sie veröffentlicht. Die Anklagepunkte: Betrug, Untreue, Kredit- und Subventionsbetrug und anderes. Namentlich genannt wurden: die Vorstandsmitglieder Rudolf Hoffmann und Manfred Klecker (Klaus Scheck tauchte im Pressetext der Staatsanwaltschaft nicht auf) und der Heidelberger Unternehmer Roland Ernst.

	Veränderungen			Löschungen	
Lfd. Nr. der Spalte 1	Betrag		Lfd. Nr. der Spalte 1	Betrag	
5	6	7	8	9	10
1a	71.000,00	Der Grundschuld Abt. III Nr. 4 von			
1b	29.000,00	290.000,-- DM ist dar Vorrang vor			
2	42.400,00	diesen Grundschulden Abt. III Nr. 1a			
3	8.000,00	von 71000,-- DM Nr. 1b von 29000,-- DM, Nr. 2 von 42400,-- DM und Nr. 3 von 8000 DM eingeräumt. Eingetragen am 24.7.1992 *Büle* —			
8	6.000.000,-	Die Arresthypothek hat sich infolge Aufhebung des Arrestbefehls aufgrund Urteil des Landgerichts Heilbronn vom 21. Mai 1993 (Az. 1 KfH O 187/93) in eine Grundschuld ohne Brief für den Grundstückseigentümer Wolfgang Weber, geboren am 22. April 1935, wohnhaft in Künzelsau, verwandelt. Eingetragen am 22. Juli 1993.			
5 6 7 8 9	7	-1------- 600.000,--	Grundschuld für die Südwestbank AG in Stuttgart im Betrag von sechshunderttausend--- Deutsche Mark, verzinslich mit 15 v.H. jährlich. Unter Bezugnahme auf die Bewilligung vom 1. Februar 1989. Eingetragen am 6. Februar 1989.		
10 1 2 3 4 5	8	1 6.000.000,--	Sicherungshypothek bis zum Höchstbetrage von sechs Millionen Deutsche Mark aufgrund des Arrestbefehls des Landgerichts Heilbronn vom 31. März 1993 (Az. 1 KfH O 187/93) für die Firma Landgold Milch GmbH mit dem Sitz in Künzelsau. Eingetragen im Wege der Zwangsvollstreckung am 1. April 1993.		

Fortsetzung auf Einlegeblatt

Dokument 16: Grundbuchauszug zu Webers Privathaus in Künzelsau
(*2 Ausschnitte*).

Nach Meinung der Staatsanwaltschaft haben die Beschuldigten im Zusammenhang mit der Börseneinführung der Sachsenmilch AG im Dezember 1991 gegenüber der Deutschen Bank und den Aktienkäufern über die Gebäudekosten der geplanten Großmolkerei vorsätzlich unrichtige Angaben gemacht. Die Aktienkäufer und die Bank sind hierdurch um mindestens 32 Millionen DM geschädigt worden. Die Angeschuldigten stehen alle unter dem Verdacht des Subventionsbetruges zum Nachteil des Landes Sachsen. Im August 1991 sind für den Molkereineubau in Leppersdorf erhebliche Zuschüsse beantragt worden. Obwohl die insgesamt zu finanzierenden Kosten in der Folgezeit massiv gestiegen sind und hierdurch eine Finanzierungslücke von 40 Millionen DM entstand, haben die Angeschuldigten dies pflichtwidrig gegenüber dem zuständigen Ministerium vor Gewährung des Zuschusses nicht offengelegt. Das Land hat deshalb an die Sachsenmilch 67 Millionen DM Fördermittel zu Unrecht bezahlt. Den Untreue-Tatbestand sieht die Staatsanwaltschaft so: »Die Angeschuldigten haben sich schuldig gemacht, daß sie als Verantwortliche der Sachsenmilch AG dort bereits vorhandene und angewandte Molkereikenntnisse als angeblich wertvolles know-how für 38 Millionen DM von der Südmilch AG erwarben, in deren Vorstand sie zugleich tätig waren. In Wirklichkeit sollte durch den Geldtransfer jedoch lediglich der bei der Südmilch AG im Jahr 1991 eingetretene Ertragseinbruch kompensiert werden.« Nach Meinung der Staatsanwaltschaft wurde der Unternehmer Roland Ernst zur Verschleierung eingeschaltet, hat aber um den Hintergrund des Geschäftes gewußt. Deshalb ist Ernst der Beihilfe zur Untreue angeklagt.

Die Vorstände Hoffmann und Klecker werden von den Staatsanwälten noch im Zusammenhang des Verdachtes auf Kreditbetrug genannt. Die beiden sollen im Januar 1993 bei Abschluß eines Investitionskreditvertrages mit der Deutschen Bank verschwiegen haben, daß die bereits entstandenen Kosten das Gesamtfinanzierungskonzept deutlich überschritten hätten. Zum

Schluß weist die Staatsanwaltschaft noch leicht resigniert darauf hin, daß das Verfahren gegen den ehemaligen Vorstandsvorsitzenden und späteren Aufsichtsratsvorsitzenden der Südmilch AG und der Sachsenmilch AG noch nicht abgeschlossen sei. Über die Auslieferung Wolfgang Webers aus Paraguay war zur Zeit der Drucklegung noch nicht entschieden.

5. Agro Latina

Falls Wolfgang Weber doch noch einmal auf einer deutschen Anklagebank sitzt, werden seine schwäbischen Eigentumsverhältnisse eine Rolle spielen. Schon im Spätherbst 1995 rätselte ein Stuttgarter Richter, wie er an ausstehende Bußgeldzahlungen von Weber in Höhe von über einer Million DM kommen sollte. Offenbar unbeobachtet hatte Weber seine Vermögensverhältnisse geordnet – natürlich mit Hilfe von neuen und alten Firmen.

Kaum war Wolfgang Weber als Vorstandsvorsitzender des Südmilchkonzerns zurückgetreten, hatte sich in den Aufsichtsrat zurückgezogen und saß noch auf dem bequemen Sessel des Landgoldgeschäftsführers in Künzelsau, ging er einem seiner Hobbies nach: Firmen gründen. Er gründete die »Agro Latina Trade GmbH« in Künzelsau und ließ sich beim Handelsregister in Schwäbisch Hall als Geschäftsführer eintragen. Schon Anfang des neuen Jahres 1993 hatte die Handelsgesellschaft eine Prokuristin, Hannelore Eggersdorfer-Munz. Die Prokuristin ist eine frühere Sekretärin von Weber in der Landgold GmbH Künzelsau; gleichzeitig liefen bei ihr die Fäden der Paraguay-Abschreibungsgesellschaften zusammen. Als die Fahnder nach Künzelsau kamen, hielt sie die »rote Handakte« mit allen Unterlagen in der Hand. Natürlich war sie auch bei der Chaco Beef beteiligt. Die Agro Latina ist eine Tochter der Remonia del Paraguay, zu der auch Webers Ranch gehört. Weber hatte Großes vor mit der Agro Latina:

Abbildung 11: Weber lachend in der Sackgasse?

Fleischexport von Paraguay in den Nahen Osten, Pferdezucht und Erdbeeranbau.

Über die Agro Latina konnte man auch einen besonderen »Urlaub auf dem Bauernhof« buchen – auf Webers Ranch in Paraguay. Die Idee, mit Ranchurlaub Geld zu verdienen, ist in der Familie Weber nicht neu. Wolfgang Webers Bruder ist damit in Südafrika erfolgreich. Der kann allerdings noch Safaris anbieten. Weber ließ für das geplante paraguayische Urlaubsunternehmen einen beeindruckenden Farbkatalog drucken. Die Ranch hieß dort »Remonia Horse and Cattle Ranch«. Der Name Weber kam nicht vor. Wer die wunderschönen Bilder aus Paraguay genau anschaute, entdeckte auf einem Bild, zwischen den Cowboys, Wolfgang Weber beim Viehtrieb. Beeindruckend das großzügig angelegte Ranch- und Gästehaus mit Schwimmbad im Kolonialstil, das ein Architekt gebaut hat, der sonst hauptsächlich für die Südmilch tätig war. In der Anzeige zu dem Urlaubskatalog hieß es: »Bei Vollmond über die endlosen Weiden reiten, nur das leise Blöken der Rinder, das Schnauben der Pferde und die geheimnisvollen Geräusche der Wildnis hören. Ein Traum von Freiheit und Weite. Arbeiten im Corral, Round up, Rodeo und Steak vom Lagerfeuer. Über Tag Hitze, Rindertrails und Herdenstaub, abends ein kühles Bier am Pool der Gästeranch.«

Das südamerikanische Westernambiente sollte mit Flug für 14 Tage rund 4 500 DM pro Person kosten. Die Agro Latina Trade GmbH gibt es heute noch in der Hauptstraße 69 in 74653 Künzelsau, Telefon (07940)91190. Aus dem Touristikunternehmen Weber ist offenbar nicht viel geworden. Der Katalog tauchte nur kurz bei Weber-Freunden auf und verschwand wieder. Die Firma Remonia setzte Wolfgang Weber ein, um sein Hotel in Freudenstadt nicht mehr an seinen Namen zu binden, sein Haus in Künzelsau wurde an eine Privatperson weiterverkauft.

Der Südmilch-Weber-Affären-Kalender

1970 Wolfgang Weber wird mit 35 Jahren Vorstandsvorsitzender der Südmilch AG Stuttgart.

25.6.1974 Weber verschickt Werbeschriften für die Abschreibungsgesellschaften in Paraguay.

1977 Die Hauptversammlung der Südmilch wird wegen Finanzproblemen viermal verschoben. Die Südmilcheiscreme wird an Schöller verkauft.

5.12.1978 Weber stellt die Auseinandersetzungen mit dem *Managermagazin* ein.

1.7.1988 In Künzelsau wird Wolfgang Weber zum erstenmal verhaftet.

6.10.1988 Die Stuttgarter Staatsanwaltschaft läßt Wohnungen von Gesellschaftern der Abschreibungsfirmen durchsuchen.

22.5.1989 Der Künzelsauer Zahnarzt Koczik, Paraguay-Gesellschafter und Steuerabschreiber, ist geständig und wird vor dem Stuttgarter Landgericht wegen Steuerhinterziehung verurteilt. Richter Krause spricht von Webers »krimineller Energie«. Der Aufsichtsratsvorsitzende des Südmilchkonzerns, Fritz Josenhans, versucht Weber »abzuschieben« und scheitert.

1990 Steffi Graf unterzeichnet Werbeverträge mit der Südmilch.

30.3.1990 Kooperationsvertrag zwischen der Südmilch AG und dem Kombinat Milchwirtschaft Dresden.

6.8.1990 Die Stuttgarter Staatsanwaltschaft erhebt Anklage gegen Wolfgang Weber wegen Steuerhinterziehung.

4.10.1990 Der Aufsichtsratsvorsitzende Josenhans versucht den Grundstücksverkauf der Südmilchzentrale in Stuttgart zu verhindern und will eine geänderte Konzernpolitik durchsetzen. Josenhans scheitert und tritt im Laufe der Auseinandersetzungen zurück.

20.10.1990 In Künzelsau wird Wolfgang Weber in Anwesenheit des paraguayischen Botschafters zum zweitenmal verhaftet.

1990 Der frühere Staatssekretär im baden-württembergischen Innenministerium, zuständig für die Polizei, Robert Ruder, wird Berater der Südmilch AG.

November 1991 Weber gesteht in vertraulichen Briefen ein, daß der private Milchkonzern »Landliebe Kanada« gescheitert ist.

Dezember 1991 Börseneinführung der Sachsenmilch AG.

10.12.1991 Prozeßbeginn in Stuttgart gegen Albert Sluka, Steuerberater von Wolfgang Weber. Insgesamt erhält Sluka in zwei Verfahren wegen Betrug und Konkursvergehen fünf Jahre Freiheitsentzug.

23.12.1991 Vor dem Stuttgarter Landgericht wird Wolfgang Weber wegen Steuerhinterziehung verurteilt: Zwei Jahre Freiheitsstrafe auf Bewährung, 300 000 DM Geldstrafe, zwei Millionen DM Bußgeld. Außerdem muß Weber rund 10 Millionen DM an Steuern und Zinsen zurückzahlen.

3.7.1992 Wolfgang Weber tritt als Vorstandsvorsitzender der Südmilch AG zurück und wird zum Vorsitzenden des Aufsichtsrates gewählt.

1.9.1992 Dr. Frank Staudacher tritt als Nachfolger von Wolfgang Weber sein Amt als Südmilchchef an.

18.1.1993 Der Vorstandsvorsitzende Staudacher stellt im Aufsichtsrat das »Weber-Erbe« vor: 30 Millionen DM-Finanzloch und die notwendige Sanierung der Südmilch.

18.1.1993 Der Aufsichtsratsvorsitzende Wolfgang Weber tritt zurück.

19.1.1993 Der Heidelberger Unternehmer Roland Ernst, Generalübernehmer der Sachsenmilch AG-Neubau, schickt Wolfgang Weber eine Rechnung über »vergessene« Zinsen in Höhe von 46 875 DM für einen »persönlichen Kredit«.

2.3.1993 Der Aufsichtsratsvorsitzende der Landgold GmbH, Riedel, entläßt Weber als Hauptgeschäftsführer der Landgold GmbH.

1.4.1993 Auf Webers Privathaus in Künzelsau wird eine Sicherungshypothek bis zum Höchstbetrag von sechs Millionen DM aufgrund des Arrestbefehls des Landgerichts Heilbronn für die Firma Landgold GmbH eingetragen – im Wege der Zwangsvollstreckung. Am 22.7.1993 wird die Arresthypothek in eine Grundschuld ohne Brief verwandelt.

15.7.1993 Die Aktiennotierung der Sachsenmilch AG wird ausgesetzt.

16.7.1993 Die Schweizerische Kreditanstalt Deutschland AG kündigt als erste Bank der Südmilch einen Kredit.

22.7.1993 Der Heidelberger Unternehmer Roland Ernst verteidigt sich gegen den Vorwurf, er habe widersprüchliche Verträge als Generalübernehmer beim Bau der Sachsenmilch in Dresden unterzeichnet.

23.7.1993 Die Sachsenmilch AG stellt beim Amtsgericht Dresden Antrag auf Gesamtvollstreckung.

24.7.1993 Die Sprecherin der Schutzgemeinschaft der Kleinaktionäre, Anneliese Hieke, faxt der Staatsanwaltschaft Stuttgart eine ausführliche Strafanzeige gegen die frühere Führungsmannschaft der Südmilch AG.

27.7.1993 Die Südmilch AG stellt beim Amtsgericht Stuttgart Antrag auf Vergleich. Dr. Volker Grub wird als vorläufiger Vergleichsverwalter eingesetzt.

28.7.1993 Wolfgang Weber kündigt seine Rückkehr aus Paraguay für den 3.8.1993 an und kommt nicht.

10.9.1993 Der Südmilch-Vorstandsvorsitzende Dr. Frank Staudacher wird entlassen. Später gewinnt Staudacher seinen Prozeß gegen die Südmilch. Die Entlassung war nicht rechtmäßig.

11.4.1994 Auf Antrag der Schutzgemeinschaft der Kleinaktionäre erklärt das Stuttgarter Landgericht die Südmilch-Bilanzen 1991 und 1992 für nichtig.

27.10.1994 Der Südwestfunk veröffentlicht den Polizeibericht, der zur Anklage im Südmilchprozeß führte.

10.3.1995 Dritte Verhaftung von Wolfgang Weber auf seiner Ranch in Paraguay.

10.4.1995 Die Stuttgarter Staatsanwaltschaft erhebt Anklage gegen die Manager Rudolf Hoffmann, Manfred Klecker, Klaus Scheck und Roland Ernst.

22.4.1995 Wolfgang Weber feiert mit Torte, Kerzen, Ehefrau und Reportern seinen 60. Geburtstag im Gefängnishospital in Asunción.

Marita Thiel

Bei Anruf Börsenhai

**Wie dubiose Telefonverkäufer
Jagd auf unser Geld machen**

1996. Ca. 200 Seiten
ISBN 3-593-35462-4

Angebote unseriöser Finanzberater werden immer häufiger per Telefon unterbreitet. Mit immer raffinierteren Tricks werden so dem ahnungslosen Anleger Jahr für Jahr Milliardenbeträge aus der Tasche gezogen – oft auf Nimmerwiedersehen. Vom Wertpapierhandel bis zum Ökoschwindler – die dubiosen Telefonverkäufer versprechen nicht nur märchenhafte Renditen, sondern appellieren auch an das ethische Empfinden ihrer Opfer: Hinter diesen Angeboten steckt System.

Marita Thiel zeigt, welche Geschäfte angepriesen werden, wie sich Interessenten und Verkäufer charakterisieren lassen, welche Standardmethoden im Telefonverkauf eingesetzt werden und wie die Chancen sind, sich gegen die betrügerischen Verkaufspraktiken zur Wehr zu setzen, die sonst für die ahnungslosen Kunden meist mit horrenden Verlusten enden.

Campus Verlag · Frankfurt / New York